高校生と考える 21世紀の論点

桐光学園大学訪問授業

左右社

高校生と考える21世紀の論点／桐光学園大学訪問授業

第4章 ひとともの の歴史から探る

第5章 AI時代を生き抜く感性

第6章 ことばを鍛える

はじめに

桐光学園中学高等学校校長　村上冬樹

今年度も「大学訪問授業」が二〇一八年四月から二〇一八年十二月にかけて実施され、講義の内容がこの本にまとまりました。二〇一八年十月には、桐光学園高等学校創立四十周年記念式典が行われ、周年記念の節目の年度に合わせて、大学訪問授業は例年より十回多い三十回の講義が行われました。

『高校生と考える21世紀の論点』——中学・高校時代に学んでおいてほしいと思うことは多岐にわたります。もっとも重要なことは「言葉の使い方」を学ぶこと。学ぶことの基礎であり他者との関係を築くために必須の技術です。そして人間と社会に関心を持つこと。自分の力で人生を切り開き人生を豊かなものにしたいという決意をもつこと。人類の歴史の中にある方向性に気付くこと。さらに今の自分を超えるもの、言葉だけでは表現できないものの存在を知ること。

人生を豊かにする学び、そして自分もまた歴史の中で生きていくこと。そのことを考えるきっかけを考えることができた一年間の講義でした。

幸運にも生で講義を経験することができた生徒の皆さんは、先生方から自分自身そして社会を照らす「光」をいただいたのではないでしょうか。その「光」を大切にし「桐」の箱に入れてこれからの人生に携行する宝としてほしいと思います。「桐光」の生徒であった証として。

講義の中で、成長途上の若く柔軟で迷える中高生のために、「学び続ける」「生きていく」ことへの道標を示していただいたこと、先生方に改めて深く感謝いたします。書籍化により貴重な講義を何回でも追体験できることは幸せな限りです。より多くの中学生・高校生に読んでいただければと思います。

第1章

自分の声を聴く

決断力を磨く

羽生善治

はぶ・よしはる＝棋士。九段。一九七〇年生まれ。中学生でプロ棋士となり、一九八九年、初タイトルとして竜王位を獲得。九六年、将棋界で初となる、竜王、名人、王位、王座、棋王、王将、棋聖の全七タイトル独占を達成。二〇一七年、史上初の永世七冠を達成、一八年、国民栄誉賞を受賞。

今日のテーマは「決断力を磨く」です。最近のアスリートのインタビューを読むと「楽しんでやりたいです」といった受け答えをしている人がとても多いですね。これは大事なことをいっていると思います。

どんなときに一番いいパフォーマンスを発揮できるかといえば、間違いなくリラックスして楽しんでいるときです。無駄な力が入らないのでスムーズに体を動かせる。でも、いつもそれで臨めるわけではない。緊張してしまうとか、上がってしまうとか、プレッシャーを感じてしまうとか。そういう場合、私たちはどう対処したらいいのか。今日はそこからお話をしてみたいと思います。

「プレッシャーを感じるとき」

最初に確認するべきこと、それはプレッシャーを感じているときは最悪な状態では決してないということです。最悪なのはやる気がないことです。どんな才能や能力を持っていても、やる気がなければ宝の持ち腐れです。

走り高跳びの例を挙げてみます。ここに一メートル五〇センチのバーがあるとする。この高さは飛べる選手がいます。楽勝で跳べるからです。一メートルのバーを前にしても、プレッシャーはかかりません。絶対に無理とわかっているからです。二メートルのバーを前にしてもプレッシャーはかかりません。絶対に無理とわかっているからです。一メートル六〇センチのバーの場合はどうでしょうか。跳べるかもしれないし、跳べないかもしれない。もう少しでブレークスルーできる、もう少しで目標を達成することができる、もう少しで次の段階に進むことができる。プレッシャーがかかるのはもう一歩のときです。

プレッシャーを感じる環境に身を置き努力することで、その人が持っているセンスや才能が開花することがある。ある編集者から聞いた話があります。作家には〆切当日にならないと書かない人がいるそうです。「先生、今日お原稿をいただかないと雑誌から落ちるんです！」と泣きつかれて、やっと書き始めるそうです。作家は意地悪をしたいわけではありません。〆切という逃れられないデッドライン、そこに身を置くことで深く集中し、いい作品を作り上げているのです。私自身も、いつ一番深く集中して考えているかといえば、やはり公式戦で「待った」ができない状況で、しかも時間に追われているときです。

棋士は対戦の際、つねに先を考えています。どう決断して指しているのか。最初は直感です。将棋はひとつの局面に平均して約八十通りの可能性があるといわれています。そこから、二つないし三つの候補を直感で選びます。残りの七十七の候補は最初から考えません。

では、どのようにしてそれを取捨選択しているか。カメラに例えてみましょう。カメラで写真を撮る際にピントを合わせます。「ここは中心ではないか」「どこが急所なのだろう」と手を動かし調整します。同じように、過去に自分が学んできたこと、経験してきたこと、習得してきたことと照らし合わせて、三つの選択肢をまずは選ぶ。だから、いいかげんにランダムに選んでいるわけではありません。自分自身の蓄積が瞬間的に現れてくるのが「直感」なのです。

そこから具体的な「読み」に移ります。このときあっという間に「数の爆発」問題にぶつかってしまいます。選択肢が足し算ではなく掛け算で増えるのです。直感と読みだけで考えを進めていくと、こちらの3手に対して相手も3手ですから、二手先は3×3で9手の組み合わせが生まれる。これを10手先まで続けると何が起きるのか。これは3の10乗です。計算するとおよそ6万弱。この6万弱の可能性を考えるのは現実的ではない。つまり、最初の段階で大部分の可能性を捨てているにもかかわらず、すぐに膨大な可能性を目の前にして判断がつかない状況が目の前に現れるのです。

そこで判断の材料として使うのが「大局観」です。「大局観」とは具体的な一手を決めることではなくて、過去から現在に至るまでの全体像を総括すること。あるいは、これから先の方針や戦略を決めることです。「大局観」で無駄な考えを省くことができる。たとえば、いまは積極的に動いたほうがいいと判断すれば、積極的な一手を中心に手を考えます。

棋士は「直感」と「読み」と「大局観」、この三つを使って考えていることになります。

結果が出ないとき

実際の対局はかなり長時間行われます。一日で行われる試合であれば、朝の十時から始まり、終わるのは夜の十二時、一時になります。ときにはひとつの場面で一時間、二時間使う「長考」もあります。「長考に好手なし」、これも将棋の世界で昔からよくいわれている言葉です。なぜ長考になるのか。「直感」「読み」「大局観」の三つを使えば、三十分くらいで大体の選択肢まではたどり着けます。ただ、最終的にAかBで迷ってしまい、刻々と時間が経ってしまい長考になるわけです。長考の原因は気持ちの迷いやメンタルのためらいであることが多い。

私がこれまでいちばん長く考えたのは約四時間です。それで良い手が指せたのかといえば、五秒で考えてもたぶん同じ手を指していたと思います。つまり長考は意味がなかったことになります。対戦相手に四時間考えられたこともあります。このとき最初の一時間は、ああでもない、こうでもないと思案していました。でも、残りの三時間は煩悩の時間でした。「このまま相手の人が指してくれなかったらどうなっちゃうんだろう」とか。長考になるかどうかは、コンディションや運と密接に関係していると思います。いま「運」という言葉が出ました。運、ツキ、流れ、バイオリズム、さまざまな表現があります。これらは科学的に証明されてはいません。しかし私は勝負の世界に生きてきて、個人であれ、団体であれ、そういうものはあると考えています。

気をつけなければならないのは、運やツキは、人を魅了するものだということです。その証拠に占いはいつの時代でも人気です。これから先ツイているのかどうかを調べるのが楽しいからです。いつも、いつまでも、やっていたい。すると、自分が本来すべき「最善を尽くす」ということが置き去りになってしまいます。「最善を尽くす」ことを忘れて未来を占ってもしょうがありません。それで、私自身は運やツキはあまり気にしないようにしています。

ただそうは言っても、結果が出ないときがあります。そういうとき、どうしているのか。最初に確認することは、その状態が「不調」なのか、「実力」なのかを見極めることです。「不調も三年続けば実力」と、将棋の世界ではいわれています。「不調だ、不調だ」と嘆いても、三年間続いたらそれは実力なのです。その場合、実力不足を真摯に受け止めて、一生懸命努力して次のチャンスをうかがいます。

一方、「不調」というケースがあります。やり方は間違っていないけれど、具体的な成果が出ていないときです。どんな努力もある程度の月日を経て、初めて花を咲かせて実を結ぶものです。つまり、まだ具体的な成果になっていない状況が不調なのです。そういうときはやっていることを変えません。ただ気分が落ち込みやすいので、たまには気分を変えるようにしています。

不調の状況を打開するときに、あるいは目標に到達するときに、何が大事なのか。その人が持っている物差しです。新しいものに取り組んでいるとき、自分が過去にやってきたことと比較して考えてみる。たとえば、竹馬を一週間練習して乗れるようになったとする。すると「一週間」という短い物差しができます。今度は一輪車に乗ってみようとなったとき「一輪車のほうが竹馬よりも難しそうだから二週間かな」と考えられます。物差しの種類をたくさん持っていることが、新しいことに取り組むときに大きな支えになるのです。

一番不安なのは、どれくらい頑張ればいいのか、いつまで頑張ればいいのかわからないときです。でも物差しがあれば、少なくともこれは一年かかるといったことがわかり、その期間は集中して打ち込めます。

「正確に記憶しなければならないとき」

将棋の世界の歴史についてお話しします。将棋は古代インドから始まりました。言い伝えによると、戦争の好きな王様がいて、家臣の人たちが困っていました。そこでボードゲームで戦争を楽しんでもらおうと考えて作ったといわれています。それが西へ行ってチェスになった。アジアにはインド、タイ、モンゴル、ミャンマー、中国、朝鮮半島、それぞれ独自のオリジナルの将棋があります。日本にやってきたのは千年前~千五百年前です。

正確な文献が残っていませんが、ほぼ間違いなく、交易を伴ってやってきた。証拠は駒にあります。「金将」や「銀将」は、金銀財宝のこと。「桂馬」「香車」は香辛料のことです。金銀財宝と香辛料は、貿易の主要品目であり貴重品です。それらの名が駒になっているので交易を伴ってやってきたと推測できます。

いまから四百年前、江戸幕府が始まった頃に現在の日本の将棋のルールが確立されました。▼最初は茶道や華道と同じように家元制度がありました。世襲で代々継がれていく伝統を重視する世界でした。先人たちは、どうやったら面白いものになるか、どうやったらより深いものになるかと知恵を絞り、将棋が変わっていきます。

日本の将棋は、極めて独自の変化を遂げてきました。他国の場合、駒の力をより強くするか、盤のマス目を広くすることが多い。チェスだと「クイーン」という強力な駒を作ることで、囲碁の場合は19×19の361という大きなマス目を作り、手の選択肢を増やすことで面白さを増した。将棋はそれと正反対に、盤のマス目を小さくして、駒の数も少なくしていきました。そうして最終的に八十一のマス目、四十の駒になった。それが四百年前の話です。

▼江戸時代の将棋
家康の時代に将棋指しには俸禄と扶持が与えられ職業として認められた。将棋は囲碁とともに幕府公認の技芸であった。

これは将棋だけの話なのでしょうか。そんなことはありません。日本の伝統的な文化や芸能にも共通しています。俳句は十七文字、短歌は三十一文字しか書けません。限られた字数で表現をしなくてはいけない。能も同じ。能は能面を付けると役者の表情は見えない。でも表情を見せないことで、奥深い心の情感みたいなものを表そうとしているのです。小さくコンパクトにしていくところに、共通項があると思います。

これは昔だけの話でもありません。最近の若い人は、セブンイレブンを「セブン」、ファミリーマートを「ファミマ」、中目黒を「ナカメ」、意味不明を「イミフ」と、省略するのが好きですよね。Twitter は一回で百四十字しか書けません。小さくコンパクトにしていくのが得意であり好きであるという傾向は、いまも昔も変わっていない。

いまはパソコンという便利なものがあり、棋士はパソコンに入っているデータベースを使ってビデオやDVDの早送り機能を使うと、約一分間で一試合を見ることができます。つまり短い時間で大量の情報を得ることができる。ところが、簡単に覚えたものは簡単に忘れてしまいます。三十分経ってしまうと、さっき見た棋譜を思い出せないことがあります。

これは重要な問題です。私は十年後もきちんと正確に記憶しておかなければいけないと決意したときは、駒を出して盤上に並べて動かし、ノートに書き出し、考えたことを誰かに話します。視覚だけに頼らずに、手を使い、口を使い、耳を使い、鼻を使う。五感を駆使することで記憶がより深く定着できると考えています。

AIになくて人間にあるもの

先ほど、江戸時代の将棋は家元制度だったとお話ししました。着物を着て対局をし、最初に挨拶をするといったお作法がある。そこは四百年前と変わりません。しかし盤上でのことは日進月歩で変わっていく。私がプロになって三十年ちょっとで変化の節目がありました。そのひとつはネットの誕生です。それまでは大都市圏にいる子どもたちが圧倒的に棋士になりやすかった。ライバルや先生が近くにいて、大会もたくさん開催されているからです。ところがネットができて、地方に住んでいても、情熱さえあれば強くなれる環境ができました。

将棋はアマチュアとプロ合わせて三〜四千人くらいが常にネット上で指しています。私自身も過去にネット上で練習をしていた時期があります。本名は名乗らずにハンドルネームでやります。ところが、仮の名前でやっていても相手が素人かプロかは、何十手か指せばわかる。ときには誰かまでわかります。あるとき、私は翌日公式戦を控えていたので、肩慣らしの気分で練習をしていました。やっているうちにどうも対戦している相手が翌日の公式戦で顔を合わせる相手だと確信してきました。それを三〜四千人の人たちがネット上で現実に見ているとなると、本当の対局のようになってしまいました。それ以降は、ネット上の将棋は控えるようにしています。

もうひとつの大きな変化は、ＡＩ、人工知能の登場です。ＡＩはこの数年でかなり強くなりました。ＡＩで練習したり、研究するツールとして活用することがあります。

確実にいえることは、ＡＩは、知能とは何なのかを考えさせられるきっかけになっていることです。人間の知能と、ＡＩの知能の何が違うのか。大きな違いのひとつは、学習と推論を同時に行えるかどうかです。例をあげましょう。ドローンは五年前には誰も見たことのなかったものです。ドローンを十回ぐらい見れば、これがドローンで、これがヘリコプターで、これがラジコン、という識別は人間なら自然にできます。これをＡＩにさせるのは、実はとても難しいのです。

一方、ＡＩは驚異的な解決力を発揮する場合もあります。将棋の世界においても、人間には発想や思考の盲点みたいなものがある。最初に直感の話をしましたね。直感のところで捨てている大部分の可能性のなかに、実は新たな可能性が眠っていることがある。

人間は将棋でひとつの手を考えていくときに十万手や百万手は考えていません。一方でＡＩは一億手、十億手を考えている。考えている比重や効率を考えると、人間の思考は少ないエネルギーで精密なことができている。それができるかどうかの鍵は美意識です。うまいダンスをする人は、ダンスを知らない人から見ても、自然だし美しい。美意識は、適切な選択をするときや、決断をするときに大きな基準や指針になる。さまざまな経験をしていくことや、暮らしていくなかでの自分なりの美意識、発想を磨いていくことがこれから大事になると思います。

Q&A

——僕らは毎日学校に来て勉強をしていますが、毎日が同じことばかりでちょっと退屈だなあと思います。羽生先生は何十年も将棋をやられていて、将棋を嫌になったことはないのでしょうか。それから、どうしたら継続することができるのかをお聞きしたいです。

将棋を嫌にならないか、ということですね。そういうときもあります。人間なので、今日は気分が乗らないなあとか、落ち込んでいるなあとか、あるいは逆に気分がハイすぎるなと感じるときもあります。それはもう天気のようなものので、調整できないと思っています。気持ちとかモチベーションは、そういうものだとある程度は割り切るようにしています。

でも雨のような気分の日でもやらなきゃいけないことはあります。そういうときはあまり無理しすぎないようにしています。無理して頑張ってしまうと辛くなってしまいますからね。低い集中でも、とりあえずまずは持続させるのです。そして気持ちが上がるのを待ちます。

二つめの質問、持続についてです。いつもマラソンの選手って本当にすごいと思います。すごい理由はラップを刻めることです。たとえば一キロ四分というラップを刻んで同じペースで走り続けられる。それで最後は四二・一九五キロをゴールする。ラップを意識することが長く続けていくために大事なんじゃないかと思います。

わたしの仕事を
もっと知るための３冊

羽生善治『適応力』（扶桑社文庫）
山中伸弥＋羽生善治『人間の未来　AIの未来』（講談社）
酒井邦嘉編、曽我大介＋羽生善治＋前田知洋＋千住博『芸術を創る脳　美・言語・人間性をめぐる対話』（東京大学出版会）

物をつくること、現実を生きること

古川日出男

今日は小説家としてお話をします。僕はデビューしたのが一九九八年で、二十年間作家をやっています。小説家って何をしているのか。当然ながら小説を書いています。小説が出来上がると、ここに、目の前に本になった小説があって、するとみなさん「あぁ作家というやつが小説を書いて発売し、それをみんなが読むんだな」と思いますよね。なんでこんな一冊の本の中に、この世とは別の物語世界が入っているのだろうか。小説家をやっていてもこれはやっぱり変なことだな、と思います。

小説を書いているとき、現実である日常の世界を生きていながら、現実ではないところ、ある意味、にせ物の世界に行ってしまう。これはどういうことなんでしょうか。

日本語にいい言葉があります。「目から鱗《うろこ》」です。なにかに「あっ」と気付

ふるかわ・ひでお＝小説家。一九六六年、福島県郡山市生まれ。『アラビアの夜の種族』で日本推理作家協会賞と日本ＳＦ大賞、『LOVE』で三島由紀夫賞、『女たち三百人の裏切りの書』で野間文芸新人賞と読売文学賞を受賞。二〇一二年、朗読劇「銀河鉄道の夜」で脚本・演出を担当し、管啓次郎、柴田元幸らと桐光学園で上演。現代日本文学を担う存在として世界から注目されている。ほかの著書に『ベルカ、吠えないのか？』『聖家族』『春の先の春へ　震災への鎮魂歌宮澤賢治「春と修羅」をよむ』『ミライミライ』など。

くこと。真実はこれだ、と気付くこと。それまで目に鱗が入っていて、見えなかった真実がわかった。そういうとき「目から鱗が落ちた」なんていうふうに言いますよね。

「小説家ってどうやって小説を書いているんですか」とよく聞かれます。答えは「小説を作るためには、小説を書くための専用の鱗を目に入れる」です。小説を書くときは現実とは違うものを見るから、逆に目に鱗を入れることなんじゃないかな。小説を書くとき、俺は普通に世界を生きてる人とは違うようにこの世界を見なければならない。なにか違うふうに目を開かなくちゃいけない。目に鱗を入れながら見ていると色んなことを考えます。どんどん想像力を使って考えられるようになってきて、自分の生きているこの二〇一八年の東京をちょっと外から観察できるようになってきました。

前とは違う小説を書くときには前とは違うコンタクトレンズを入れる。もっと別の、異なった可愛らしいものを書くときには、たとえばピンクのコンタクトレンズを入れてみる。そんなふうに付け替えていく。付け替えることで、この現実がどんなふうに違った顔をみせてくるのか。目にコンタクトレンズを入れて、街を、暮らしを、現実を見てね、それで小説を書いているのです。するとね、この世の中って、小説一作ごとに、ちゃんと顔つきを変えてくれるのです。ありがたいことに。その顔つきが、愛らしかったりいじわるだったりもします。

「現実のことがら、小説のことば」

小説は、アイデアや登場人物の行動、世界の描写などから構成されます。それらを思い浮かべれば書けるのかというと、もちろん、それだけでは書けません。小説は、小説の文章と言葉でできています。その言葉は、僕たちが普段使っている言葉からちょっとズレています。小説独特の言葉になっていく。作品ごと、作家ごとに変わっていきます。普通の日常生活で使う言葉で書かれたら個性的な小説にはならない。

たとえば、「十二時十分」。これは誰にとっても正しい言葉ですよね。間違ってはいない。でも、小説的に考えはじめると正しさだって変わります。登場人物に言わせるために、このフレーズに少々変化を加えてみようと思います。

「私は十二時十分だと思う」

こうすると、どうでしょうか。それまでどこにもいなかった私という人が出てきます。その私は誰ですか。登場人物の誰なのでしょうか。少なくともあなたではない。それでは、もっと小説らしくしてみましょう。

「彼は十二時十分だと信じる」

こう書くと、十二時十分であるかどうかが確かではなくなる。彼が「信じる」と言っているだけで、そうじゃないかもしれないと感じる。そして「彼」って誰なのだろう。「彼」と書いた瞬間から、これはもう小説になる。「彼」なる人物が登場してしまうんです。ここに名前を入れてもいいんです。

「清水は十二時十分だと断言した」

いやはや、もう、かなり十二時十分じゃないですよね。断言されると余計信じられない。それどころか、清水って誰だよ。もうこれだけで突然小説になってくる。「清水が断言した」だけで、十二時十分の正しさも変わってくる。

一瞬で宗教にもなる文体があります。これは簡単です。

「神は十二時十分だと決定した」

十二時十分は、もう僕らのものじゃありません。神が与えているものになってしまう。「俺らは神様の下にいるんだ」と思う。こういう言葉を使っただけで、僕たちは世界の中心にはいられません。世界の下のほうにいて、誰かによって恵みを与えられたり、災害を与えられたりする。

これらは全部、小説の言葉です。主語や語尾を少し変えるだけで十二時十分であるという当たり前のことが変わっていく。こうやって世界を見る角度を全部変える。その際に、大切なことはまず、説得力っていうのを持たせること。次には、思ってもいなかった能力をこの言葉を受け取った人物に与えること。「清水は断言した」と書くと、読む人は「だれ、清水って。知らないよ、そんなやつクラスにいない」みたいに、想像力を掻き立てられます。そうじゃないですか？ それが、僕の考える小説用の言葉です。

そういう言葉をこの世の中に投げ入れれば、いままで皆が死んでいたと思っていた言葉がハッと新鮮なものになる。ある言葉が、新鮮になる瞬間って皆にもありませんか。

ありふれた言葉でも、この人が自分のためだけに言ってくれたんだと感じたとき、感動する。いままで仲良くなかった人に「ああ、今日の講演会の席をとっておいたよ」と言ってみたら「あなたは優しい子だったんだねえ」と返され、その言葉が沁みていくように思える。言葉が踊り、生命力に満ちるってことを心がけて小説を書いています。

「平家物語を浮かび上がらせる」

少し前に、古典の現代語訳▼をやりました。平家物語をいまの言葉に変える仕事です。原作は十三巻あります。平家物語はいまから八百年前に源氏と平家が合戦をして平家一門が滅亡するまで描いた戦記文学です。現代語訳というのは、死んでいる言葉を生きている言葉にしなくちゃいけない。なぜならば、平家物語の原文は古文であって、我々にはなかなか読めないからです。

読んでも何もイメージが浮かばなかったら、つまり、人の言葉が聞こえてこなかったら、言葉は死んでいます。現代語訳することでイメージがわき、感情移入ができる。戦闘の場面ではワクワクする。音も聞こえてくる。色も見えるようになる。

▼**古川日出男訳**
二〇一六年『平家物語〈池澤夏樹＝個人編集 日本文学全集09〉』河出書房新社。

平家物語は琵琶法師たちが広めていったものです。琵琶法師は目が見えなくて、琵琶を持って、日本中を歩いて、この物語をうたい、演奏していった。もともと平家物語に音楽が付いていたわけではありません。僕は、平家物語の原作からは、つまり読み物でしかない本からは音が聞こえないと思います。だから現代語訳をするときに、なにか音が聞こえてくるようなことができれば、まさに紙に閉じ込められて死んでしまった言葉を蘇らせたことになると考えた。

原文を何度も何度も読んで、どうにか、その奥に感じられる音楽を聞いてみようと思いました。いまから原文のワンシーンに続いて、僕の現代語訳をちょっと朗読します。原文のほうは多分意味はわからないと思います。でももしかしたら「こういうことなのかな」って伝わることがあるかもしれません。そして、そのまま訳文に行きますね。

【『平家物語』より、「木曾最期」を朗読する】▼

木曾殿《きそどの》と今井四郎《いまいのしろう》の主従二騎になる。

いま、木曾殿の、主従は。

二騎。

木曾殿とその乳母子《めのとご》は、語る。

「今井よ」と木曾殿は言われる。「日ごろはどうとも感じぬ鎧が、なんだかよう、今日は重いぜ」

▼**『平家物語』「木曾最期」**
源頼朝と対立した木曾義仲と今井兼平の最期を描いた場面。人馬少ない木曾軍は敵方に追い詰められる。家臣・今井兼平は大将・木曾義仲に自害を勧め、死に場所として松原を示す。義仲は同じ乳母に育てられた兼平の心遣いに胸打たれ、馬を進めるも深い田にはまり身動きが取れなくなる。敵方の弓が義仲の顔面を貫く。兼平は目の前で幼い頃からの主君を殺される。絶望と悲壮にまみれた兼平は武士の心を叫び、口に太刀をくわえ、馬から逆さまに落ちて、果てる。古川はこの場面の副題に「お終いの二騎」とつけた。

「殿」と今井四郎が返す。「お体はまだお疲れになっておられませんよ。お馬もまた。その鬼葦毛《おにあしげ》、弱ってはおりません。わずか一領の大将用の鎧、どうして重いはずがございましょう。たしかにお味方の軍勢はありません。そのためにお心が怯《ひる》まれて、重いなどとお感じになるのです。どうでしょう、殿。乳母子のこの兼平一騎をさながら他の武者千騎とお思いくださっては。矢は七、八本ございますよ。これで兼平がしばらく防ぎ矢をいたしましょう。そして、殿」

今井は言った。同じ乳を吸って育った乳兄弟《ちきようだい》が言った。

「あそこに見えますのは粟津《あわづ》の松原と申します。あの松の中で、殿、ご自害なされませ」

（中略）

今井は言うのだった。

「あの松原へ、ただ、お入りに」

木曾は、そして、応えられるのだった。

「そうか。そうだな」

そして、鬼葦毛は、粟津の松原へ。

駆けた。

すると今井がいる。今井四郎ただ一騎が、残り、防ぎ、いや、ただ一騎なのに五十騎ばかりの敵勢のなかに駆け入る。鐙を踏んばる、立ちあがる。大音声をあげる。名乗る！

「日ごろは噂に聞いたか。聞いたろう！　今はその目に見なされや。見ろや！　木曾殿のおん乳母子、今井四郎兼平、生年《しょうねん》三十三歳。それが、俺だ！　そうした者がいるとは鎌倉の佐殿《すけどの》もご存じだろうよ。なあ、だろうが！　ならばこの兼平を討って、さあ、佐殿のお目にかけい！」

今井は、射残した八本の矢を弓につがえ、引き、つがえ、引き、射る。さんざんに。即死かあるいは傷を負わせただけか、いずれにしても敵八騎をたちどころに射落とす。すると矢はない。射尽くした。刀を抜いた。あちらに駆け、斬る。こちらに駆け、斬る。斬ってまわる。誰も正面から立ち向かおうとしない、できない。何人も何人も何人もの首を討ち取る。分捕《ぶんど》り首《くび》をした。敵はただ「射ろ、射殺《いころ》せ！」と言い、今井を取り囲んで雨のように射かける、矢を。それだけだ。しかし矢は、今井に傷を負わせない。今井が着る鎧は頑丈で、その裏にまで矢は貫通しない。

串《つらぬ》けぬ。

鎧の隙間はどうか。そこを狙えたか。

当てられぬ。

どの矢も、今井四郎兼平を串刺しになど、できぬ。

そして、木曾殿は。

ただ一騎で粟津の松原に駆け入れられている。時は、正月二十一日だった。頃は日没だった。そこには深田《ふかだ》があったが薄い氷が張っている。だから泥深い田があることなど気づけない。木曾殿はさっと馬を乗り入れる。馬は、沈む、めり込む、はまり込む。馬の頭も見えなくなる。鐙で馬の腹を蹴っても、蹴っても、動かない。鞭で打っても、打っても、動かない。木曾殿の馬は。あの木曾の鬼葦毛は。

そして、木曾殿は思われる、「乳母子よ。今井よい」と。

思われる、「今井よい、お前、どうなったのだ。お前の行方」と。

それを案じて、ふり返られた兜の内側を、矢が射た。額のあたりを。木曾殿を追いかけてきた三浦の石田《いしだの》次郎《じろう》為久《ためひさ》の、弓をじゅうぶんに引き絞って射た一本が、風を切って飛び、そして。


もう刺さっている。木曾殿に。

深傷《ふかで》が。木曾殿、木曾殿、木曾殿！

（教室、古川さんの朗読に静まり返る）

当然ですが、紙の本には僕の朗読は付いていません。でも、朗読して立ち上がってくる勢いとか感情みたいなものが、読んだだけで読者の頭の中で再生されなければならない。小説家である以上、僕は生きた言葉の平家物語を作ろうとしました。平家物語を訳すには、平安時代の終わり頃をわからなくてはいけない。そのためには、やはり専用のコンタクトレンズを入れていくのです。

訳していたある日、ベッドから起き上がろうとしたら、胸がすごく痛くて動けなかったこともありました。肋骨が折れているのかと思った。普通に寝て起きただけで、肋骨が折れるはずはないですよね。なんだろうと思って、頑張って起きて翻訳に向かうと、とりかからなくちゃいけないのは激しい戦いの場面でした。そこには胸を矢で射られている人がいました。そう、祟りですよ。

平家物語は実際に生きていた人たちの話です。いまの朗読で名前が出てきた今井兼平も木曾義仲も本当に生きていた。本当に生きていて、殺された。

実際に生きていて殺されてしまった人の話を、全身に引き受けて現代語に変えていく。その間はコンタクトレンズは付けっぱなし。そうすると、祟られるぐらいにはなってしまいます。でもそれができたことで、平家物語に興味を持ってくれる人が出たら、自分がやったことは無駄じゃなかったと思います。

「それを私にください」

震災以降、小説家とはなんだろう、と考えています。小説家が何も書けなくなったときに、何をするんだろう。僕自身は、宮沢賢治の言葉を借りようと思った。その言葉を借りて、なにかをしようと願ったとき、仲間がいないと無理だった。賢治の朗読劇をやろうと行動を起こしたら、仲間になってくれる人たちがたくさん集まってきた。辛いとき、非常事態のときにこそ、初めて自分が本当は何をしようとしているのかがわかる実例だなという気がしました。

若くても、生きていると苦しいことがあると思います。十二歳でも十八歳でもね、生きてるだけでキツいなあとか、消えてしまいたいなあとか。でも、もしも君をとんでもないひどい事態が包んだら、いま足りないのはこれなんだ、とわかる、自分にとって足りないのは、だけじゃない。他の誰かにとっても足りないのは、です。たとえば被災地に足を運ぶ、すると、優しい言葉一つ、それが大事だと理解できて、単に「手伝う」っていうことが人を救うことなんだ、とも理解できたりして。そういうことは、とても重要ですよね。本当にひどい事態が訪れたときにこそ、「苦しさ」の正体がはっきりする、っていうのかな。それはね、君に足りなかったことであるのと同時に、他の人にも足りないものです。だから、君がそれを欲しいと思うことは、誰かの「苦しさ」をわかれるっ

▼宮沢賢治の言葉を借りる

古川の実家は福島県にあり、東日本大震災の被害をうけた。震災後、古川自身は筆がとれず、岩手県出身の作家・詩人の宮沢賢治の作品の朗読劇『銀河鉄道の夜』や宮沢作品の朗読ツアーを行った。

二〇一二年の桐光学園での朗読劇『銀河鉄道の夜』について、古川氏は次のように書いている。

「宮澤賢治の書きのこした『銀河鉄道の夜』を、ただの〝文字〟から、目で見ることができるし耳で聞くことができる〝何か〟に変える。それがこの朗読劇の試みです。でも、僕たちが桐光学園で行なったのは、もう少し深い試みでもありました。脚本担当の僕は、これまでにも何度かダイナミックに脚本を書き直しているのですが、桐光学園では「息子ジョバンニの教室」と名付けたバージョンを上演しました。ステージに黒板を置いて、舞台そのものを教室に変えてみ

ってことです。
そんなふうに、他人のことが見えたとしたら、君は素敵なコンタクトレンズを着用できたんです。
東日本大震災にすらも、そんなふうな希望はあった。そのことを伝えて、今日は話を終わりたいと思います。

Q&A

——何回も読み返している本でも、登場人物の心情が未だによくわからないものがあります。彼らの心情はどうすれば読み取れるのでしょうか。

小説を書いているときに第一に思うのは、やはり、自分が書いている小説の登場人物を好きになろうってことです。君がこの人物の心理の深いところはわからないと思ったら、近づいてその人を好きになってみる。よくわからないけど、この人の言っていることだからきっといいことなんだとか、相手のことを好きになってくると距離は縮まってきます。すると、その登場人物の声が持っているニュアンスとか、感情の細かい動きとかがわかってくるんじゃないかなと思います。

たのです。そう、僕たちは特別授業に行ったのです。会場のひかりホールには、客席側に「誰も座っていない小さな椅子」をちりばめました。しかし、そこには幻の生徒たちが座るだろうと期待して。賢治が生きた東北地方の、たとえば岩手県の、民間伝承にのこる愛らしい妖精たち……たとえば〝座敷わらし〟たちが腰かけたりすることもあるんじゃないかなと期待して。
目で見ることができ、耳で聞ける朗読劇の、その向こう側には、目も耳も超えた世界すら広がっています」『問いかける教室　13歳からの大学授業　桐光学園特別授業Ⅵ』

わたしの思い出の授業、思い出の先生

思い出の授業、というのを残念ながら持ちません。真面目に授業に臨んでいたのですが、クラスの進行の「妨げになっている」と言われることが多かったためです。誰ともぶつかりたいとは思わなかったのだけれども、何か妙なことが起きていたのでしょうね。でも、小説家になって、これは2年前のことですが、アメリカの大学に客員教授として招かれて、「日本文学と耳」という講義を行う機会がありました。全10回の授業です。課題とした本を学生たちに先に読んできてもらって、それから3時間の討議をする。でも、この授業は、僕が「自分の意見を押しつける」場にはならず、学生がどんなふうに読んだかを聞き、学生同士がそれに関して話し合い、僕もその議論に参加するというスタイルになりました。学生たちの熱意が、その方向に授業を変えていったのですね。そして、全員が「人の意見に『耳』をすます」ということをしていた。この授業で、僕はある意味、救われました。僕の素晴らしい先生は、このときの学生たち全員です。

わたしの仕事をもっと知るための3冊

古川日出男『平家物語　犬王の巻』（河出書房新社）

太宰治『津軽』（新潮社）

宮沢賢治『ちくま日本文学003　宮沢賢治』（筑摩書房）

絶対なんて絶対ない

前田司郎

中学・高校時代、学校の先生から勉強しなさいと言われ続けました。勉強するといい大学に入れ、いい大学に入れば、いい会社に入れて、お金持ちになれると。僕は勉強しませんでした。確かに、先生に従っていたほうがもっと面白いところにたどり着いたかもしれない。でも、今日みなさんにお伝えしたいのは、先生に従わずに僕はいま生活ができていることです。

先生の忠告がよくなかったのかというと、そうではありません。大人は、子どもより経験が多い分「こうしたほうがいい」と助言したくなってしまうものです。

まえだ・しろう＝劇作家、小説家。一九七七年生まれ。一九九七年劇団「五反田団」を旗揚げする。『生きてるものはいないのか』で岸田國士戯曲賞。小説『夏の水の半魚人』で三島由紀夫賞を受賞。著書に『ジ、エクストリーム、スキヤキ』『道徳の時間／園児の血』『愛が挟み撃ち』など。

「小説家になるまで」

小学生のとき「将来の夢」について作文を書かされました。僕は「サラリーマンになりたい」と書いた。けれど、それは照れ隠しで、本当は小説家になりたかった。中学生で芥川賞をとって華々しく文壇デビューをし、夢のような生活を手に入れる。そんなことを空想していました。みなさんも近い未来に何かすごいことがあって、大きな変化が急激に自分に訪れると想像していませんか。僕はそうでした。

中学生のときから小説は書いていました。ただ、どうしても最後まで書き上げられなかった。書いては捨て書いては捨てを繰り返していました。

小説はひとりで書くものです。ひとりで原稿用紙に向かい、自分の思っていることを文章にしていく。恥ずかしくて友だちにも見せられません。

もちろん一緒に創作をする友だちはいませんでした。小説を書くことで友だちができるとは思いませんでした。こんなことをしても友だちはできない、ずっとそう思っていました。

そんなとき演劇に出会いました。芝居は小説と違って、ひとりではできません。何をするにもひとと一緒にやります。自ずと友だちができる。どんなに引っ込み思案なひとでも、演劇を誰かと一緒に作るにはひとと喋らなければなりません。創作のために友だちが増えざるをえない経験をしました。思い返してみると友だちを作るために演劇をはじめたのかもしれません。

演劇をつくるには戯曲と呼ばれるシナリオが必要です。シナリオは、公演の日が決まっているので〆切があります。みなさんも課題に〆切があって、明日までにやらなければ進級できないとすればやるでしょう。それと一緒でシナリオには〆切がありました。三ヶ月後の稽古までにシナリオを書かなければならない。だからシナリオが書けました。

〆切までになんとかしてシナリオを書き上げることを繰り返すうちに、最後まで作品を書けるようになりました。そうして小説もやっと一本を最後まで書くことができました。

「夢は叶っても満足できない」

大学卒業後「五反田団▼」という劇団を立ち上げて演劇で少し有名になったら、ある日「小説を書かないか」と依頼が来ました。文芸誌の仕事で、初めて小説で報酬をもらいました。

小説家はどうやってご飯を食べていると思いますか。漫画家が漫画雑誌で連載するように、小説家は文芸誌に書きます。「少年ジャンプ」や「少年マガジン」のような有名な文芸誌が五誌くらいあってそこに書くのです。けれど、文芸誌は少ししか売れません。いや、ほとんど売れないといってもいいかもしれません。

はじめて書いた小説は、原稿用紙一枚につきいくらという報酬でした。一作品二〇〇ページで書き上げて七十万円くらいです。七十万円というと大きなお金と思うかもしれません。けれど、一年をかけて小説を二百枚書くのだとしたらどうでしょう。年収七十万円ということです。

▼五反田団
日本の劇団。一九九七年劇作と演出を手がける前田司郎の主宰により結成。名称は、前田が東京五反田の生まれだったことにちなむ。代表作に「びんぼう君」「いやむしろ忘れて草」「生きてるものはいないのか」「うん、さようなら」など。

高校生が頑張ってアルバイトすると七十万円くらい一年で稼げるでしょう。僕は小説家になりたくて、頑張って、文芸誌に作品が載った。でも、もらえたお金は七十万円でした。

文芸誌に載った小説は、運がいいと単行本になります。単行本の売れ行きがよければ文庫本になります。僕の小説が文庫本になったのは三冊くらいです。単行本が一冊売れると、その値段の一〇パーセント程度が著者に入ります。単行本の一冊が千五百円だと、一冊につき百五十円が僕に入ってくる。僕の本は売れるほうではないので四千部くらいしか刷ってもらえません。全部売れたとして六十万円。さっきの七十万円と合わせて百三十万円くらいの年収です。

僕は確かに小説家になった。夢を叶えたのです。本屋さんに自分の本が並ぶ瞬間を想像してみてください。小学生のときからずっと小説家になりたくて、自分の本が初めて本屋に並んだら、すごく嬉しい気持ちだと想像するでしょう。僕も涙がボロボロ出るのかなと思っていました。

けれど、近所の本屋に行って実際に自分の本が並んでいるのを見たら、「ああ、こんなものか」と思いました。自分の小説は、たくさん出ている本のうちの一冊なのです。「あれ、どこにあるのだろう」と探してやっと見つける。感動のあまり落涙したり、震えたりすることもないその瞬間が、僕の夢が叶った瞬間だったのです。

テレビに出ている著名人に「夢は必ず叶う!」というひとがいるでしょう。

でも「夢は絶対叶う！」といったひとたちはすでに夢を叶えているひとです。夢を叶えているひとが「夢は叶う」というのは当たり前ではないでしょうか。

ほとんどのひとの夢は叶いません。妥協して、夢を途中で変えていけば叶わないこともないけれど。そして、夢を叶えたからといって幸せになれるわけではありません。だから、夢は叶えないと失敗のような気がするかもしれませんが、叶えなければならないと深刻に感じすぎないほうがいい。

僕は考えました。なぜ夢を叶えたのに嬉しくないのだろうと。

たとえば紀元前一万年、ひとが原始人だった頃、マンモスを食べるのが夢だったとしましょう。人間は試行錯誤してマンモスを捕まえます。そして、マンモスを捕まえて食べる。しかし、満足して次の日からずっと何も食べないことはありえません。すぐに次を捕まえて食べないといけない。

夢が叶うと多少の達成感はあるでしょう。けれど、完全に満足できるものではありません。次のマンモスを捕まえようとか、もっと美味しい動物がいないかなど欲求は際限ありません。

夢を叶えた瞬間、ひとときは達成感を味わいました。けれど人生は終わりません。もう少し売れたい気持ちも湧いてきます。一生懸命書いても七十万で暮らしてはいけません。売れる方法を模索する。もしくは、小説はあまり儲からないと理解する。小説を書き続けながら割のいい仕事を考える。

夢を叶えても満足はしないと三十五歳のときに気づきました。この気持ちをどうしようか考えました。お金もその頃にはもう少し稼げるようになり、どこで満足するのかを決めるといいのかなといまは思っています。まだ上手くいくかはわからないので、みなさんにはすすめられませんが、試してみるつもりです。

「幸せ」の曖昧さ

際限なく望みは生まれる。満足はついにやってこないようでしたが、何を基準に自分が頑張れるかはわかってきました。いまのところ、僕の頑張れる基準は「幸せ」かどうかです。漠然としているように聞こえるかもしれません。「幸せ」と聞くと何が思い浮かぶのでしょうか。みなさん、気がついていないかもしれませんが「幸せ」の基準やモデルを押し付けられていないでしょうか。なにが「幸せ」かじつは誰も知りません。けれど自分にとってなにが「幸せ」かわからないと困ります。

たとえば友だちとカラオケで遊んでいるときが幸せだとする。でも、二十四時間、三百六十五日、一生カラオケを続けようとすると辛い。ほかの時間があるからこそ友だちとの時間は楽しいのです。ものごとの組み合わせや関係性で幸せが形作られることだってあるのです。僕は夢を追いかけて、夢を叶えることが幸せだと思っていましたが、そうでもないことがわかってきました。

中学生のとき、僕は男子校に通っていて、恋愛関係はなかったし、勉強もやらず、学校がつまりませんでした。

だから、大人になっても多くのひとが学校の勉強ですでに知っているようなことを知りませんでした。大人になると知らないことが段々怖くなってきました。どこにどの国があるか、どこに何県があるのか、いまいち把握しないで生きてきました。すると、まわりに驚かれます。

芸術の世界にいるので、三十歳までは「四国がどこにあるか知らない俺、すごいだろ」と思っていました。知らなくても生きていけることを自慢にしていました。ところが、三十歳を過ぎてだんだんそれもつまらなくなってきました。三十五歳から勉強をはじめました。予備校の教科書を買ってきて問題を解く。僕は勉強ができないと思っていたのですが、いちからやり直してみたら、意外と頭に入ってきました。全くできないと思っていた勉強が、いまは少しはできるかもと思えます。大人のほうが勉強をしたくなるし、必要になります。

中高生の頃、学校でお寺に行くと退屈でした。仏像を見ても「へえ金箔が貼ってあるんだなあ」程度しか思わない。それが大人になってから見ると建てられた理由や経緯がわかるようになる。自分と同じくらいの年代のひとが一生懸命作ったのだと考えると非常に興味深いです。みなさんも同じ年頃のひとが作った仏像ならば興味が湧きませんか。勉強しなかった分、漫画や小説を読んでいました。その読書がいまの仕事に繋がっています。

好きなことを突き詰めるのは後々役に立ちますし、大人になると勉強に割く時間は少なくなりますが、勉強は大人になってからはじめても間に合います。ですから、時間の使い方は他人と違っていいのです。

自信の根拠を自分のなかに置く

小学生くらいから根拠のない自信がありました。小説を書くようになって、いくつもの賞▼にノミネートされましたが、僕の小説はどの賞もなかなか受賞しませんでした。けれど、根拠のない自信があったので審査員に審美眼がないだけで自分の作品が素晴らしいと思っていました。

ところがある時期、急に根拠のない自信を失ったのです。なぜか。賞を取るようになったためでした。つまり「賞を取ったこと」を自分の作品の素晴らしさの根拠にし出してしまったのです。

誰かによって評価されたことを自信の根拠にすると、評価されないことは作品がよくないというロジックになりはじめます。自信の根拠を外に求めた途端、根拠のない自信は消えることに気がつきました。

みなさんもテストの結果を、自分が頭が悪いという根拠にしないでください。自分を信じるのに理由はなくていいと思います。信じるためには疑う必要があるので、自分はこれで良いのか問い続けるべきだとは思いますが、成績より自分を信じましょう。成績をつける側もどれだけ勉強をしたかを可視化するため

▼賞にノミネートされた小説
処女小説『愛でもない青春でもない旅立たない』で第二十七回野間文芸新人賞候補、小説『恋愛の解体と北区の滅亡』で第十九回三島由紀夫賞候補、第二十八回野間文芸新人賞候補、小説『グレート生活アドベンチャー』で第百三十七回芥川龍之介賞候補、「愛が挟み撃ち」が第百五十八回芥川龍之介賞候補となった。

に便利だから点数をつけているにすぎません。そしてたとえ数字が低くてもテストの結果では見えない勉強の筋肉がついているかもしれないのです。これは仕事にもいえます。

なんでも続ければ上手になります。上手になることが良いか悪いかは別の問題ですが。とにかく自分が幸せかどうかは自分で決めたほうがいい。絶対なんて絶対ない。別の道もあるのです。

Q&A

――演劇は観客にどんないい影響をもたらすとお考えですか。

僕がやっているのは小さな劇場でする芝居です。芝居は「お前が好きだ」という真剣な台詞があるシーンでも、お腹が鳴ったらそのまま観客に聞こえてしまいます。映像の場合はかっこいい音楽が流れて、顔の映像が抜きになったりする。舞台は映像より「生っぽさ」がでるのです。舞台は映像よりは現実に近いので、泣くシーンがあれば、その直後の登場では、顔は涙でグチャグチャになっているでしょう。いまここで何かが起こっているという感じがするのが舞台です。映像は残りますが、舞台は見に来たひとしか見られません。事件が起こっている共犯者的な感覚が味わえるかもしれません。

ただ、小劇場演劇は百本あったら九十本つまらない。そのうちの九本はまあまあ面白いかなと思って、一本くらい「私はこれ好きだな」と感じるものがあ

るくらいかもしれません。その一本を百本集めるとなかには一本くらい人生を変えるような作品が混ざっているかもしれない。でもつまらないものを見る機会はあまりないのではないでしょうか。一生懸命芝居しているので途中で立ち上がって劇場の外へ出ていくのにも勇気がいります。最後まで見なきゃいけない。つまらないものを最後まで見るって割とない経験だからそういう意味でも面白いかなと思います。自分はなぜつまらないと感じるのか、それを他のひとが感動して見ていたりすると、人間というのはいろんなのがいるなと思えてきます。

わたしの思い出の授業、思い出の先生

Q1：思い出の授業を教えてください

必死に思い出そうとしましたが、特にありませんでした。強いて言えば小学校の国語の授業で小説を書いたことでしょうか。あ、そういえば小学校の図工の授業で色々作ったのも楽しかった。

Q2：その授業が記憶に残っている理由はなんですか？

何かを無理にやらされるのがどうも嫌いだったみたいで、先生の話を聞く授業が苦手でしたので、自分で何かを作ったりした授業が記憶に残っているようです。

Q3：その授業は人生を変えましたか？

人生が変わったかどうかは判りません。あんまり何かのきっかけで人生が変わったとか考えない方が良いんじゃないでしょうか？　人生が2回以上ないと、何かのきっかけで変わったか変わらないか検証できないです。いまのこれが自分の人生なので、変わるも何もないんじゃないでしょうか。とか、こういうことばっかりいっているとモテないのでやめたほうが良いです。

わたしの仕事をもっと知るための3冊

前田司郎『濡れた太陽　高校演劇の話』（朝日新聞出版）

前田司郎『異常探偵　宇宙船』（中央公論新社）

前田司郎『愛が挟み撃ち』（文藝春秋）

自分という人生を生きる

植本一子

うえもと・いちこ＝写真家、作家。一九八四年生まれ。二〇〇三年にキヤノン写真新世紀で優秀賞受賞。著書に『働けＥＣＤ　わたしの育児混沌記』『かなわない』『家族最後の日』『降伏の記録』『フェルメール』。

私が生まれ育ったのは、東広島市という近くにとてもきれいな川が流れている田舎でした。電車の最寄駅まで行くバスは一日に数本で、自動車では二十分かかります。親が運転する車に乗らなければ、どこにも出かけられないところでした。保育園から小学校六年生までは男子十人、女子十人のずっと同じメンバーで、学年が上がるにつれて全校生徒が徐々に少なくなる過疎化地域でした。

小学生のころに鮮明に覚えていることは、兄が高校を卒業するときに「あ、置いていかれた」と思ったことです。祖父、祖母、父、母、九つ年上の兄とともに暮らす六人家族でしたが、父と母は仲が悪く、母と祖母も仲がよくなかったので私にとって家は辛いものでした。兄は高校生になるとバイクを乗り回したり、警察に補導されたりと完全にグレてしまいました。それでより一層家庭内の環境は乱れました。兄は高校を卒業するとすぐに就職し、家を出ていきました。家族のなかで唯一近い存在だと思っていた兄がいなくなって、大変ショックを受けました。

小学校生活では、女子のなかで順番に仲間はずれが始まり、九対一の除け者になったことがありました。田舎なので他に逃げ場もなく、とにかく家からも田舎からも早く抜け出したい！という気持ちでした。

「写真家という職業との出会い」

近隣の小学校三校から生徒が集まる中学校に通うことになりましたが、しんどさは変わりませんでした。部活に入らないといけない決まりがあり、美術部か卓球部かで迷っていました。美術はもともと好きでしたが、美術部は運動ができなくて仲間はずれにされがちな生徒の受け皿となっていました。それに運動神経が悪い私は、中学校生活で運動しなかったら、今後一生運動しない気がしていました。

卓球部に入部後、私は集団行動や人に合わせることが本当にできない人間だと気づきました。加えて、先輩から呼び出されたり陰湿なしごきや理不尽なことがたくさんあって、このまま田舎にいると自分の心が死んでしまうと思いました。将来は会社などの組織には属さず、一人で生きていく道を考えはじめました。

中学三年生になって、広島県で数少ない美術コースを設けている高校に見学に行きました。人生で初めてデッサンをさせられて必死で描きました。ふと隣に座っている生徒の手元を見るととても上手に描かれていて、レベルの違いを肌で感じました。広島県中から美術の予備校に通っているような生徒が集まっていたのです。単に美術が好きなだけではダメだと、美術コースは早々に諦めました。

そんなときたまたま観たのが「情熱大陸」に出ていた平間至▼さんという写真家の方でした。平間さんは当時、タワーレコードのポスター写真や女優さんの写真を撮ったりしていました。

直感的に「これかもしれない！」と思い、写真家になろうと決めました。いかにも楽しそうな東京という場所で働きながらたくさんの芸能人に会えるなんて、とても羨ましいと思ったのです。平間さんは日本大学を卒業されていたので、これから高校受験にも関わらず少し気は早いですが、自宅の壁に「日大合格！」と貼って志望校に見据えました。

▼**平間至**
一九六三年宮城県塩竈市生まれ。日本大学芸術学部写真学科を卒業後、写真家イジマカオル氏に師事。近作に綾野剛写真集『胎響』、田中泯氏との写真集『Last Movement 最終の身振りへ向けて』など。二〇一二年より塩竈にて音楽フェスティバル「GAMA ROCK」主催。

「独学で写真の勉強をはじめる」

中学三年生までは親が心配しない程度にちゃんと勉強していたので、無事地元の公立高校に入学します。写真部はありましたが、幽霊部員ばかりでほとんど活動していませんでした。ただ、設備や機材がそろっていたので、部活を再始動させて独学で写真の勉強をしようと思いました。そこで生徒会の副会長に立候補しました。生徒会に入ると部費をいじれるので、写真部の活動に有利だと思ったからです。地味で誰もやりたがらない副会長には案外すんなりと当選してしまい、写真部の部費をとにかく多めに設定するような働きかけをしていました。

写真部を立て直してからというもの、授業中も勉強そっちのけで写真雑誌をめくっていました。どうしたら写真家になれるのかを調べていると、まずは一般公募の新人賞を取るのが一番手っ取り早い方法だと気づきました。

写真界にはいくつかの新人賞がありますが、そのなかでもキヤノン主催の写真新世紀▼の受賞者からは有名な写真家が次々と輩出され、注目されていました。ここで受賞できたら写真家としての道が少しは開けるのではないかと思い、この賞を取ることだけに三年間をつぎこもうと決めました。

それ以来、学校の勉強はほとんどしませんでした。一学年四百人中三百九十八番の成績だったこともありますし、学力不足で仮進級となり、補習授業を受けることも常でした。

一方で写真家になるための勉強は惜しみませんでした。写真新世紀の受賞者の写真展が開催されれば、京都まで観に行きました。いろいろな人の写真集を見て最近の流行りを分析したり、過去の受賞作から傾向と対策を考えました。もう写真家になる以外に道はありませんでした。

▼写真新世紀
テーマや作品形態、点数、国籍、年齢などを問わない公募形式による写真コンテスト。一九九一年に始まって以来、数多くの若手写真家の登竜門となっている。

「手作りの写真集」

高校三年生になったとき、それまで撮りためていた写真を写真新世紀に応募することにしました。写真を使っていればどのような形式でもよくて、当時は自分で作った写真集や写真を使ったオブジェを応募している人もいました。私はお金がなかったので、撮った写真をコンビニで拡大コピーして、それを画用紙に貼って一冊にまとめた写真集を出品しました。

すると、審査員の荒木経惟▼先生が「あと一歩だよ」というコメントを付けて佳作に選んでくれました。あと一歩ということは、もう一回応募すればさらに上位の最優秀賞や優秀賞も狙えるのでは、と思い、来年も応募しようと決めました。

高校卒業後は、結局大学には入らずに東京の専門学校に入学しました。専門学校一年生のときに、高校三年生の一年間で撮った写真を写真集に仕立てて写真新世紀に応募しました。私は高校生のときから「高校生のいまはいましかない、いま撮らなければ全部忘れてなくなってしまう」と思っていました。高校時代は小学校・中学校時代の辛さはなく、勉強もしていなかったので身の回りの楽しい生活や友達をひたすら撮り続けていました。結果は優秀賞。荒木先生から「人生がはみ出してる」というコメントをいただき、とてもうれしかったことを覚えています。そうして十九歳のときに新人写真家としてデビューしま

▼荒木経惟
一九四〇年東京生まれ。写真家。千葉大学工学部写真印刷工学科卒業後、電通に入社。一九七二年フリーになって以降、妻・陽子との生活や東京の情景、過激なヌード作品などを次々に発表。写真界のみならず社会をも揺るがす「天才アラーキー」として広く認知される。二〇〇八年にオーストリア政府より科学・芸術勲章受章。著書に『さっちん』『センチメンタルな旅』『愛しのチロ』『空』『東京ゼンリツセンガン』など。

した。

新人賞を取れば何とかなるだろうと思っていたのですが、実際は仕事がバンバン入ってくるわけではありませんでした。仕事が安定するまでは、たとえば有名な写真家のアシスタントとしてサラリーマンのように給与をもらいながら、技術を磨いていくという方法もあります。でも私はそういうことが本当にできない人間だとわかっていたので、専門学校に三年間通って卒業した後はどこにも就職せずに、一人でやってみようと思いました。とはいえ、写真の仕事だけでは食べていけません。ファミリーレストランのキッチンや居酒屋のホールでアルバイトをしながらの写真家活動でした。

私のように一つの仕事を長く続けられない女子が東京で一人暮らしをするのは本当に厳しい時代です。親から仕送りをもらいながら写真の仕事を待っていました。親との関係があまり良くなかったので「やだなぁ」とくすぶりながら、早く親の助けを借りずに生きたいと強く思っていました。

「結婚と出産」

そんなとき、二十五歳年上のある男の人と知り合いました。最初に知り合ったのは彼のラップのライブを観に行ったときです。かっこいいなと思って話すうちに、トントン拍子で付き合うことになりました。いまでこそヒップホップやラップがポピュラーになっていますが、日本にラップが入ってきたときにラップをはじめたおそらく最初の人です。そして一緒に生きていくならこの人だと思いました。とても尊敬できる人だったからです。当時私は二十三歳、彼は四十八歳でしたが、結婚を決意しました。

一般的な感覚だと結婚のタイミングが少し早い気もしますが、とにかく親から離れたいという気持ちが勝っていました。それに誰かに味方になって欲しかったのです。広島での辛い家庭環境の反動で、誰かとともに生きていく温かさをずっと探していたのだと思います。彼はお父さんみたいな存在でもありました。

しかし親は結婚を許してくれませんでした。「そんな年上の人と結婚しても、介護しかないじゃない」というわけです。そういわれても、私が結婚できるのは本当にこの人しかいないと思っていました。どうしたら結婚できるのかと考えたとき、既成事実を作るしかないと思いました。

彼の影響で読んだ一冊の本に「女の人は早めに妊娠・出産しないとどんどん妊娠しづらくなるので、早いうちに出産を終えて子どもの手が離れてから仕事に復帰するといい」と書かれていました。私の場合なら二十四歳で子どもを産み、二十九歳ごろになれば仕事に復帰し、そこからまたキャリアを積み直すという選択もありうるなと思いました。付き合って半年くらいで意外とあっさり妊娠しました。

▼ECD
一九六〇年生まれ。ラッパー。一九八七年にラッパーとして活動を始め、九六年には伝説のヒップホップ・イベント「さんピンCAMP」のプロデュースを行う。二〇〇三年からは自身のレーベルFINAL JUNKYから作品を発表。著書に『失点イン・ザ・パーク』『ECDIARY』『いるべき場所』『ホームシック』(植本一子との共著)『他人の始まり　因果の終わり』など。

この人が旦那さんになってくれるのならもう広島の実家との関係を断ち切ってもいいと思い、妊娠したことは親には黙っていました。妊娠三ヶ月ごろ、つわりがとても辛くて吐き気が収まりませんでした。ちょうど旦那さんはライブで地方に行っていて、一人でいると心もとなくなってしまったのです。

それでとうとう母に電話してしまいました。「妊娠したんだ」と告げたら、「裏切られた」といって電話を切られました。そこから始まる母との確執は話がそれてしまうのでここでは触れませんが、いまはそのころより関係は良くなっています。

結局、私は二十四歳と二十六歳のときに子どもを産みました。出産後はなるべく早く仕事をしたかったし、自営業なので仕事から離れるのが怖くもありました。子育てをしながらの仕事は想像以上に大変で、そもそも私は育児をするのがしんどい人間でした。結婚生活と子育ての葛藤もいろいろありましたが、三十歳を過ぎてからは写真の仕事がますます楽しくなってきました。

「写真の好きなところ」

中学三年生のときに憧れた平間至さんはジャケット写真やアーティスト写真など音楽系の仕事が多い写真家でした。私も音楽がとても好きだったので平間さんみたいになりたいと思って仕事を続けていると、幸運にもアーティストに関わる仕事が舞い込むようになりました。たとえば最近では、RADWIMPS▼の十五周年ツアーに同行してライブ写真を撮ったり、KANA-BOON▼やクリープハイプ▼の雑誌の撮影もありました。

写真の好きなところは、仕事が早くて手離れがいいところです。とくに芸能人を撮る場合は「時間がないから二分でお願いします」といわれることもあります。その二分間に集中力を高めて、感覚でバシバシバシバシと撮って終わりです。

私は飽きっぽくてずっと同じことを続けるのが苦手なので、毎回知らないところに行って知らない人に会って、好きな風に表現していいという写真の仕事は性に合っているのです。

とくに人を撮ることが好きです。高校生のときはよく友達を撮っていました。大事な人たちのいましか撮れない表情を残してあげようと思っていました。好きな人のいい瞬間を残してあげたいという思いはずっと変わらず、最近は子どもたちや身近な友人を撮ることが多いです。

一方で文筆業も増えてきました。執筆は長い時間をかけて書いて読んでまた書き直して、とずっと頭を使う仕事です。写真とは対極ですが、小学校の卒業文集には「小説家になりたい」と書いていたぐらい文章を書くことは昔から好きでした。

▼RADWIMPS
野田洋次郎（Vo./Gt./P）桑原彰（Gt.）、武田祐介（Ba.）、山口智史（Dr.）からなる四人組ロックバンド。長編アニメーション映画「君の名は。」の音楽全般を担当。

▼KANA-BOON
谷口鮪（Vo./Gt.）、古賀隼斗（Gt./Cho.）、飯田祐馬（Ba./Cho.）、小泉貴裕（Dr.）からなる大阪・堺出身の四人組ロックバンド。ファーストアルバム「DOPPEL」がオリコン初登場三位を獲得。

▼クリープハイプ
尾崎世界観（Vo/Gt.）、小川幸慈（Gt.）、長谷川カオナシ（Ba.）、小泉拓（Dr.）からなる四人組ロックバンド。二〇一八年に四年ぶりの日本武道館公演開催。

「旦那さんの死」

子どもたちも小学校に行くようになり、写真家としても安定してきた矢先、旦那さんが食道がんと大腸がんになりました。まわりの人が本当に心配してくれて、「何かあったら手伝いますよ」とか「助けますよ」といってくれました。本当は助けてもらいたいけれど、なかなか人に頼ることができませんでした。人に甘えるのは割と得意だと思っていたのですが、迷惑をかけるのではないかと、一人で抱えてしまいがちでした。

一年半くらいの闘病の末、二〇一八年一月に旦那さんが亡くなってしまいました。享年五十六歳でした。子どもと三人暮らしになり、本当に一人で子育ても仕事もしないといけない状況になりました。子どもが小さいときは本当につきっきりでしたが、小学生になっても宿題の丸付けやお弁当作り、朝起きれずに遅刻しそうなときの送迎といったいろいろなことがあります。私も仕事が忙しくなってきて、ときには海外出張もあります。お金を稼ぐために仕事をしないと子どもも育てられません。「あーこれは大変だ！」となったとき、いままで手を差し伸べてくれた人たちのことを思い出しました。

甘えられる人には甘えよう、助けてくれるといってくれた人には助けてもらおうと。私が海外出張に行っているときには、友達の家や近所で仲良くさせてもらっている夫婦の家に子どもを預けさせてもらうようになりました。

あまりにも疲れすぎて夕飯が作れないときには、その夫婦の家に「今日の夕飯はなんですか?」と聞いてみることがあります。「唐揚げですけど……、一緒に食べますか?」といってくれて、「お願いします!」と二つ返事でその人のお家にお邪魔したりしています。人に頼ることができるようになってからは、いろんな人と生きているんだなと感じるようになりました。

旦那さんがあまりに年上だとしても、まさか結婚して十年で亡くなるとは思っていませんでした。旦那さんがいなくなって、すごく悲しいし寂しい。でもまだまだいろいろな人に出会って、いろいろな人と一緒に生きていくのだなと思っています。これからの私の人生、楽しみでもあります。

Q&A

——大切な人との別れから、どのようにしたら前向きになれるのでしょうか?

別れにはいろんなパターンがあると思います。旦那さんとは、同い年くらいで付き合う男女間のラブラブな関係ではありませんでした。私はそれが結構寂しくて、旦那さんがいながらも他に好きな人ができてしまいました。また、結婚生活を通して「人と向き合っていくのがこんなに大変なら、二度と人とは深く関わらない」と思いました。旦那さんから逃げ出したくて、いろんな人と付き合いましたが全然うまくいかなくて、結局は満たされませんでした。

ところが旦那さんが亡くなったあとは、そういった気持ちがなくなりました。

誰かと付き合いたいとも思わなくなりました。いまはわりと一人で安定していますが、きっとまた人を好きになると思います。やっぱり私は人が好きだし、人生における良いことも悪いことも、誰かがいてこそだと思うからです。

わたしの思い出の授業、思い出の先生

Q1：思い出の授業を教えてください

授業ではないですが、小学校高学年のときの担任だった大岩先生から、文章を書いてみなさいと、当時まだパソコンが普及するまえだったので、ワープロのフロッピーディスクをもらった覚えがあります。それを使って、家のワープロで小説めいたものを書いて先生に読んでもらっていた覚えがあります。

Q2：その授業が記憶に残っている理由はなんですか?

私の力を伸ばそうと、いろいろな語りかけをしてくれたような気がするからです。他にも、CDの交換をした覚えがあります。私の持っていたザ・イエローモンキーのアルバムを先生に渡すと、代わりにビートルズのアルバムを教えてくれました。

Q3：その授業は人生を変えましたか?

やはり誰かしら大人から目をかけてもらったという経験は、その後の自分という存在への自信に繋がったのではないかと思います。

わたしの仕事をもっと知るための3冊

岸政彦『断片的なものの社会学』（朝日出版社）
ECD『失点インザパーク』（太田出版）
植本一子『かなわない』（タバブックス）

不思議の国フランス

野崎歓

Bonjour!　いきなりですが、僕には高校二年生の息子がいます。家で彼にいろいろと話したいことがあるのですが、なかなか聞く耳を持ってくれません。普段から彼に話したいと思っていることをみなさんにお話しようと思います。

僕にとって本を書くことと読むことは、人生の最重要部分です。それが無性に楽しくてうれしくてならない人間です。できることなら、一日じゅう本を手にしていたい。どうして本はそんなに素晴らしいものなのでしょうか。

中学一、二年生のころから英語の授業が好きでした。ヘミングウェイ▼の『老人と海』が薄い文庫本だったので手にとってみると、とても面白かった。翻訳ではあれ、読破できたことがまたうれしいわけです。文庫本を通して大人の世界に入っていくことがスリリングで、徐々に世界中の文学に手を伸ばすようになります。そして高校生のときに行き着いたのが、フランス文学でした。

そのなかでもジャン＝ポール・サルトル▼やアルベール・カミュ▼といった実存主義と呼ばれる思想に衝撃を受けました。実存主義というと難しそうですが、

のざき・かん＝フランス文学者、翻訳家、エッセイスト。一九五九年生まれ。東京大学文学部教授。専門はフランス近代文学、映画論。著書に『ジャン・ルノワール』『赤ちゃん教育』『異邦の香り　ネルヴァル『東方紀行』論』『水の匂いがするようだ　井伏鱒二のほうへ』、翻訳にジャン＝フィリップ・トゥーサン『浴室』、スタンダール『赤と黒』、サン＝テグジュペリ『ちいさな王子』など。

ごく単純にいうと、人生は一度しかない、人生の意味は自分でつかむしかないということです。この考え方にすごく共感しました。元来フランスは、人間は神に救われて天国で永遠の魂を持つことを願うカトリックの国でしたが、実存主義はこの信仰を根底から否定しました。このとき、僕は超越的な宗教の世界観とは異なる何か強いものがあることを初めて知ったのです。

ただ、世界はひとつで人生は一回限り、死んだらすべて終わりだと思うと辛くて寂しくなります。そこで世界は実はひとつではなく、複数あるのではないかと考えてみたらどうでしょう。いまこうしている間にもこことはまったく別の世界、パラレルワールドがあるという発想です。

僕の場合、本を開いてみるとそこはもうパラレルワールドでした。そこにはさまざまな世界の精神、感情、生き方、体験、価値観などが封じ込められています。本を読めば読むほど、いくつもの人生を生きたような気持ちになれます。人間の精神が生み出した作品にどっぷりと浸かると、人生は豊かになるという実感を得て文学の世界に魅了されていきました。

ティーンエイジャーの素晴らしさ

外国文学を読んでいくと、外国語から日本語に翻訳している人がいるということがわかってきます。フランス物の場合、東大仏文卒という訳者が多かった。

▼**アーネスト・ヘミングウェイ**
米国の小説家。一八九九年生まれ。一九五四年にノーベル文学賞受賞。『日はまた昇る』『武器よさらば』『誰がために鐘は鳴る』など。一九六一年没。

▼**ジャン＝ポール・サルトル**
フランスの哲学者、文学者。一九〇五年生まれ。第二次大戦後、共産主義に接近し反戦・平和運動に参加。一九六四年にノーベル文学賞辞退。『存在と無』、小説『嘔吐』『自由への道』、戯曲『蠅』『悪魔と神』など。一九八〇年没。

▼**アルベール・カミュ**
フランスの小説家、評論家。一九一三年アルジェリア生まれ。第二次大戦中に対独抵抗運動に参加。一九五七年ノーベル文学賞受賞。小説『異邦人』『ペスト』、戯曲『カリギュラ』、評論『シジフォスの神話』『反抗的人間』など。一九六〇年没。

ここに行けば翻訳者になれるかもしれないと思って東大を志望し、以後ずっとその道を歩んでいます。翻訳の仕事から文章を書いたり、評論をしたりという可能性が開けていきました。

僕はそろそろ還暦という歳ですが、中学・高校時代の自分がいまの自分をなおもコントロールしていることに気づき、愕然とします。友人関係も同じです。みなさんの頭のなかでは受験のことが大きく占めていて、早く大学に行きたいとばかり思っているかもしれません。ですが、ひょっとすると大学よりも中学・高校時代の方が大事かもしれないですよ。

ティーンエイジャーの素晴らしさは子どもの気持ちを残していながら、大人の力も持ち始めているところです。子どもの気持ちとは、知らない世界に対して素直に心を開くこと。大人の力とはもう親にばかり頼っていないで、大事なことを自分で考え自分で決められるようになることです。自分の好きなものに食らいついて、自分を信じて進んで行けばいいのです。その一念がみなさんを未来に引っ張り上げていくのです。僕はいまでも、大好きな本や映画や音楽に食らいついていった中学・高校時代の自分に感謝しています。

「フランスへの道」

さて、フランスという国ひとつとってもどんなに不思議なパラレルワールドがそこにあるかをお話ししましょう。僕は大学院の博士課程からフランスに留学しました。最初の授業でどういう自己紹介をしようかなどといろいろ考えていたのですが、教室に先生が来るといきなり授業が始まり、自己紹介なんてやわなものはありませんでした。それどころか入学式も卒業式もありません。

いろいろと段取りを大事にする日本とはずいぶん違います。大学入試ということでいうと、バカロレアという大学入学資格試験に受かればどこの大学へも入学希望を出すことができます。もちろん試験の点数による競争はありますが、日本に比べると入学は容易です。その代わり在学中はものすごく勉強させられ、卒業できる人の数はぐっと絞られます。

バカロレアをはじめとして、フランスの試験にはマークシート式はありません。特徴的なのは何時間もかかる記述式の論文試験がたくさんあることです。その場合、今年はルソーの『告白』から出題しますというようなことが予告されるわけなんですね。現実と記憶について考察せよというような問題について何時間もかけて書かされる。そこで論文対策の参考書がたくさん出版されます。

これは日本式の受験勉強では太刀打ちできません。そこで役に立つのは自分の考えを組み立てていく術としての哲学です。ですので、フランスの高校では哲学の授業がとても重視されています。僕は哲学の専門家ではありませんが、ひとついえることは哲学は言葉だということです。フランスの高校生は言葉によって世界をどのように表現し、解釈し、構築するか、という訓練を徹底して

▼バカロレア
高校卒業を証明する証書。大学進学のためには必ず必要になる。所属する高校に応じて普通バカロレア、工業バカロレア、職業バカロレアが取得できる。一八〇八年にナポレオンが導入した。なお、国際バカロレアとは別物。

▼ジャン＝ジャック・ルソー
フランスの作家、思想家。一七一二年生まれ。人為的文明社会や知性偏重教育を批判し、人民主権論を展開して、フランス革命に大きな影響を与えた。著書に『人間不平等起源論』『新エロイーズ』『社会契約論』『エミール』など。一七七八年没。

受けます。フランスという国の一番のアイデンティティは言葉なのです。

これはフランスの歴史と直結しています。十八世紀のフランスは、世界史上でも稀なくらい圧倒的な権力を一身に集めたルイ王朝が支配していました。民衆は重税や理不尽な政策に苦しめられますが、やがてフランス革命によって王権を打ち破ります。

このときの原動力こそが言葉でした。ジャン＝ジャック・ルソー、ヴォルテール、ドゥニ・ディドロといった同時代を生きる思想家の言葉が徐々に民衆に浸透していき、民衆を突き動かした結果、フランス共和国が誕生しました。共和国はフランス語でRépublique、ラテン語の「res＝もの」と「publicus＝公共の、民衆の」から来ています。フランスという国は民衆のものなのです。

フランス革命の標語「自由、平等、博愛」は、いまでもフランスの役所の入口に必ず掲げられています。革命中は「自由、平等、博愛さもなければ死」といわれていました。「自由」はフランス語でliberté。これはフランス人の骨の髄にまで刻まれています。たとえば恋愛の自由主義が進んだあげく、結婚制度は多くの人にとってどうでもいいものになってしまった。いまフランスでは赤ちゃんの半分以上は結婚していない男女から生まれています。シングルマザーの比率が世界でも極端に低い日本とは大違いですね。また、同性愛カップルの結婚も法律で認められています。

「平等」への意識も非常に高いと思います。みんなが平等に教育を受けられれ

▼ルイ王朝
ブルボン王朝のこと。一五八九年にフランス国王アンリ四世に始まり、ルイ十四世時代の絶頂期を経て、ルイ十六世の処刑を受けて一時中断。一八一四年にルイ十八世の王政復古で復活した後、一八三〇年の七月革命で幕を閉じた。

▼ヴォルテール
フランスの啓蒙主義を代表する作家、思想家。一六九四年生まれ。専制政治と教会を批判し、不正裁判と闘った。小説『カンディード』、『哲学辞典』『寛容論』など。一七七八年没。

▼ドゥニ・ディドロ
フランスの哲学者、文学者。一七一三年生まれ。ダランベールとともに『百科全書』を編集。著書に小説『ラモーの甥』『運命論者ジャックとその主人』、戯曲『私生児』など。一七八四年没。

ば、社会の不平等は消えていくはずだという理想主義のもと、公立学校から国立大学までの授業料は基本的に無料です。

英語を相対化せよ

僕がフランス留学から帰って来たのは三十歳のときでした。帰って来てまずやりたかったことは、フランス文学の日本語訳を出版することでした。自分が高校生のころに受けた読書体験の驚きと感銘を若い人たちにも感じてもらいたいと思ったからです。冒頭で本を開くとパラレルワールドがあるといいましたが、本を一冊読まなくても外国語の単語をひとつ知るだけで、その国の文化のドアは開きます。外国語を勉強する一番の面白さはここにあります。それがティーンエイジャーのタイミングなら最高です。

なぜなら、外国語を勉強することは子どもになることだと思うからです。たとえば、共和国を意味するRépubliqueは女性名詞です。なぜ女性名詞なのか、自由の女神が率いているせいなのか?などと考えてしまいますが、結局のところ理由はないんですね。そうですかと素直に受け入れるほかない。単語をひとつひとつ、まだ言葉をしゃべれない子どものように自分の体のなかに受け入れていくことです。そうやってとにかく素直に外国語に接しさえすれば、日本にいながらにして国境を越え、別の文化圏の人間になることができるのです。

▼フランス革命
一七八九年に始まる市民革命。ブルジョワや一部貴族の王政批判に一般民衆が加わり封建制の廃止、憲法制定、人権宣言へと進展。革命側の内部対立で恐怖政治となり、調停のため総裁政府が設立されたが、一七九九年ナポレオンのクーデターにより倒され、革命運動は終わった。

語源を探ることも、外国語を学ぶ面白さのひとつです。たとえば「素直な」は英語でnaiveで、語源は古フランス語のnaïf（ナィーフ）です。元々は「生まれつきの」という意味です。naïveだけでなく、英語の語彙にはフランス語の影が見え隠れしています。世界史を勉強していると、一〇六六年のヘイスティングズの戦いというのが出てきますね。フランスのノルマンディー地方から対岸のイギリスに乗り込んでいった軍勢が、イングランド軍を打ち破った。ノルマン・コンクェストとも呼ばれます。イギリスでは十三世紀半ばまでの間、フランス人が支配階級になり、公用語がフランス語（古フランス語）になった結果、およそ一万語のフランス語が英語に入ったと言われています。

英語は現代世界の共通語なので確固たるもののように思われがちですが、その内実は混淆語なのです。フランス語もラテン語が崩れてできましたし、日本語も中国語から多くを借りています。いま世界で使われているほとんどの言葉は混ざり合って枝分かれしてきたもので、言葉ひとつの背景には世界の歴史が詰まっています。

語源をとおしてその歴史を知り、現在の文化や社会を相対化することができます。相対化は自国の文化が一番だという勝手な思い込みを脱し、別の立場に立って考えることを促してくれる、これからの時代を生きるうえでぜひ身につけておきたい考え方です。

▼古フランス語
フランス語史では、現存するフランス語最古の文献である八四二年の「ストラスブールの宣誓」のころから一三五〇年ごろまでを古フランス語とする。その後一六〇〇年ごろまでを中世フランス語、それ以降を現代フランス語としている。

▼ノルマンディー
フランス北西部、イギリス海峡に面する地方。九世紀ごろフランク王国の衰退とともにノルマン人が移住した。中心都市はルーアン。

▼ノルマン・コンクェスト
ノルマンディー公ギョーム二世がイングランド軍を破り、ウィリアム一世として即位。サクソン人領主が追放されノルマン人がそれに取って代わる。

『星の王子さま』で学ぶフランス語の発音

フランス文学にあれこれ手を伸ばしながらも敬して遠ざけてきた作品がありました。サン＝テグジュペリ▼の『星の王子さま』です。邦題がいかにもメルヘンチックで甘ったるく思われて、照れくさい気がしたのです。とはいえこれこそは、聖書についで世界でもっとも読まれている本とされているのですが。

一九四三年、最晩年のサン＝テグジュペリが親友レオン・ヴェルト▼に捧げた物語です。サン＝テグジュペリは当時ナチスドイツに占領されたパリを離れ、亡命先のニューヨークでこの作品を書き上げました。一方ユダヤ人のレオン・ヴェルトはフランスに残っていたので、ニューヨークから彼の消息はつかめませんでした。物語のなかでは戦争にはまったく触れていないのですが、明日もわからない大変な状況で書かれた作品であることは知っておいたほうがいいと思います。歴史的文脈を頭に入れて読むとがぜんスリリングですよ。というわけで、序文をまず読んでみましょう。

> この本をおとなに捧げてしまったことを、こどもたちにあやまらなければならない。それには重大なわけがある。つまり、そのおとなは僕にとってこの世でいちばんの親友なんだ。それから、もう一つの理由。そのおとなは何でもわかる人で、こどものための本だってわかるのさ。

▼アートワーヌ・ド・サン＝テグジュペリ
フランスの作家、飛行士。一九〇〇年生まれ。パイロットとしての体験に基づき、人間の孤独、勇気、高貴さを探求した。著書に『夜間飛行』『人間の土地』など。一九四四年没。

▼レオン・ヴェルト
フランスの作家。一八七九年生まれ。戦争や植民地主義に反対する平和主義者。著書に『僕の知っていたサン＝テグジュペリ』など。一九五五年没。

三つ目の理由。そのおとなはフランスにいて、いま飢えと寒さに苦しんでいる。とてもなぐさめを必要としているんだ。これだけの理由でもまだだめなら、そのおとなも昔はこどもだったのだから、この本をそのこどもに捧げることにしよう。どんなおとなだって、最初はこどもだった（それを覚えているおとなは、ほとんどいないけれど）。だから、捧げることばを次のように書き直すとしよう──

ちいさな男の子だったころの　レオン・ヴェルトに。

サン＝テグジュペリには、戦争によって殺しあい、世界を破壊している大人たちは、子どもだったときの心を忘れてしまっているんだ、という憤りというか絶望感があったと思います。だから彼は大人のなかの子どもの心にこの物語を届けたかったのではないでしょうか。大人つまり「大きい＝grand」人と「小さい＝petit」人を対比したとき、小さい存在にこそ真実が宿るというメッセージがあるんですね。だから拙訳では原題どおり『ちいさな王子』という題にしました。

この本は最初ニューヨークで英語版“*The Little Prince*”が刊行され、ほぼ同時にフランス語版“*Le Petit prince*”も出ました。実はこのタイトルにはフランス語の発音の要諦が詰まっています。フランス語の綴りと発音の関係はかなり不思議に思えますが、このタイトルさえ読めればかなり読めるといってもいい。

まず最初の単語Leは英語のTheに当たる定冠詞で「レ」ではなく「ル」と

読みます。語末のeは「エ」と読まずに軽く「ウ」といっておく。Franceを「フランス」と読むのも同じことです。次のPetitは「プチ」と読みます。語末の子音字も読まない決まりなのです。tと書いてあるのに読まない。フランス語の不思議な面白いところです。最後のprinceは「プランス」。inは鼻にかけて「アーン」というと、ぐっとフランス語っぽくなります。eは読まないから「プランセ」にはなりません。というわけで「ル・プチ・プラーンス」となります。

これに加えてもうひとつ、hのことを覚えておけばとりあえずは十分でしょう。フランス語でhはアッシュといいますが、この字は決して読まない。不思議なことです。たとえば、「honda」は「オーンダ」になります。これも鼻にかけていってみましょう。「ホンダ」とはずいぶん違いますね。

「世界」の驚異に目を開く

十九世紀フランス文学の王者の一人に、シャルル・ボードレール▼という詩人がいます。彼の芸術論はいまでも世界の芸術にインパクトを与え続けています。彼はこれから目指すべき人間像は「世界人」だといっています。「世界人、すなわち世界全体の人、世界を理解し世界のあらゆる慣用の不可思議で正当な理由を理解する人のこと」。世界中の情報が手軽に入手できる時代となりましたが、だからといって世界が驚異に満ちていることに変わりはないでしょう。

▼シャルル・ボードレール
フランスの詩人。一八二一年生まれ。詩集『悪の華』でフランス近代詩に革新をもたらす。他に散文詩『パリの憂鬱』、美術評論「現代生活の画家」などがある。一八七六年没。

そこで大切なのは、ボードレールの言葉を借りれば「新しいものを前にして動物的に恍惚とした眼差しをじっとそそぐ、深くて歓びにみちた好奇心」です。理屈抜きの好奇心はみなさんのなかにも脈打っているはずです。スマホももちろん、世界につながる重要なツールでしょう。でも、文学、音楽、映画などの領域で、これまで人間が残してきた「作品」ともぜひ向きあってみてください。過去を体験することによって、いま世界に生きている喜びもより深く感じられるようになる。中学・高校時代はそのための基礎体力を養う大切な時期です。

それではみなさん、Bon courage!▼

Q&A

——勉強からの逃げかもしれませんが、音楽や映画が好きで興味があります。フランスの映画は観たことがないのですが、どのようなものがありますか？

その「逃げ」こそが貴重だといいたいですね。音楽や映画の刺激は必ずや勉強にフィードバックしてきますから。真剣に観たり聴いたりすることが、自分でものを考える力を養ってくれるはずです。

フランス人は不思議なくらい映画好きです。知識人は教養として映画の歴史を身に付けていることが必須と思われているんですね。相手が日本人となると、小津安二郎▼や黒澤明▼の話題で盛り上がります。またフランス人には自分たちが世界の映画のご意見番だという自負があります。その象徴がカンヌ映画祭です。

▼Bon courage!
フランス語で「がんばって」という意味。courageは勇気、元気を意味し「クーラージュ」と読む。英語も同じ綴りで、古フランス語から入った単語である。

▼小津安二郎
映画監督。一九〇三年東京生まれ。日本の家庭を描き続け数々の名作を生む。代表作に「生れてはみたけれど」「晩春」「麦秋」「東京物語」など。一九六三年没。

▼黒澤明
映画監督。一九一〇年東京生まれ。ヒューマニズムを探求し続け、国際的な評価も高い。代表作に「羅生門」「生きる」「七人の侍」「影武者」「乱」など。一九九八年没。

ここでフランス映画について話し出すと大変なことになるので「ヌーヴェルヴァーグ」という単語だけ覚えておいてください。ヌーヴェル（nouvelle）は新しい（new）、ヴァーグ（vague）は波（wave）という意味で、ヌーヴェルヴァーグは新しい波ということです。具体的にはジャン＝リュック・ゴダール▼とかフランソワ・トリュフォー▼といった名前を避けては通れません。世界を映画でとらえる新しい方法を模索した人たちで、いま見ても彼らの撮ったパリは素晴らしい。

ある文化に入っていこうとするとき、道しるべがあると助かります。多くの場合それは固有名詞です。さまざまな固有名詞を自分のなかに取り込んでいくと、自分の精神の楽園を広げていくことにつながります。「ヌーヴェルヴァーグ」を合言葉にフランス映画の世界に飛び込んでみてください。

▼ジャン＝リュック・ゴダール
フランスの映画監督。一九三〇年生まれ。実験精神に富んだ作品を数多く手がけ、代表作に「勝手にしやがれ」「気狂いピエロ」「ゴダールの映画史」など。

▼フランソワ・トリュフォー
フランスの映画監督。一九三二年生まれ。愛を主題とした作品が多い。代表作に「大人は判ってくれない」「突然炎のごとく」など。一九八四年没。

わたしの思い出の授業、思い出の先生

Q1：思い出の授業を教えてください

新潟大学附属新潟中学校の高橋卓二先生による英語の授業。

Q2：その授業が記憶に残っている理由はなんですか？

歯切れよくリズミカルな授業の進め方に引き込まれ、先生のきびきびとした英語の発音に魅せられたから。先生は小柄な方だが、その全身に「英語とはこういうことばだ！」「英語はこんなふうに読め！」という気迫が満ちていた。

Q3：その授業は人生を変えましたか？

ことばにとってリズムがいかに大切かを教わったことが、その後自分が文章と向きあううえで重要な指針となった。読むにせよ書くにせよ話すにせよ、それは「生きたことば」でなければならないという考えを吹き込まれたという点で、人生を変えた授業だった。

わたしの仕事をもっと知るための3冊

野崎歓『フランス文学と愛』（講談社現代新書）

野崎歓『谷崎潤一郎と異国の言語』（中公文庫）

野崎歓『アンドレ・バザン　映画を信じた男』（春風社）

第2章

社会の向かう方向を読む

「わがまま」が社会を変える

富永京子

とみなが・きょうこ＝社会学者。一九八六年生まれ。専攻は社会運動論・国際社会学。立命館大学産業社会学部准教授。シノドス国際社会動向研究所理事。著書に『社会運動と若者』『社会運動のサブカルチャー化』など。

高校にはほとんど行かず、深夜のラジオ番組をきいたり、雑誌を読んだりしていました。ネタハガキが雑誌やラジオ番組に採用されると嬉しかった。まぁ暗い青春だったんです。そのころは趣味に夢中で「政治に関心ある社会的な人間」ではなかった。ゲームや漫画が好きで、ブックオフで日がな一日過ごしていました。親は社会運動に対して「どうせ失敗する」という感覚を内面化している世代で、政治が嫌い。投票には行くけど、社会や政治について話ができる人ではなかった。

みなさんも、かつての私と同じように政治は遠いものだと感じているかもしれません。でもじつは身近にあります。たとえば消費税が五％から八％になったら「こんなに取られるのか」と思いますよね。もっというと娯楽とも大いに関係があって、ファッション、インスタでみる好きなモデル、野球、アーティストだって政治的です。いずれも、市場やメディアを通じ、ときには国境を超え、多くの人が関わり私たちのもとに届く。それは貿易、法や宗教などあらゆるものにつながっているわけです。みんながいま持っているマリメッコのペンケース、「星のカービィ」のキーホルダーへのこだわりや嗜好も政治とつながっているんです。

「ポケモンが政治とつながる？」

ポケモン（ポケットモンスター）のゲームを例にしてみます。中国、台湾、香港における▼ポケモンの名称変更をめぐって、香港の日本領事館前で抗議行動が起こりました。みんなちょっと不思議に思うでしょう。抗議なら任天堂にしたほうがいいんじゃないとか、なんで名称変更ごときでそんなに怒ってるんだ、とか。

そもそもなぜ任天堂側は名称を変更したのでしょうか。中国、台湾、香港では、それぞれ北京語、台湾語、広東語が主に使われています。発音や表記は多少違いますが、非常に似た言語です。任天堂はそれまで三つの言語の翻訳版を発売していたのですが「サン・ムーン▼」では北京語バージョンしか発売されませんでした。おそらく、翻訳のコストがかかるからじゃないかと考えられますが、ともあれ一番「メジャー」とされて、人口も多いとされる北京語が採用されました。

それをきくと「どうせ香港の人は北京語でも理解できるんだからいいじゃん」

▼香港での抗議行動
二〇一六年二月末にポケモンの正式中国語名称を「精霊宝可夢」とし、それまで香港で親しまれてきた「神奇宝貝」を用いないことを株式会社ポケモンが決定した。これに合わせて「ピカチュウ」を含む一五一種類のモンスター名称も統一された。「精霊宝可夢」は中国大陸で使用されてきた名称であり、これに対し一部の香港のファンは抗議した。

▼ポケットモンスター サン・ムーン
株式会社ポケモンが発売するゲームソフト。二〇一六年十一月にニンテンドー3DS用に同時発売された「ポケットモンスター サン」「ポケットモンスター ムーン」をまとめていう。

と思いますよね。なんでピカチュウや他のポケモンの名前がかわったくらいで、抗議行動が起こるのでしょうか。じつはこれがすごく政治的な話です。

それには中華圏の歴史が関係しています。台湾と香港は中国に占領された歴史もあり、政治的にも中国を脅威と思っています。だから中国の言語に統一されると反発が起こる。そう推測すると任天堂の前ではなくて、領事館の前で抗議行動をする意味がわかります。さらに言うと、任天堂は世界的に影響力の大きいメーカーですから、これを機に他のメーカーも自社の商品を北京語訳でしか発売しなくなるかもしれない。そうすると台湾語や広東語に触れる機会が少なくなっていく。生まれ育った親しみのある地域の言語で、好きなポップカルチャーを享受することができない。これは思った以上にセンシティブで、敏感にならざるをえないことなんです。

これはいまここにある政治的な問題でもあるし、言語という文化がいかに受け継がれるかという問題でもある。その問題がニュースになって拡散され、わたしがしゃべって皆さんに届いています。そういう意味で香港のポケモンファンがやったことは立派な「社会運動」です。でもじゃあみんなやるかといえば、多分やらないでしょう。わたしもやらないと思います。むしろ「何か路上で言っているけど、怖いなぁ」とか「あんまり近寄りたくないなぁ」と思う人のほうが多いんじゃないかな。じゃあまずは「こんな過激に見える手段じゃなくて、別の手段はないか」ということを考えてみましょう。

「デモ嫌いの日本人」

社会運動にはさまざまな定義がありますが、基本的には政府や企業、市民に対して自分たちの意見を伝え、社会を変えようとこころみる行動を指します。ポケモンファンが日本領事館の前で行ったのは路上で声を上げる行為で、これは「デモンストレーション（デモ）」と呼ばれています。もちろんデモだけが社会運動ではありません。香港のポケモン問題で考えると、任天堂に訴えるとか署名をする、あるいは言語や文化を守りたいのなら、教育関連の組織や国際機関に訴えかけて、学校や塾で語学のカリキュラムを増やしてもらう、という方法もあります。

もう少し個人的な解決方法としては、自分たちでポケモン広東語版を作って広めてもいいし、不買運動をしてもいい。「私たちの文化を大事にしてくれない任天堂の商品なら買いません」ということですね。そのような行動すべてが社会運動といえるのですが、そのなかのひとつにデモがあります。

なかでもデモが選ばれることが多いのは、お金と時間が比較的かからないからです。ポケモン広東語版を作るのはお金がかかるし、提言書を書いたり国際機関に働きかけるには専門知識のある人がいないとむずかしい。それに比べるとデモは誰でもできます。そういう意味では、弱い立場だからこそ使いやすい手段ともいえるのですね。もうひとつは、誰でもできる一方で、伝え方を工夫すれば大きな影響を与えられること。たとえば「任天堂とポケモンだけでなく、他のポップカルチャーにも同様に存在する問題なんだ」と訴えることもできる。では路上でしゃべるという方法は、社会にどの程度受け入れられているのでしょうか。

写真はわたしがオーストリアで参加したデモの様子です。ヨーロッパのデモはポップな空気を作り出そうとしているので「こんな感じ」というイメージがつきづらい。それに対して日本ではデモは物々しい、危険、怖いというイメージがある。それは計量的にも分析されています。『民主主義の「危機」』(田辺俊介編著)のなかで四十カ国のデモ参加者の比率を比較しています。フランスやスペインは五〇%を超えている、つまりこのクラスの半分がデモに行くということです。信じられないですね。ドイツやオランダは三〇%ほど。それに比べて日本は八・三%なんですよ。

一方で、日本人は政治にそこそこ興味を持っていると言われています。『日本人の考え方　世界の人の考え方』(池田謙一編著)のなかの政治関心の国際比較をみると、日本は政治に関心を持っている人が五二・一%と多い。つまり単純に政治が嫌いで社会運動をしないというよりは、政治は好きで投票もするけれど、デモとかはちょっと嫌だ、という感じですね。

じゃあどうしてデモが嫌いなのかというと、日本は「声を上げにくい社会」

写真

であり、何か言うと「わがまま認定されがちな社会」であるからです。社会運動をしている二十代の若い人は、友だちに政治的な話をすると「意識高いね」といわれる、と言っていました。「いやそういうの、いまいいから」「みんな我慢してるんだから我慢しろ」という感覚はみなさんもわかるかもしれない。でもこうした「わがまま」は社会を変えるために必要なことです。ここからは「わがまま」をキーワードに、社会運動を読み解いてみましょう。

「わがまま」が社会を変える

木島英登さんという半身不随の男性が、格安航空会社バニラエアを利用した際、「歩けない人は乗れない」といわれ腕の力で自力でタラップを上がったと報じられました。バニラエアはその後謝罪し、階段昇降機を導入することを公表しています。この話題はワイドショーやニュースでも取り上げられて議論されました。ひとつは木島さんの主張に同意する声、もうひとつは「気持ちはわかるけど、わがままでしょう」という声。そういう状態にあるなら、旅行に行く前から連絡したり、バリアフリー機能の整った航空会社を使えばよかったのではないか、木島さんはクレーマーなのではないか、という声も寄せられました。ただ、もしあなたに障害がないなら考えてみてほしいのですが、そうしたことは障害者でなければしなくてもいいことです。自分ではどうにもならない障害で搭乗を拒否されるのはおかしいと考えることもできるのです。こうした話題に興味のある人は「合意的配慮」という言葉で調べてみてください。なかなか奥深い議論なので、読んでみるといいかなと思います。

これは障害を持つ人に共通する問題という意味で、木島さんひとりの「わがまま」や「クレーム」で終わらせられるものではありません。好きで障害を持ったわけじゃない人が、健常者と同じように生きる権利を求めるための行動であり、社会の障害に対する考えを深める主張でした。

実際に一見「わがまま」に見える試みは、これまでも社会を変えてきました。みなさんも昔の人が主張した「わがまま」に守られています。もちろんいまだって平等ではありませんが、男女別の定年が設けられていたり、結婚したら退職するのが当たり前だったりした時代から、男女問わず就職して働けるようになったのは最近の事です。ＬＧＢＴの人が主人公のドラマが人気になったり、とんねるずの昔流行した（そして最近復活した）ギャグに対し、配慮が足りないという声があがったり。いまも生きづらい思いを抱えた性的マイノリティの人や、障害を抱えた人はいるけれど、これだけ意識が変わってきたのは、ずっと「わがまま」を言いつづけた人がいたからです。

社会運動は「わがまま」だといわれることがありますが、「わがまま」はわたしたちが自由に生きるための重要なアクションです。苦しんでいる人たちが「自分だけじゃないんだ」と思える、それまで確かに存在していたけれど、私

▼合理的配慮
社会生活を送るなかで不都合を感じないよう工夫をしてほしいと障害者から要望があったとき、重すぎる負担にならない範囲で必要な配慮をすること。合理的配慮をしないことは、障害者差別解消法で禁じられている差別にあたる。

▼ＬＧＢＴ
性的マイノリティーのうち、レスビアン・ゲイ・バイセクシュアル・トランスジェンダーの総称。

▼とんねるず
石橋貴明と木梨憲武によるお笑いコンビ。テレビ番組中に石橋が扮する、青ひげにピンク色の頬がトレードマークの「保毛尾田保毛男」が登場したことで、同性愛者に対する差別を助長するとＬＧＢＴ関連団体がフジテレビに謝罪を求める声明を発表した。

たちが我慢したり、当たり前のことだと思っていた差別や格差を引っ張りだす役割が「わがまま」にはあります。

モヤモヤ、イラッとを大切に

そういう意味でこの授業の趣旨は「もっとわがまま言おう」ということになるのですが、それでも言いたくないとも思うでしょう。それはある種仕方のないことで、だれしもわがままな奴だと思われて人間関係をダメにしたくないし、変わった奴だと思われるのは怖いはずです。だから「なんか変だな、モヤモヤするな」と思っても、それを言うハードルはすごく高い。そのなかで社会のことを考えて、問題を表にしていくために、「こっそりやる社会運動」を一緒に考えていきましょう。

まず重要なのはポケモンやバニラエアの事例にかぎらず、みなさんが普段悩んでいることもちゃんと社会的だということです。たとえば彼氏彼女がすごく強引であるとか、部活の練習がキツイとき「これって私たちだけなのかな?」「こんなにキツイのが当たり前なのかな?」と思ったりしますよね。そのモヤモヤを大事にしてください。たとえば「お前まだ童貞なの?」とか「このビッチ」というふうに性のことでいじられる。こうしたいじりの背景には「女性経験のない男子はダサい」「男性経験のありすぎる女子は問題だ」という価値観があります。ポップカルチャー、タレントの話題、あるいは普段のコミュニケーションなどによって、知らないうちに内面化した価値観が、モヤモヤを繙くことでみえてくる。

また最初に申し上げたとおり、みなさんの趣味も社会とかかわっています。娯楽も特定の社会の価値観を反映していて、たとえばアイドルの「卒業」という言葉も、人気や年齢で「愛でられる女の子」かどうかを判断する、社会の暗黙の了解を表しているわけですよね。

ただ、自分の不満を社会のせいにするのはすごく勇気がいることです。受験勉強が辛いときに、つい自分の努力不足だと思ってしまう。しかしその一方で受験を強いている学校というシステムが問題かもしれない。だから受験勉強が辛いことを自分だけの問題にせずに、なぜ辛いのかを考えてみることが大事です。そのために、モヤモヤについて口に出さなくてもいいけれど、まずはそのモヤモヤを覚えておくことから始めてほしいなと思います。

グチからはじめる「こっそり社会運動」

ここでみんなにデモしろ、社会運動やろう、みんな声をあげなよ！と言いたいわけではないんですよ。「受験勉強を撤廃するぞ！」とデモを起こすのもいいですが、そうではなくて「受験勉強って辛いよね」と友だちと話すだけでも、それは十分社会的なことです。家族に「お母さんの世代はどうだったの？」と聞くことも、自分のモヤモヤをうまく社会化していく手段です。そういうことを共有できれば、すこしずつ世界は変わっていくかもしれない。

近年盛り上がった運動に「#MeToo」▼がありますね。「#MeToo」はセクシュアルハラスメントの問題ですが、他の問題に関しても、学校、職場のなかでそれまで当然と考えられてきた歪みが、プライベートな会話で問題を共有することから形になってくることもあると思います。

あるいは検索する、記憶する、勉強することも十分モヤモヤを共有する手段です。似たようなモヤモヤを抱いている人の体験談を検索してみてもいいですし、SNSに書いてみるのもいいでしょう。ただそういう勇気を持てっていう授業ではありません。そういう方法もひとつあるよということです。

それからあるテーマにおけるモヤモヤがどういう社会的背景から生まれているかを書いた本は山ほどあります。そういう本を読んだり、専門家の話を聞いてみたりするのも、ひとつの手だと思います。そこから自分の経験を自分の庭の池じゃなくて、もっと大きな泉とか海に放り出すこともできるはずです。

最後に一番大事にしてほしいのは、今日出てきた「わがまま」な人たち、香港のポケモンファンや木島さん、あるいは男女平等について最初に言った人たちに対して「こいつは迷惑なんだよ」と思うだけではなくて「なんでこの人はこんなわがまま言ってるんだろう」と疑問を持つことです。その疑問が「自分

▼#MeToo
性的嫌がらせなどの被害体験を告白・共有する際に使用されるSNSのハッシュタグ。二〇一七年、米国ハリウッドの映画プロデューサーによる女優やモデルなどへのセクシャル・ハラスメントの告発をTwitterで呼びかけたことが発端となり、世界的なセクハラ告発ムーブメントとして広がりを見せている。

にもあるな」という共感や、自分のモヤモヤとどこかでつながっていけば、一人ひとりではなく、社会全体がより生きやすく、もうちょっと幸せになるように変わってくるのではないかと思います。みなさんぜひ今日のイライラとかモヤモヤを引っ張りだして、こっそり「わがまま」を言ってみてください。

Q&A

――デモをしている人から「何見てんだオラァ！　お前らみたいなのがいるから、日本はダメなんだよ」と言われたことがあります。ああいう人たちって自分の意思を伝えるよりも、ただ言いたいだけという感じがする。意見を人に強要するんじゃなくて、もっとマイルドなやり方があるんじゃないでしょうか。

ある体制や大きな政治に対して過激な言葉を持って対抗する手法は、ヒップホップやロックなどのカウンターカルチャーで昔から用いられてきました。しかし過激な人のなかにいると、そういうものがルールとして内面化されて、外とコミュニケーションする術がなくなっていく。それはひとつの問題かなと思います。一方で、あなたのいう「マイルドなやり方」ではなくて、激しい言葉しか使えない可能性もあります。社会的な弱者になるほど、理論立てて説明することができず、過激になっていくことがある。わかりやすく説明することが、ある種インテリというか、賢い人のスキルなんですね。だからわたしもよくやるんですけど、デモをやっている人や過激な主張をしている人にわかりやすい説明を求めることが、こうした活動をしている人にとっては差別的なことでもあるのかな、と最近思ったりします。気になる人はぜひ「トーンポリシング」▼で調べてみてください。

——自分の身近なものから物事を多角的にみる力はどうすれば養えますか。

わたしが社会運動を知ったのは、小学六年生のころでした。中古のゲーム販売について、いくつかの大きなゲームメーカーが著作権の侵害にあたるから、中古販売はやめてくれということで訴訟を起こした事件があったのです。普段遊んでいるゲームが、これほど商業や法律に守られているものだと思わなかったのでインパクトがありました。

そういう意味で、おすすめは趣味です。趣味の雑誌を読んでみてください。たとえば音楽なら「ROCKIN'ON JAPAN」とか。コラム欄で執筆している専門ライターの人は政治的な感覚がある人が多く、そういう人をみつけると、趣味からいろんな方向につながっていきますよ。最近面白かったものだと、ルポライター磯部涼さんが書いた『ルポ　川崎』は、アンダーグラウンドカルチャーを生きる人たちが、どんな社会的文脈でそうなったかを書いている。雑誌やライターから入っていくと、面白いかなと思います。

▼トーンポリシング
差別や抑圧の被害を受けている人が声を上げる際に、訴えの内容そのものではなく、話し方や言葉づかい、態度を批判することで、論点をずらす行為のこと。

わたしの思い出の授業、思い出の先生

Q1：思い出の授業を教えてください

授業というよりは指導にあたるかもしれませんが、大学院の博士課程を修了するために、博士論文を書きました。その審査会は、多分一生心に残り続けると思います。

Q2：その授業が記憶に残っている理由はなんですか?

審査会では5人の先生が、私が6年間書いてきた博士論文を事前に読んだうえでコメントをくださるのですが、そのコメントは、私のずっと考えていたことをより精緻に表してくださるようなものばかりで、ひとつひとつが宝物です。

それまでは特に強い意識なく入った大学院でしたが、あのとき、研究にかかわって初めて、「この時間が終わらなければいいのに」と思ったのを、昨日のことのように思い出します。

Q3：その授業は人生を変えましたか?

人生が変わったと言うよりも、いままで無為に生きていた人生に意味ができた、意味を感じられるようになった、と言う感じでしょうか。このために自分の28年間の学びがあったんだ、と感じるに足る時間でした。

わたしの仕事をもっと知るための3冊

トマス・モア『ユートピア』(岩波文庫、中公文庫)
ジェームズ・スコット『実践　日々のアナキズム』(岩波書店)
富永京子『社会運動のサブカルチャー化』(せりか書房)

世界は日本をどう見ているのか

井上寿一

日本はどんどん若年人口が減って超高齢化社会になっていく。そんな状況でも私たちが思っている以上に、世界は日本に関心があります。

たとえば日本語を学ぶ世界の人は毎年増えています。外国の人からすれば、ひらがな、カタカナ、漢字と三つも文字がある日本語は難しいのではないか、と日本人は思っているのに意外ですよね。二〇一五年時点で三百五万人弱、百三十七カ国で日本語が学ばれています。

日本語を学ぶ人がもっとも多いのは中国です。中国は人口も多いし日本の隣国でもある。二番目はインドネシア。大抵の日本人にとってインドネシアはアジアの遠い国ですが、じつは世界で二番目に日本語学習者が多い。さらにアジアだけでなく、アメリカやオーストラリアにも増えてきています。彼らが日本語を学ぶのは日本に関心があって、日本語でコミュニケーションをとりたいからです。茶道や華道、能、空手、柔道など古くからの伝統や文化だけでなく、漫画やアニメ、J-POPへの強い関心から日本語を学ぶ人が多くいます。

いのうえ・としかず＝政治学者。一九五六年生まれ。学習院大学法学部教授。研究テーマは近現代日本政治外交史。『危機のなかの協調外交』で吉田茂賞、政治研究櫻田会奨励賞受賞。二〇一四年四月に学習院大学長に就任。

このように日本の文化に興味を持つ人がいるのは大切なことです。国が国を動かすときに使う主な力には、軍事力や政治力、あるいは経済力があります。この力を「ハードパワー」と呼ぶとしましょう。対して国を動かす際の「ソフトパワー」とは、その国の文化や芸術といった魅力です。その国が持っている魅力に惹きつけられて、友好関係をつくっていくことができます。このソフトパワーを持っていることが、これからは重要になっていくのです。そのことを前提に、世界の主だった地域と日本の関係をみていきます。

「ヨーロッパの移民問題に学ぶ」

いまヨーロッパは移民問題で揺れています。一九八〇年代のイギリスには、あきらかに東洋人の私がイギリス人から道を尋ねられるほどに、さまざまな肌の色の人が当たり前に生活していました。そのくらい移民に寛容でした。しかしその後、移民がイギリス人の生活を圧迫しているといわれるようになってからは、イギリスはEU離脱▼、移民受け入れの抑制へと舵を切りました。

とくに福祉先進国の北欧の国々では、宗教や文化の摩擦も大きくなっています。北欧では夫婦共働きで、二人で稼いだうちの半分くらいが税金で、福祉などに使われます。そこに中東のイスラム教家族がやってきて、妻は働かずに家にいる。イスラム教では女の人は働いてはいけないからです。すると北欧の人

▼**EU離脱**
メイ政権は国民投票の結果、二〇一七年三月にEUに対して正式に離脱意思を通告した。しかし二〇一九年一月十五日、政府がまとめた離脱案は英議会下院で与野党からの反対に合い、大差で否決。イギリスのEU離脱の先行きは混迷している。

たちは「自分たちは倍稼いで多額の税金を払っているのに、隣の家はうちと同じレベルの福祉を受けている」と移民に対する不満が大きくなっています。

このような文化摩擦は日本とはまったく無縁な問題なのか。そうではありません。すでに日本にも多くの外国人労働者がいます。人手不足を補うために、低賃金かつ過酷な労働環境で働く外国人労働者はこれからもっと増えると考えられていますから、いずれ日本もヨーロッパで起きている宗教的、文化的な摩擦に直面するでしょう。そういうことを考えていかなければならないのです。

アラブ　誤解に基づく「親日」

アラブ諸国には親日の国が多いといわれています。アラブ諸国のメディアでの日本の取り上げられ方は主に二つあります。ひとつは皇室報道です。アラブの国々は自分たちと同じ立憲君主国である日本の皇室報道に注目しています。もうひとつは技術先進国としての報道です。日本は最先端のロボット技術を持っていると思われています。アラブ諸国はアメリカに対抗心があるので「原爆を二つも落とされた日本は、きっと最先端の核兵器を使ってアメリカと戦う気でいるだろう」という理由で日本に親近感を持っている人が多くいます。日本は敗戦後、平和国家になっていると伝えてもアラブ諸国には信じてもらえません。彼らの親日感情は一部誤解に基づいているのです。

アラブ諸国以外の国からも「日本こそ核武装するのではないか」と心配されています。同盟関係にあるアメリカからも疑問を持たれているのです。それというのも日本のプルトニウム型の原発は核兵器開発への転用が容易とされていて、その気になれば二週間で核兵器を持てるからです。「日本は平和国家である」ということは意外と世界に通じていません。

誤解もありますが中東諸国が日本に肯定的なイメージを持っているのは事実です。一九七〇年代から八〇年代、アラブ諸国ではパレスチナ問題をめぐって紛争が続いていました▼。一九八一年にパレスチナ解放機構▼のアラファト議長が来日しました。パレスチナ紛争を解決するために、日本に仲介を依頼するのが目的でした。なぜ日本かといえば、関係国に日本は中立だと思われていたからです。こうした好意的イメージは、日本のソフトパワーと結びついています。中東問題はものすごく複雑ですが、直接関係していないからこそ日本が担える役割があるのです。

「覇権国家、中国？」

次に中国と日本の関係をみてみましょう。新聞の世論調査では七〜八割の日本人が「中国との関係は悪くなっている」と答える、この状況が十年続いています。中国の学校教育では日本は中国を侵略し続けた国と教わりますから、中

▼中東戦争
アラブ諸国とイスラエル間の戦争。一九四八年の第一次中東戦争から七三年の第四次中東戦争まで戦争が繰り返された。また八二年のイスラエルのレバノン侵攻も広い意味では中東戦争に含まれる。

▼パレスチナ解放機構
イスラエルからのパレスチナの独立を目的に設立された、パレスチナ人の政治的統合機関。七四年、アラブ首脳会議でパレスチナ人の正当な代表として承認され、国連オブザーバーの資格を得た。

国からも日本は未だに軍国主義の国じゃないかという声がある。しかし一方で若者のなかには日本の漫画やアニメ、J-POPを日本人以上によく知っている人もいます。自分たちの普段の生活に日本の大衆文化、若者文化が溢れている。日本のポップカルチャーと、学校教育で学ぶ侵略を重ねてきた日本が矛盾なく同居しています。

逆にいうと日本の人はいまの中国の文化をあまり知りません。日中の世論調査を見ると、中国のほうが日本に対してやや肯定的な評価になっています。そのギャップがこれからの日中関係で問題になるのではないかと思います。

このような相互理解のなか、ますます発展し軍事大国になっていく隣国中国と、日本はどう付き合っていくのでしょうか。そのためにも今後中国がどうなるのかを考えてみましょう。中国が今後覇権国になるのではないかという見通しもあります。しかし覇権国は世界の秩序を維持していくために、自国の資産を持ち出す必要があります。はたして冷戦▼時代のアメリカやソ連のように、中国が自分の陣営の面倒を見るか。その意思も能力もいまの中国にはないでしょう。またどんなに中国の経済規模が大きくなったとしても、日本とEUとアメリカをあわせた経済規模には達しませんから、協力していけば中国の行き過ぎも抑制できるかもしれません。

しかし日本とEUとアメリカの協力は難問です。アメリカはトランプ大統領のもとで中国だけではなく、EUとの貿易摩擦▼も拡大しています。そうす

▼冷戦
直接的に武力を用いず、経済・外交・情報などを手段として行う国際的対立抗争。特に、第二次大戦後のアメリカを中心とする資本主義陣営と、当時のソ連を中心とする社会主義陣営との激しい対立のこと。

▼貿易摩擦
国家間の貿易不均衡から生じた経済的対立状態。貿易赤字国が輸入制限や関税引き上げなどの措置を行い、相手国が対抗策として制裁措置を発動することで起こる。米中の経済対立は、アメリカトランプ政権が二〇一八年三月、中国製鉄鋼・アルミニウムの輸入制限を発動したことに始まる。

るとアジアでどういう環境を作るかが大切になります。その点で日本は中国の隣国として重い責任があるといえるでしょう。東アジア全体の安定を保つためにもアメリカとの同盟関係のもとで、日中関係を安定させないといけません。

東南アジアとアフリカ

インドネシアやタイ、フィリピン、マレーシア、シンガポールなど東南アジアの国々は日本と良好な関係を築いています。それはなぜでしょうか。

東南アジア諸国は戦後独立して、短期間のうちに急速な経済発展に成功しました。東南アジアは資源も少なく国も小さいため、これは当たり前のことではありません。第二次世界大戦後に独立した植民地のなかで一番豊かになると思われていたのは資源の豊富なアフリカ諸国だったのです。

資源のない小国が短期間のうちに経済発展をする。それは日本が明治維新で近代化に成功したのと似た道筋です。経済発展が社会的な中間層を産んで、その中間層が大衆消費文化を生み出すと、東南アジアの国々と日本との間で「共通文化圏」ができていきました。東南アジアの風景は日本と似ています。五〇メートルに一軒ずつファミリーマートが乱立しています。東南アジアでテレビをつけると、日本で何年か前に放送されていた番組が普通に放送されていて、同じようなテレビドラマを見て、同じような意識を持っています。ほとんど国内旅行に行くような気持ちで東南アジア、台湾に行ける。それは共通の文化圏ができているからです。

しかし「アジア」も、このような共通文化圏ができる前までは言語も宗教も文化も人種もバラバラでした。そのアジアが共通の文化を持つことで、諸外国からもまとまったイメージを持たれる地域になりつつあります。文化が共通していると、相手の国のことがよくわかります。相手の国のことがよくわかれば、その国の行動についての予測ミスが減っていきます。するとこうすればもっと仲良くなれるだろうということがわかってくる。これは非常にいいことです。

次に日本とアフリカの関係について見ていきましょう。日本人がアフリカの国々に行くと中国人と間違われます。というのも資源と新たなマーケットを求めて、中国がアフリカ諸国に進出しているからです。

以前、国連▼の安保理常任理事国▼になろうとした日本は、常任理事国に関するルールの改正案を承認するよう、アフリカ諸国に働きかけました。そうして票を集めて「世界中の国々が安保理の常任理事国を増やすべきだと思っていますよ！」と主張しようとした。しかしいざとなるとアフリカの国々が消極的になってしまった。その背後でアフリカと密な関係にある常任理事国の中国が手を回していたといわれています。本当かどうかはわかりません。しかしアフリカ大陸に中国の力が浸透していることは事実です。

アフリカに遅れて参入する日本に何ができるでしょうか。アフリカ大陸の資

▼国際連合
第二次大戦後、国際平和と安全の維持、諸国間の友好と協力を目的として成立した国際機構。二〇一九年現在加盟国は一九三カ国。

▼常任理事国
国際連合の安全保障理事会の理事国の地位を恒久的に有する国。アメリカ・イギリス・ロシア・フランス・中国の五カ国。安全保障理事会において拒否権を行使することができる。日本の常任理事国入りのためには国連憲章の改正が必要で、しかも五常任理事国すべてが賛成しなければならない。

源確保を目指したパワーポリティクスよりも、ソフトパワーを発揮してアフリカの国々の理解、支持を得る必要があると思います。国づくりを支援していくことで「日本は他国とは違う貢献をしてくれる」と思ってもらうことが大切です。

日米関係の明暗

一九四一年に日本はアメリカと戦争をします。「鬼畜米英」というスローガンまで掲げていましたが、戦後は一転して親米国家になりました。

しかしその後の日米関係には非対称性があります。いま問題になっているのは日米安保条約と行政協定です。特に沖縄の人にとっていま結ばれている行政協定は非常に不平等なもので、独立国家とは思えない協定になっています。戦勝国のアメリカと敗戦国の日本が安全保障上の取り決めを結んだので、アメリカに有利な条約になっているのです。一九六〇年に一度改正しましたが、それでも不平等な状況が続いていて、最近ではそうした日米関係について「いまこそアメリカから自立しなければいけない」と主張する人もいます。

日米関係が非対称的であることはまぎれもない事実です。しかし戦後冷戦時代を通じてほとんどの国が不平等な条約を結んできました。ヨーロッパの国とアメリカが結んだ条約もアメリカのほうが優位でした。ヨーロッパの国々にも

▼日米安全保障条約
一九五一年日米間で締結された条約。日本の安全を保障するため、米軍の日本駐留などを定めた。一九六〇年、新条約に改定され、軍事行動に関して両国の事前協議・相互協力義務などが新たに加えられた。米軍基地の大部分は現在沖縄県に設置されている。

▼日米行政協定
一九五二年二月締結。旧安保条約第三条に基づき、在日米軍に関して、使用施設、裁判管轄権、経費の分担などについて定めた。六〇年の新安保条約締結に伴って改定され、日米地位協定に。

日本と同じようにアメリカの基地があった。しかしそれはアメリカの安全保障のためでもあるけれど、ヨーロッパの安全保障のためでもある。同じようなことが日本にもいえます。つまりアメリカを守るということは、日本を守ることでもある。不平等性は直していかなければいけませんが、日米関係そのものの重要性は、いましばらく失われないと思います。

日本一国では対応できない国際問題がおきたとき、どこかの国と協力していかなければいけない。現時点でそのときに協力できる有力国はアメリカです。たとえば中国に有利な関係を結ばされそうになったとき、アメリカと協力すれば交渉できる。その点でも日米関係というのは重要であると思います。

ただ本来アメリカが行うべきこうした仕事を、トランプ大統領がきちんと行ってくれるか。それを日本がどこまで説得できるのかが難しいところです。

「日本のソフトパワー」

日本は歴史的にみて非西洋世界にある国です。しかしそのなかで最初に近代化に成功し、西洋の国々と価値観を共有している非常にユニークな国でもあります。いまや国際社会において民主主義という価値は自明とは思われなくなりました。「民主主義は後回しでいいから手っ取り早く経済的に豊かになりたい」という国もあります。そういうなかにあって日本は、自由、民主主義、法の支配という価値を大事にしつつ近代化をしていまがある。そのことを他の国々にメッセージとして伝えることができるのではないでしょうか。

だからこそ「日本は先進民主主義国として国際的な責任をこれからも背負っていく」ということを世界にアピールする必要があります。その方法としては世界経済で何位かということは気にせず、ソフトパワーを持つ日本として世界から評価されることを目指していくべきではないでしょうか。

もうひとつ、事実として日本はもう多民族国家なわけです。多民族が同じ日本という国のなかで共存していくためにはどうしたらいいのか。これは綺麗事ではありません。大変なことだと思います。

ある民族がある民族であるがゆえにダメだ、ということはありえないと思います。日本民族といっても立派な人もいれば犯罪者もいる。それを十把一絡げにすることができないのと同じで、他民族にもさまざまな人がいる。高校や大学も同じです。「あなたは何とか大学だから」といわれてもその大学にはさまざまな人がいる。それでも外から見たら同じ大学に所属している人は同じに見えてしまう。日本はその点で、もっとヨーロッパの経験を学んだほうがいい。そういう相互理解がもっと深まっていく必要があると思います。

このように「日本が世界の国々と同じ問題を抱えている」ということを考えると「世界の問題を解決することは、日本の問題を解決することでもあるんだ」といつも考えておいてもらえればと思います。

Q&A

――他国から軍事、政治、経済といったハードパワーを持ち出されたときに、日本はソフトパワーでどう対抗できるでしょか。

軍事力の役割は大きいです。しかし北朝鮮の軍事力をこちらの軍事力だけで抑制できるのかというと、そんなことはないでしょう。要するに、話し合わなければなりません。直接にはアメリカと北朝鮮が話し合いをするのですが、日本もその二国を仲介していくという役割があります。そのときに日本が核を持っていないことが、もしかしたら肯定的に評価されるかもしれない。

そういう話し合いの場で日本に参加してほしいと思ってもらうには、日本に魅力がなければなりません。「日本は、軍事力で何かを解決しようとする国ではない」と他国が思ってくれたときはじめて、軍事力以外の力で、ある国の軍事力を削減することの役に立つんじゃないかと思います。そういう意味で、ソフトパワーが重要だと強調しました。

わたしの思い出の授業、思い出の先生

Q1：思い出の授業を教えてください

大学院の授業ですが、大学院生のときに、当時、東京大学の坂野潤治先生がご出講くださり、その授業（日本外交史特殊研究）です。

Q2：その授業が記憶に残っている理由はなんですか?

坂野先生の自在な史料解釈と先生が示される大胆な日本近代史像に魅了されたからです。

Q3：その授業は人生を変えましたか?

大学院に進学したものの、その後の進路に迷っていたところ、研究者をめざす決意ができました。

わたしの仕事をもっと知るための3冊

井上寿一『戦争調査会』（講談社現代新書）

井上寿一『教養としての「昭和史」集中講義』（SB新書）

井上寿一『政友会と民政党』（中公新書）

SDGsって何だろう

大崎麻子

いま私たちはこのままでは社会がもたない、いや、地球がもたないという大きな曲がり角に立たされています。Sustainable Development Goals（SDGs、持続可能な開発目標）とは、持続可能な世界を実現するための二〇三〇年までに達成すべき十七の国際目標です。政府にだけ関係があるのではありません。民間企業も地方自治体も一緒にやろう、そんな国際的な潮流です。

私たちは石油を中心としたさまざまな資源に依存しています。生活のあらゆる場面でプラスチックを使っている。資源の再生産可能なペースの一・七倍という試算もある。このままのライフスタイルをいつまでも維持できないのは明らかです。そのアンバランスさは気候変動に現れています。二十年ほど前から、アフリカでは大規模な干ばつが起き、太平洋には海面の上昇のせいで水没しつつある島国がある。先進国でも毎年のように起きる大規模な山火事や集中豪雨をはじめ、年々身近な問題になりつつあります。

おおさき・あさこ＝ジェンダー・開発政策専門家。一九七一年生まれ。国連開発計画（UNDP）ニューヨーク本部で「ジェンダー平等の推進と女性のエンパワメント」を担当。その後も政府関係機関、NGOなどで幅広く活動している。関西学院大学客員教授。主な著書に『エンパワーメント　働くミレニアル女子が身につけたい力』『女の子の幸福論』など。

「社会と経済の問題でもある」

ＳＤＧｓは地球環境だけの問題ではありません。貧困と格差という社会や経済の問題でもあります。いま世界全体で中間層が薄くなり、貧困層が拡大する傾向が見られます。歴史を見ても、貧富の格差が広がると紛争やテロ、排外主義が台頭し、極端なナショナリズムが幅を利かせるようになる。こうした傾向に歯止めをかけ、私たちの未来を良いものとして迎えるにはどうすればいいのか。ＳＤＧｓのキーワードは、「サステナビリティ」と「誰一人取り残さない」、つまり持続可能性と格差・不平等の解消です。持続可能な社会とは仕事があり、人間らしく働く環境が整っていること。安全な家に住めて、食料があること。そして子どもを育て、教育を与えることができること。

日本だってこのままで大丈夫ではありません。地方自治体は人口が減少し続け、消滅するところも出てくるという予測もありました。子どもの貧困など、格差や不平等も深刻化しています。自然災害も増えています。二〇三〇年には労働人口の約半数が人工知能に取って代わられるだろうという指摘もあります。一部の人が稼げる仕事に就き、そのほか大勢の人は過酷な労働に従事する、それがみなさんの未来だとしてもおかしくありません。

つまり、悠長に考えていい問題ではない。ＳＤＧｓが二〇三〇年を目標に設定しているのはその危機感があるからです。社会経済をデザインし直し、この

▼ＳＤＧｓ
二〇一五年の国連サミットで採択され翌年から実施されている、十七の具体的なゴール（後述）からなる国際目標。例えば経済的不平等の拡大はやがて社会の一体性を損ない、政情不安や紛争を招きかねないとの考え方から、私たち全員に関係のあることとして、途上国も先進国も含め地球上の誰も置き去りにしないための行動を求めている。

十五年間にしなければならないことはなんなのでしょうか。

主役になるべきはみなさんのような若い人たちです。いまの社会を作ってきた大人はいずれ退場してゆく。みなさんの当事者意識とロードマップづくりが大切です。国連のグテーレス事務総長は二〇一八年秋、「ユース二〇三〇▼」というプロジェクトを立ち上げました。これからの活動は、若い人たちをエンパワーし、若い人たちとともにしなければならない、と明確に打ち出しました。超少子高齢化が進む日本ではあまり実感できませんが、世界ではいま若い人口はとても多い。人数が多い分、若い人が結集すると大きな力になるのです。彼・彼女らがこれからの時代を生き抜くに当たって必要な資源や教育を提供してゆくべきなのです。

今日の世界の技術革新の速さ、特にデジタライゼーションの進展を勘案すると、もはや大人たちの知識は役に立ちません。私たち大人の役割は、若い人たちの決断の背中を押したり、法律を整備したり、予算をつけることかもしれません。

日本の若者に身につけて欲しいと私が願っているのは、SDGsの源泉である普遍的価値観です。第二次世界大戦が終結した一九四五年に、「二度と世界大戦を起こさない」ことを目的に国連が設立されました。国連憲章に書かれていること、つまり、自由、人権、民主主義がいまの国際秩序のベースとなる普遍的な価値です。一九四八年に採択された世界人権宣言と国連憲章が国際社会で共有されている理念です。ただ、その理念と現実の間には凄まじいギャップ

▼ユース二〇三〇
「若者のニーズを理解し、そのアイデアをアクションに移すのを助け、その見解を私たちのプロセスに確実に反映する」ことをうたう新しい戦略。さまざまなアクションプランを四年ごとに実行してゆくとされている。

があります。過去七十年にわたり、国連を中心としてそのギャップを埋めるための努力をしてきたと言えるでしょう。しかし、いま、この理念はとても危うい。自国ファースト主義が横行しています。三百年後の学生は、「一九四五年からのある時期は、人権を中心とする普遍的価値をベースとした国際社会を築こうとした時代」と学ぶかもしれません。国際協調主義が過去の歴史にならないように、いまが踏ん張りどころです。

一方、ＳＤＧｓの潮流に乗り、ビジネスの世界では人権が重要視されるようになってきました。企業、投資家、消費者たちが重視し始めています。九〇年代、世界的なスポーツ用品メーカーが人権の軽視を指摘されたことがありました▼。開発途上国に設置した工場で児童労働が行われていたのです。不買運動は世界的に広がりました。アパレルメーカーであれば、自社の工場はもちろん、加工前の原材料を製造する過程、サプライチェーンのあらゆる過程で環境に負荷をかけていないか、人権を軽視した労働環境でないか、そこまで投資家の目が及ぶようになりました。調達先だから知りません、とは言えません。

少女たちへのエンパワメント

国連憲章と世界人権宣言を実現するために国連は三つの柱を掲げて活動しています。「平和と安全保障」「人権」そして「開発」です。私が働いていた国連

▼スポーツ用品メーカーと児童労働
一九九〇年代半ば、世界的なスポーツメーカーのナイキ社がサッカーボールなどの生産を委託していた東南アジアの工場で、児童労働や強制労働が行われていることが発覚。世界的な不買運動に発展した。その後ナイキ社は、製造委託先の工場の労働環境を第三者に監査してもらうなど、透明性と持続可能性を理念として掲げている。

開発計画（ＵＮＤＰ）では「開発」を担っていました。「開発」とは人間を開発すること。具体的に表現するなら、一人ひとりの人間が持って生まれた可能性を開花させ、社会の一員として尊厳ある人生を送れるために必要な環境を作ること、それが目的です。一九九〇年にこの考え方が発表されたときには革命的な考え方でしたが、いまやかなり根付いたと考えていいでしょう。

人間開発のためには、次の四つが必要です。健康、教育、生計手段（経済力）そして社会や政治に意欲を持って参画すること。これらを身につけて初めて、自分の可能性を開花させる土台ができたことになる。それがＳＤＧｓの理念でいうエンパワメントです。ここでいうパワーとは自分の人生を自己決定する力のこと。人生には、学校への進学、働くこと、結婚、子どもをいつ何人持つのか、さまざまな選択があります。なかでも経済力は大切な要素です。知識があっても経済力がなければ自己決定できません。

私が国連開発計画で専門的に取り組んだのはジェンダーの問題でした。世界中の子供たちが学校に通えるようにしようという国際目標があり、そのために学校を建てたり、先生を養成したりしていますが、この目的を実現するためにジェンダーがとても大切なポイントになってきます。なぜ、開発にジェンダーの視点が大切なのでしょうか。

私が加わったプロジェクトに、グアテマラに住む少数民族マヤ族の少女たちを小学校に入れるようにしようというものやベトナムの山岳地帯の少数民族への女子教育がありました。

現地を訪ねると、小学校三年生くらいまでは男女は半々です。ところが高学年になると、二十人のクラスに三人しか女子がいなくなります。なぜでしょうか。女子のやる気がないからなのか、能力が劣っているからなのか。この格差の背景を探らなければなりません。調査すると、能力ややる気の問題ではなく、女子特有の障壁がたくさんあることが見えてきます。

たとえば妊娠出産。ほぼ全てのケースで本人が望んだものではありません。性暴力の被害の結果だったり、本人には決定権がなかったり、妊娠に対する知識が不足していることもある。児童婚という風習では、本人の希望とは無関係に、借金の肩代わりや有力者への忠誠心を見せるという目的のために歳の離れた大人に嫁がされます。「十三歳で結婚。十四歳で出産。恋は、まだ知らない。」、これは私が理事を務めるNGOが展開したキャンペーンのコピーです。▼早すぎる結婚で人生に対する自己決定権を奪われている少女はたくさんいます。

もう一つの大きな問題はケア労働です。ケア、つまり、人のお世話にまつわる、家事、育児、介護、看護といった労働です。人々の生存と幸せを下支えする重要な労働です。私も高校生の娘のために朝ごはんとお弁当をつくります。朝起きて水道をひねり、ガス台で火をつけて煮炊きして、そのあいだに洗濯機を回す。三十分程度の仕事です。でも世界の大半の地域では、朝ごはんの準備はまず水汲みと薪集めから始まる重労働です。そしてそれは女性の労働とされてい

▼プラン・インターナショナル・ジャパン
途上国の女子への教育の重要性や子どもの成長・性と生殖に関する意識啓発を訴え、支援を呼びかけている国際NGOプラン・インターナショナルの一員。このコピーは二〇一二年に発表され、少女の横顔を写した印象的なビジュアルとともに話題になった。

ます。娘が大きくなって体力がついてくると、お母さんは手伝いを命じる。自然と娘たちは学校を辞めて、家族の労働を手伝うようになってしまいます。このようなケア労働を止めろとはいえません。誰かがやらないと家族が死んでしまうという大切な仕事です。その責任が女性の肩にかかっている。電気や水道のようなインフラを通じてどう軽減するか、また、家庭内の男女間でちゃんとシェアをする必要があります。

また、女子の就学には、トイレの問題も大きく関わります。世界をみれば、日本の学校のようにプライバシーも保たれ、衛生的な不安もないトイレはまだまだ多くありません。生理が始まる年齢になると女子就学率がはっきりと下がってしまう。学校を辞めないまでも月に一週間も登校できないと学業も遅れます。そういうインフラの問題もあります。

これらの女子特有の問題を解決しなければなりません。学校を建設したんだから、平等だろうと言っても、実はそうではない。女子特有の障壁がそのまま残っているのなら、それは女子にとって不平等な環境なので、障壁を取り除く必要があります。平等の概念を考え直すことが必要かもしれません。「スフィア基準▼（人道憲章と人道対応に関する最低基準）」というものがあります。これは一九九〇年代以降に各地で起きた災害や紛争時の人道支援の膨大な経験をベースに作られた人道支援のための国際基準であり、実用的なガイドラインです。生命を保護し、人間的な生活をするために不可欠な要素として給水や衛生、

▼スフィア基準
一九九四年ルワンダ内戦を逃れた人々が難民キャンプで多数命を落としたことをきっかけに定められた。現在、国際社会の人道的支援の基準となっている。

食糧の確保などが挙げられています。そのなかにトイレの設置基準があります。スフィア基準が定めるのは、男女別であることと、男性1に対して女性3の比率であること。用をたすための所要時間を考えるなら、それが男女平等だという基準です。ところが東日本大震災のときにつくられた避難所では、トイレは男女同数というところがありました。女性ばかりが長い列を作って順番を待っている。機会の平等は当たり前ですが、そこから結果に行き着くまでの過程にも目配りしなければならないというのが国際潮流です。ビジネスの世界でも、管理職や幹部職など意思決定に男女が同じように参画することの必要性やメリットが認識されています。日本でも「女性活躍」ということでかなり浸透してきたと思いますが、意思決定ポジションに就く女性はまだまだ少ない。経営者や管理職の人たちのなかには、「女性に意欲がないからだ」と言う人もいます。本当でしょうか。女性のやる気を奪うような障壁はないのでしょうか。障壁を取り除き、フェアな環境をつくってはじめて、男女ともに能力をベースに対等に働くことができる。こういう「ジェンダー平等」の視点が大切です。

「ベトナムのお母さんに教えたマッシュルーム栽培」

UNDPに勤務していた時、ベトナム政府の依頼で山岳民族の女子就学率の向上プロジェクトを実施しました。まずは、なぜ就学率が低いのか調査しました。

先ほど挙げた理由と共に、よくあるのがお父さんが就学に反対するケース。ところがこの地方ではお母さんが娘が学校に通うことに反対していました。娘は貴重な労働力だからです。水汲みは重労働ですから手伝ってくれる人が欲しい。そのうえお母さん自身学校に行ったことがなく、学校や教育の価値がわかりません。

私たちは六ヶ月間、お母さん向けの識字教室を開いた。まずお母さんたちに学校に来てもらって、文字の読み書きを学んでもらいました。読み書きだけではありません。生活にまつわる知識を学ぶ機会にもしました。トイレに行ったら手を洗う、食事の前には手を洗う、予防接種をして感染症を予防する、そんなことです。誰でも知っているあたりまえのことじゃないか、と感じるかもしれません。でもその知識を知っているのは、誰かがいつかあなたに教えてくれたから。ベトナムの山深い地域では衛生の基礎知識がないゆえに、日本だったら救われる感染症や下痢による脱水症状で、子どもたちが死んでしまうのです。

知識を得ても、実践できなければなりません。手洗いならば家で実行できますが、予防接種をするのはたいへんです。山のなかから、バスに何時間も乗って町まで行かなければならない。そのバス代をどうするか。プロジェクトでは私はお母さんたちにマッシュルームの栽培技術や縫製技術などの技能訓練を提供し、そうやってつくった商品を市場に出してお金を稼いでもらいました。自分のお金があって初めて、自分の意思で行動することができるようになるのです。ＳＤＧｓの柱のひとつが経済力をつけてもらうことだとお話ししたのはこういうことです。

生まれて初めて自分のために時間を使った、というお母さんたちのことばを聞いてハッとしました。彼女たちは物心ついて以来、文字通り朝から晩までケア労働に明け暮れている。でも学校で過ごす時間は自分だけの時間なのです。娘たちもぜひ学校に通わせたい、そう言ってくれました。

「ＳＤＧｓの理念」

国連のＨＰにはＳＤＧｓの十七のテーマ▼が掲げられています。ぜひ見て欲しいのですが、この背景にある理念をしっかり学ぶのが大切です。それは次の四つにまとめられます。

一、誰一人取り残さない。男性も女性も、性的マイノリティも障害を持っている人も全員が対象です。

二、ユニバーサリティ。舞台は開発途上国だけではありません。日本のような先進国も対象です。

三、社会変革である。資源の使い方も、意思決定の仕方も、あたらしいアプローチを考えなければなりません。大きな社会変革です。

▼十七のテーマ
「貧困をなくそう」「飢餓をゼロに」「すべての人に健康と福祉を」「質の高い教育をみんなに」「ジェンダー平等を実現しよう」「安全な水とトイレを世界中に」「エネルギーをみんなに　そしてクリーンに」「働きがいも経済成長も」「産業と技術革新の基盤をつくろう」「人や国の不平等をなくそう」「住み続けられるまちづくりを」「つくる責任　つかう責任」「気候変動に具体的な対策を」「海の豊かさを守ろう」「陸の豊かさも守ろう」「平和と公正をすべての人に」「パートナーシップで目標を達成しよう」。国連開発計画ＨＰなどに詳しく紹介されている。

四、マルチ・ステークホルダー。みんなでやること。取り組みに対して政府や国際機関が大きな責任を持っていますが、それだけではありません。ＮＧＯも企業も地方自治体も、労働組合のような団体も、教育機関も誰もが実行しなければなりません。

いずれの理念も重要なものですが、四つめのみんなで取り組むことについて補足します。たとえば防災計画を立てるとき、健康な男性だけで決めるといろんな無理が生じます。避難しなければならない人には、アレルギーを持った子どもがいるかもしれません、杖を手放せない人もいる。感染症への抵抗力は人によって違います。熊本の地震では揺れそのもので亡くなった方の実に四倍の方が、避難生活で命を落としました。高齢者や子供が地べたに寝かされていた東日本大震災の避難所の風景は世界を驚愕させました。呼吸疾患や感染症のリスクを高めるからです。防災計画を立てるときには、地域の多様な人たちのニーズをくみ取れるように、いろいろな知識を持った人々、さまざまな立場の人が多様に参画することが欠かせません。これも東日本大震災の教訓ですが、日本人は自己責任と考えすぎる傾向があります。日本人は我慢強い、でも我慢しすぎる。受援力と言っていますが、困ったときには周囲や専門家の助けを求めて解決することが必要です。自分で解決しなければならない、解決できることばかりではありません。それも私たちの大きな問題です。

Q&A

――機会の平等と結果の平等は分けて考えるべきではないでしょうか。

東京医科大学で入試が不公正に行われていた問題がありました。▼なぜ女子が不利に採点されたのか、不正をしてきた側の理屈は、同じように機会を与え入学してもらっても、医師として働き続ける人は男子の方が多いからというものでした。では女性にケア労働が圧倒的に偏っていることをどう評価するのか。医師同士で結婚しても、家事は女性医師が負担しているという分析があります。医師になるに際して、実は男性の方が下駄を履かせてもらっているのではないか。そんな現状を見ないでフェアな判断と言えるのか。

女性が働き続けるためには、家庭内のケア労働を男性と分担する必要があります。そうすると男性の長時間労働をなんとかしなければならない。「働き方改革」が議論されていますが、法律や制度を改革するとともに、「ケア労働は女の仕事」という性別役割分業意識も変えていく必要があります。社会全体が変わってはじめて、真の意味での平等な機会が提供されるのではないでしょうか。

▼東京医科大学入試不正
入学試験の採点において、女子や浪人生に一律減点するなど不利益となる調整を行っていた。過去五年間で百人以上の女子受験生が不合格とされた可能性が指摘されている。同様の不正は十校余りの大学で行われていたことが指摘されている。

わたしの思い出の授業、思い出の先生

Q1：思い出の授業を教えてください

高校時代の阿部先生の日本史の授業。

Q2：その授業が記憶に残っている理由はなんですか？

明治時代、西洋から入ってきた近代思想や近代化政策と日本の社会、日本の人々がどう折り合いをつけようとしていたかがとても興味深かった。阿部先生はとにかく生徒に自分の分析や考察を「書かせる」授業だったので、それが新鮮でチャレンジングで楽しかったです。

Q3：その授業は人生を変えましたか？

大学時代に哲学を専攻したのも、かつて津田梅子が学んだ米国ブリンマー大学に留学したのも、その授業の影響があったかもしれません。

わたしの仕事をもっと知るための3冊

大崎麻子『女の子の幸福論』（講談社）
大崎麻子『エンパワーメント　働くミレニアル女子が身につけたい力』（経済界）
和氣邦夫『ユニセフの現場から』（白水社）

働くってどういうことだろう

竹信三恵子

たけのぶ・みえこ＝ジャーナリスト、和光大学教授。一九五三年生まれ。朝日新聞の記者として労働や貧困の問題などを取材、編集委員などを歴任。著書に『ルポ雇用劣化不況』（日本労働ペンクラブ賞受賞）『家事労働ハラスメント』『正社員消滅』『これを知らずに働けますか？』など。貧困ジャーナリズム大賞を受賞。

壊れてしまった働き方

つい最近まで、働くということをまじめに考えないと大変なことになる、といくら訴えてもなかなか聞いてもらえませんでした。私は労働問題を担当する新聞記者でした。その頃から私自身、ほんとうに働きにくいと感じていました。新聞記者の仕事は第一にものすごく長時間労働です。加えて、深夜までのお酒に付き合ったり、いまならばセクシャルハラスメントとして大問題になるような態度の人とも、我慢して付き合わなければならないこともありました。

とても子育てと両立できる仕事ではありません。私は子どもを産みましたが子どもがいないのが当たり前で、職場ではお荷物扱いされました。男性は子どもがいても、奥さんが家庭で面倒を見てくれるのに頼り切りで、何もしないことを当然のように思っていました。

そんな働き方がいま、日本中で当たり前になってしまっています。これをなんとかしなければ、という思いで労働問題をテーマに記事を書いてきましたが、みんなの関心はとても薄い。データを見ても、たとえば労働組合の加入率はどんどん減少しています。そして過労死は毎日のように報じられている。

日本人の働き方は壊れてしまった。生きるため、自分の命を次の世代につなぐため、みんなとつながってこの世界をつくるために私たちは働いています。なのにどうして、働くことで死ななければならないのでしょうか。

「働くことは社会の心臓部」

なぜ私たちは働くのでしょうか。世のなかには莫大な資産を運用したり、家賃収入だけで暮らして行ける人もいるでしょう。でもそんな人は少数です。圧倒的多数の人は、働いてお給料をもらい、自分の生活を支えています。

憲法に、人間には働く権利と義務がある、と書かれていることをご存知の方も多いでしょう。これは、私たちは働かなければならない、という意味だけではありません。働きたい人には働くことができる条件を整備させる権利がある、そのことを定めているのです。働けなければ飢え死にしてしまいますから。そして、この原則をもとに失業保険などの仕組みがあり、ハローワークなど仕事を斡旋する制度もつくられ、それらは国が運営しています。国には、どんな人間であれ、働くことができる場を確保する義務があるということです。

私たちには働く権利がある。まずそのことを覚えておいてください。

働くことは、生きてゆくためのお金を得ることでもありますが、社会とつながり、家族や友人を超えて人間関係を広げてゆくことでもあります。仕事を通じて、人生が豊かになる。

もちろん、働くことは社会にもメリットがあります。そのままでは役に立たないモノを使えるようにするのは、私たちです。さまざまな手段を通じて、資源や材料を商品などへと変えてゆく。家庭での家事も、同じような意味で重要な労働です。お米や野菜が生のままそこにあっても食事にはなりません。お米を炊いたり、野菜を切ったり煮たり調理して、ようやく栄養としてお腹に収まる食事になります。そこには私たちの労働がある。

家庭の外でも、内でも、働くことで私たちは役に立つもの、すなわち富を生み出しているのです。この本質を見つめれば、号令をかける社長さんよりむしろ、肝心なのは現場で働く人だということがわかるでしょう。だからこそ、働かせすぎて労働者を死なせること、つまり過労死が蔓延しているようでは社会はまわりません。だからこそ、働く人を守るルールは世界共通のものとして国際的な約束ごと（条約）となり、それらを法律にしたのが労働基準法▼です。

「労働基準法と人権」

▼**労働基準法**
日本国憲法第二十七条は、勤労の権利と義務を定めている。こうした働く上での権利を労働権と呼ぶ。労働基準法はその一つであり、労働条件や待遇、男女同一賃金の原則、強制労働の禁止などを定めている。

十九世紀、イギリスで産業革命が起こると、工場がたくさんでき、農村から都市へ出てきた人々が工場労働者として大勢そこで働くようになりました。その頃のロンドンの様子がよく知られていますが、大人の男女ばかりか子どもまで、劣悪な環境で働かされていました。その子どもたちは学校になんかゆけません。大人もあまりの過酷な働かせ方でバタバタと死んだり、けがしたり、病気になったりしてゆくようなありさまでした。

少しでもたくさん働かせたいと考えた工場経営者のなかには、労働者を狭い部屋に詰め込む人もたくさんいました。空気不足で息の詰まるような場所で朝から晩まで働かせて、たくさんの製品を安い費用でつくろうとした。

人を人とも思わないやり方です。そのような経営者たちは、死んでもいい、代わりを雇えばいい、商品ができることのほうが重要だ、と思っていたのかもしれません。でもここには落とし穴があります。人間をつくるのは人間です。人間の労働力は人間にしか再生産できません。大人ばかりか子どもまで働かされすぎて死んでしまったら、次の世代の労働力は生まれないのです。

人間には人権があります。私たちは狭い部屋に押し込まれて、朝から晩まで働かされて、雑巾のように死ぬために生きているのではありません。働くことで得たお金で家族と楽しく過ごしたり、地域で楽しいことをする。夜にはぐっすり寝て、朝が来たら、さあ働くぞと意欲を取り戻す。そういう暮らしをする権利があります。

「働き方は交渉で決まる」

労働法ができたのは、このようなひどい環境から労働者を守り、私たちの人権が守られるようにするためでした。このとき力になったのは、働く人たちが労働組合というネットワークを作り、これを通じて、劣悪な状況を変えてくれと、経営者や社会に働きかけたことでした。この運動が重視したもののひとつが、一日八時間労働でした。八時間は寝なければならない、そして八時間は子どもや家族と過ごしたり、地域で活動したりできなければならない。だからこそ、一日の労働時間は八時間でなければならなかったのです。

いま、日本の労働時間は極端に短い非正社員の人と、極端に長い正社員に二分化されています。長い労働時間、残業が当たり前になってしまった。学生たちに八時間労働の話をすると、労基法のそんな決まりはなくせばいい、と真顔で言います。もっと早く帰れるかもしれないのに、労基法で八時間と決まっているために八時間働かなければならないんじゃないですか、と。

違います。生活と健康のためには八時間の労働が最大限度だ、と法には書かれているのです。働かなければならない最低時間を定めているのではありません。こんな錯覚をするくらい、日本の働き方は長時間労働が当たり前の状態になっています。

賃金のことも錯覚している人がたくさんいます。賃金を決めるのは誰でしょうか。会社ではありません、労働組合と会社が話し合って決めるのです。

誰しも自分の労働力は高く売りたい、だから会社と交渉します。会社はできるだけ安い賃金の方が助かるのですが、賃金があまりにも安いと働き手は生活してゆくことができず、労働力を維持することができなくなって社会全体が困ることにもなります。ですから、国も最低賃金を定めて、労働者の生きる権利を保障しようとします。つまり、賃金は会社によって一方的に決められるものではなく、交渉によって決めてゆくべきものなのです。交渉するために、私たち働き手には、労働三権または、労働基本権と呼ばれる権利があります。労働組合を結成する権利＝団結権、こういう団体を通じて交渉する団体交渉権、そしてそれでも会社が応じてくれなかったときにストを行うなどして圧力を加える権利＝争議権です。自分たちの暮らしを守るためのこの権利は、憲法第二十八条に明記されています▼。

就活は、私たちと会社の交渉の最初の一歩です。会社は、私たちの働く力量を見ますし、私たちはこの会社がどんな会社で、どんな給与を払ってくれるのか、お互いに値踏みをしているのです。交渉が折り合わなければ、もちろんこちらから内定を辞退することもできます。

私たちが交渉を通じて、生きていける賃金をもらうことは、自分だけの利益のためではありません。みんなにきちんとした賃金が支払われるようになると、

▼日本国憲法第二十八条
「勤労者の団結する権利及び団体交渉その他の団体行動をする権利は、これを保障する」として勤労者の労働三権を保障している。

社会にも所得税という税金を通じて還元されます。その税金は、失業したり働けなくなったときのセーフティネットである生活保障などに使われます。公的な職業訓練や社会保障、介護へ使われるのも税金ですね。国は私たちの支払った税金を使って、人間が最低限度の生活をしてゆくために必要なことを保証します。私たちの賃金がどんどん下がると、モノが売れなくなって会社も困り、加えて国の税収が減ってしまうので、社会保障も立ち行かなくなります。

所得税はモノやサービスを買ったときに上乗せされる消費税にも匹敵する大きな割合を占めている税金です▼。今日の日本の財政難は、働く人びとの四割近くが年収二百万円以下の水準が多数を占める非正規雇用であることも、大きな要因です。このように、低賃金の人が増えるとともに税収が不足して社会保障さえ脅かされていることも、日本の働く環境の壊れてしまった部分です。この事態をきちんとみつめ、適切な対策を打たなければなりません。

▼**所得税**
個人の一年間の所得に対して課される国税のこと。所得税の税収は一九九〇年ごろより減少傾向にあり、近年では同じ頃から課されるようになった消費税税収と同程度になっている。

ブラックバイトの世界

ブラックバイトということばを聞いたことがあるでしょう。大学生のアルバイトは昔からありました。学費を補うために働く人もいましたし、足りないお小遣いを賄うためという人も大勢いました。いずれにしても学業があくまで優先です。働く学生たちも、働かせる側もそのことはわかっていました。

ところがいま問題になっているブラックバイトは違います。授業があると伝えても、シフトを優先しろ、休むなら代わりの人を連れてこいと言う。これは壊れてしまった働き方の端的な例なのです。

労働者には病気になったら休む権利があります。急にシフトに穴があく店長さんも気の毒ですが、それをなんとかするのが管理者としてのその人の役割です。それをアルバイトの学生に押し付けている、とんでもない状況です。それでも、賃金は正社員のように支払ってくれるわけではありません。条件はアルバイト、拘束度や負担度は正社員並み、これがブラックバイトです。

非正規雇用のつぎに、便利に働かせることのできる存在として企業が目をつけたのがアルバイトでした。アルバイト学生は労働法の知識などありません。働き始めたら勝手に辞めてはいけないと思い込んでいる場合もあります。困ったときのための専門家のホットライン▼や、ユニオン▼と呼ばれる小さな労働組合などがありますが、そういった相談窓口のこともよく知らない。だから働かせる側から見れば、便利な労働者なのです。でも、この状態を野放しにしておくと社会全体が立ち行かなくなります。

私の教え子で、十二時間連続して働き続けて、残業代が支払われていないというケースがありました。一定の時間をすぎたら二五%上乗せした残業代を払わなければ、労働法違反です。残業代はありません、とごまかしている場合もありますが、これは法律違反です。

▼ホットライン
労働問題のための相談窓口には、全国労働組合総連合が開設している「労働相談ホットライン」や、厚生労働省の「労働条件相談ほっとライン」などさまざまなものがある。弁護士など専門知識を持つ相談員が対応する。

▼ユニオン
労働者が団結して企業との雇用条件交渉を行う労働組合は、企業によっては存在しない場合などがある。ユニオンは企業の枠を超えて、非正社員やパート、アルバイト学生など従来の労組に加入しにくかった人々を対象に、各地に増えている。

労働基準法に違反していると指摘したら、そういうのやってませんから、と店長に言われたという例もあります。労働基準法が適応されない職場なんてありません。雇う側にも、人を雇うための当然の知識がなくなってきた。こんな社会だからこそ一層、私たち自身が賢くならなければなりません。

残業代の代わりに売れ残った商品をくれるというケースもあります。これも労働基準法に違反しています。賃金は、原則として使い道を自由に選べるお金で支払わなければなりません。たとえば、お米でもらっても学費は払えませんよね。これは労働者の大事な権利のひとつです。

始業開始時刻の時計を遅らせて、残業代をごまかそうとした例もあります。レジが合わないからといって、アルバイトの賃金から補填させられたという例もあります。被害にあった学生はユニオンに相談して、本来支払われるべき賃金を取り返し、補償金も得ることができました。

「働き方の問題はみんなの問題」

なぜこんなにもひどい働かせ方がありふれたものになってしまったのでしょうか。かつて、人件費は人の生活がかかっているものなので、そうそう簡単に調整できないものでした。ところが一ヶ月や半年で契約を打ち切れる非正規雇用が増えたり、正社員でも「成果が上がっていない」として大幅に賃金を減らしたりする仕組みが広がり、いまでは人件費を手軽に増やしたり減らしたりして利益を上げることが当たり前になってしまいました。派遣社員がその最たるものです。派遣社員にかかる費用を会社では「資材費」など、材料費のひとつとして処理します。派遣会社に注文すれば送られてくるのですから、その人は一種の「モノ」なのです。

こういう働かせ方を当たり前にしてはいけません。声高に言われる自己責任論にも加担してはいけない。やがて社会全体にその悪影響は回ってきます。そういう状態をこのままにしておくとどうなるでしょうか。

『新・日本の階級社会』▼という本によれば、非正規労働者の貧困率は三三・七%だそうです。貧困率とは真ん中ぐらいの賃金の半分以下の賃金しか得ていない人が何%いるかを示す数字ですが、そんな人たちが三割を越しているわけで、これでは結婚することも難しい▼。非正規で一生働かせることは、結婚する権利を奪うことにも等しいわけです。歪んだ働き方はそんな重大な人権侵害にもつながってゆきます。

また、国の税金は教育に十分支払われていません。そのため、教育の負担は親たちに大きくのしかかっています。賃金水準が低下する一方で、高騰する学費との間を埋めるための奨学金も、返済しなければならないタイプのものばかりです。借金ではない「給付型」の奨学金も少し出てきましたが、そんななかで学費を補うためにアルバイトをしなければならない学生はまだ大勢います。

▼『新・日本の階級社会』
一億総中流といわれた日本社会が、いまや膨大な貧困層をかかえた階級社会に変貌していることをデータをもとに指摘している。橋本健二著、二〇一八年。

▼非正規労働者の結婚率
就業状態が正規か非正規かで結婚率は大きく異なっている。例えば二〇一二年では、二十五～二十九歳の男性で正社員の約三一%が配偶者を得ているのに対して、非正規労働者は約七%。

この構造をみんなで変えて行かなければなりません。厚生労働省が掲げている働く人のための七つのチェックポイント▼というものがあります。ぜひこれを見て、考えるきっかけとしていただければと思います。

私のゼミに、生活保護を受けている母親のもとで、アルバイトをして学費をため進学してきた学生がいました。彼女のアルバイトが知られると、お母さんの生活保護の額が減らされてしまう恐れがあります。教師になって自立するのが入学金を貯めて大学に進んだ彼女の夢でしたが、教員資格を取るためには、たくさん単位を取らなければなりません。アルバイトをしなければ暮らして行けませんし、お母さんは体を壊し、介護もしなければならなくなりました。

もうダメです、続けられません。私みたいなのが先生になろうと思ったのが間違いだったんです、と彼女は言いました。そんな中で教員資格をあきらめざるを得なかったのは、彼女の自己責任でしょうか？

苦しんでいるのは努力が足りないからだ、という自己責任論に安易に与《くみ》してはいけません。壊れてしまった働き方をどうすればいいか、ぜひ私たちみんなの問題として考えていただければと思います。

Q&A

――バイトならば辞められます。でも正規採用されてみたらブラック企業

▼七つのチェックポイント

①アルバイトを始める前に、労働条件を確認しましょう！、②バイト代は、毎月、あらかじめ決められた日に、全額支払われるのが原則！、③アルバイトでも、残業手当があります、④アルバイトでも、条件を満たせば、有給休暇が取れます、⑤アルバイトでも、仕事中のけがは労災保険が使えます、⑥アルバイトでも、会社が自分の都合で自由に解雇することはできません、⑦困ったときには、総合労働相談コーナーに相談を。厚生労働省のホームページに詳しく紹介されている。

だったらどうすればいいでしょうか。

その会社がブラックかどうか、いくつか目安はあります。大量に採用されたのに大量にやめているとか、不自然に賃金が高いとか、です。こうした会社を避けることは大切ですが、見極めるのは簡単ではありません。おかしいと感じたらまず、労働問題の専門家に早めに相談してみましょう。

労働組合や、労働問題専門の弁護士の集まりである労働弁護団、自治体の労働相談窓口やＮＰＯの窓口は無料で相談に乗ってくれます。その助言をもとに、落ち着いて対策を立てること。一人で悩んでいるのは危険です。

わたしの思い出の授業、思い出の先生

Q1：思い出の授業を教えてください

高校時代の高嶋伸欣先生（現・琉球大学名誉教授）の人文地理の授業です。

Q2：その授業が記憶に残っている理由はなんですか?

災害とは社会構造が生み出した人災であること、米国の産軍複合体の実態など、現代社会の下部構造の見方について多角的に講義され、夏休みには『統計でウソをつく法　数式を使わない統計学入門』という新書を読んで新聞の広告などから統計による虚偽をさがしてレポートを書くという課題も出されました。物事の本質を自力で読みとくことへの目を開いてくれた授業でした。

Q3：その授業は人生を変えましたか?

物事の新しい側面を、調査を通じて自分の目で検証する面白さを知ったことは、新聞記者を選ぶひとつのきっかけになったと思います。

わたしの仕事をもっと知るための3冊

竹信三恵子『ルポ雇用劣化不況』（岩波新書）

竹信三恵子『しあわせに働ける社会へ』（岩波ジュニア新書）

竹信三恵子『家事労働ハラスメント』（岩波新書）

コミュ力と生きづらさ

貴戸理恵

小学校時代はほとんど学校に行かないで過ごしていました。いじめを受けたわけでも、勉強についていけなかったわけでもなく、教室という空間に馴染めなくて、もう無理って思ったんです。当時は不登校への対応は「とにかく学校に連れて行く」という強制登校が主流でしたが、私は頑として行かなかったので、親は諦めて不登校を認めてくれました。

中学入学が近づくと、このまま学校に行かないままでいいのかと考えるようになり、親も悩んでいたようで、私にいろんな学校を見せてくれました。校則が自由な学校もあれば、特別な教育理念を持っている学校、山村の少人数で年齢も入り混じった学校もありましたが、どの学校もぴんとこなかったんです。普通の私立の女子校に入学し、中学から再び学校に通い始めました。

私にとって驚きだったのは、意味のわからない決まりの多さでした。髪を染めるのもパーマも禁止、昼休みにコンビニに行くのも禁止、体育館に入るときは上履きから体育館履きに替えなきゃいけない。普通のことかもしれないけど、

きど・りえ＝社会学者。一九七八年生まれ。アデレード大学アジア研究学部博士課程修了。関西学院大学准教授。著書に『不登校は終わらない「選択」の物語から〈当事者〉の語りへ』『「コミュ障」の社会学』など。

私には不思議でした。先生も「なぜか」を教えることはないまま、それが当然のように指導します。理由を聞いても「黒髪ストレートのほうが中学生らしいでしょ」などの通りいっぺんの答えばかり。校則に書いてあることを、まるで先生個人が考えているようないい方をするんですよね。小学校時代はよく周りの大人たちと学校について意見をいい合っていたので、教師たちには「この人はきちんとものを考えていないな」と感じました。けれど、個人的に呼び出されたりしたときに一対一で話せば、コミュニケーションがとれないことはありませんでした。

校則や先生との関係がそうである一方、クラスメイトとは馴染むことができませんでした。お弁当を食べるときに、いやいやながらどこかのグループに入って表面的には一緒にお弁当を食べる。学校ってそういうものかと諦めてもいましたが、ちっとも楽しくなくて、みんなの話にもついていけません。昨日見たテレビの話やアイドルの話、先生の悪口……。

「問いをずらして考える」

違和感を掘り下げていくと「自分の不登校経験とは何だったのか」というところにいきつきます。理解したくて不登校経験についての本も読みましたが、どの本にも私が知りたい情報は載っていない。その当時の不登校研究のほとんどどは「なぜ学校に行くべき子どもが学校に行かないのか」「学校に行かない子をどうすれば教室に戻すことができるのか」という問いを立てていました。私が知りたかったのは「なぜ学校に行くのか、なぜ不登校ではいけないのか」「当事者にとって不登校経験とは何か」というものだったので、満たされませんでした。

転機は大学に進学し、そこで小熊英二▼さんという社会学者の講義を受けたときです。「学校」をテーマにした歴史の講義でした。

近代の義務教育制度の歴史は実は浅く、みんなが一斉に学校に通うようになったのは明治時代に入ってからです。それまでは、すべての子どもが一定の年齢になったらとにかく学校に行く、ということは当たり前ではありません。江戸時代には寺子屋がありましたが、基本的に豪農や商人などの子どもが生活に直結する知識を学びに行く場所で、往来▼やそろばんなど自分にとって必要なものを身につけたら辞めていました。

それが、明治時代になると士農工商という身分制度が崩れて四民平等となり、身分が職業を決めていた時代が終わります。人びとに国民としての意識を持ってもらうために、義務教育制がしかれます。子どもたちは一定の年齢になったら女の子も男の子も学校に行って、国語や修身▼を勉強するようになります。学校は生活に根ざした職業的な知識・技術とは切り離されて、「立身出世」という抽象的な目的と結びつけられるようになります。

▼小熊英二
社会学者。一九六二年生まれ。慶應義塾大学総合政策学部教授。『〈民主〉と〈愛国〉』で毎日出版文化賞、『1968 若者たちの叛乱とその背景』で角川財団学芸賞、『社会を変えるには』で新書大賞、『生きて帰ってきた男 ある日本兵の戦争と戦後』で小林秀雄賞受賞。

▼往来
書簡文の模範文例集。

▼修身
旧制の学校の道徳に関する教科。第二次世界大戦後に廃止された。

当初は「漁師や百姓になると決まっているのに関係のないことを学ばせてどうするんだ。それよりうちには子どももという働き手が必要なんだ」という親もたくさんいました。学校の焼き討ちなども起きていました。近代日本の学校は、決して自然発生的に生まれたものではなく、いってみれば中央集権による押しつけの産物なんですね。学校に行くのが当たり前じゃない社会が百数十年前にあったわけです。

その講義を聞いて「不登校とはなんだろう、なぜ学校に行かなければいけないのか」と問うていた自分の世界の狭さにはじめて気がつきました。こういう問い自体が、「学校は皆が行くもの」とされるようになった近代という時代に固有のものだとわかったんですね。講義では、「みんなが学校に行くべきだと考えはじめたのはいつから、どのようにだったか」という問いが立てられていました。そんなふうに問いをずらすことによって、それまで見えていなかったことが見える。「学ぶってすごい」と思いました。

もうひとつは、女性学/フェミニズムとの出会いです。上野千鶴子▼さんの本を読み、感動して手紙を書き、他大学で開催されていた上野ゼミに潜らせてもらいました。フェミニズムは女性の経験に焦点を当て、女性の立場から世界を見て、それを言葉にしていく学問だと理解しました。そうした視点の取り方は「偏っている」と批判されがちですが、上野さんはその偏りを認めたうえで、客観・中立だとされている側に対して「おまえもまた一つの偏向ではないか」

▼上野千鶴子
フェミニスト、社会学者。一九四八年生まれ。東京大学名誉教授、立命館大学大学院先端総合学術研究科特別招聘教授。『近代家族の成立と終焉』でサントリー学芸賞受賞。著書に『おひとりさまの老後』『ナショナリズムとジェンダー』など。

と問い直していく視点を強調していました。もしかしたらそれは男性視点という偏りではないんですか？と。

その思想にとても惹かれました。私はそれまで不登校経験があることで社会から漏れ落ちた人間だと思っていたけれど、漏れ落ちた存在の視点に立脚することによって、一般的とされている世間、社会に対しても、「ひとつの偏りではないか」と見返していく眼差しのあり方を知りました。当事者の経験を言葉にすることが学問になる、と知ったのです。

「コミュニケーション能力は個人の問題？」

自己紹介が長くなりました。今日のテーマであるコミュニケーション能力の話に移りましょう。

最近では「コミュニケーション能力」とか「コミュ力」といういい方をよく聞きますね。大学入試や就活の面接で対人能力が重視されたり、日常生活のなかでも「あの人、コミュ力高いよね」といういい方をしたりすると思います。こういういい方をするとき、私たちは「能力の高い人」と「低い人」がいることを前提としています。

けれども、コミュニケーションは本来個人の能力ではなく、たとえばAさんとBさんの間で生じる「関係性」や「意思疎通のあり方」だろうと思うんです。

コミュニケーションがうまくいかないことはいつだってあり得ます。けれど、それを「Aさん／Bさんのコミュニケーション能力がないからだ」と一方のせいにしてしまっていいのだろうか、と疑問に思います。

たとえば、私は不登校だったころ、不登校を受け止め、私の意見に耳を傾けてくれる人とは話ができたけど、不登校をあらかじめ否定する人の前ではほとんど話せませんでした。後者のような人は社会の多数派でしたから、私は「コミュニケーション能力の低い子だ」と思われていたことでしょう。

もちろん、「コミュニケーションのうまい人」は実際にいます。たとえば営業マンAさんがきても買わないけど、Bさんだとついつい話し込んで買ってしまう、ということはありますし、就職の面接でも自己アピールのうまい人とうまくない人がいるのは確かでしょう。でも、だからといってそれを個人の能力にしてしまうと、「改善するには個人が頑張るしかない」ということになり、「お互いに関係を調整する」という選択肢がなくなってしまいます。それはちょっともったいない。できるだけ関係性の次元に立ち止まって考えてみることで、対話の幅が広がるように思います。

たとえば、「コミュニケーション能力がある人」は、もしかしたら「コミュニケーションにかかるコストが安い人」なのかもしれません。つまり一回聞いただけで相手のいいたいことがわかるから、こちらが省エネしていてもコミュニケーションがとりやすい。そういう意味でコストが安いといえます。一方、

「コミュニケーション能力が低い」とされる人は、丁寧に時間をかけて人との距離を詰めていきますから、相手のほうもコミュニケーションにかかる時間や労力が多くなる。つまりコストが高くなります。

こんなにまわりくどい区別をする理由は、コミュニケーション能力を個人のせいにせず、コミュニケーションにコストをかけることができないこちら側の問題、効率化を重視する市場や社会の問題に引き寄せて考えることができるからです。コミュニケーション能力によって個人を切り捨ててしまう社会より、社会の側がコミュニケーションにコストをかけることで、多くの人と繋がりを作りやすくなる社会を目指していくほうが良いと思っています。

「コミュ力とコミュ障」

もうひとつ、「コミュ力」という言葉がありますね。コミュニケーション能力とコミュ力は同じことをいっているようで少しニュアンスが違います。コミュ力は新しいネット用語で二〇一〇年以降にネットを介して広まりました。使われる場は主に学校の教室です。

先生と話をすることはできてもクラスメイトとの雑談が苦手、放課後に仲間とつるんで帰ったり、遠足や修学旅行でわいわいすることができない。こういうことがどうもコミュ障と呼ばれているようです。コミュ障もネット用語の新参者です。コミュ力が高いことは一見良いことに見えますが、一方で問題も孕んでいるような気がします。

コミュ力の高い大学生Ａ君の場合

私が大学の教室で出会った例をお話ししましょう。

Ａくんという発言力が大きい、自他ともに認めるコミュ力の高い学生さんがいました。でも、Ａくんのコミュ力はしばしば横滑りし、人をイジるようなニュアンスを持つコミュ力なんですね。

例えば、ある女子学生が「帰宅途中にあったコンビニがなくなって夜道が怖い」と言ったりすると、「お前は大丈夫やろ」みたいなツッコミを入れる。私が「そういう言い方しないでくれる？」と指摘すると、Ａくんは「ああ先生に怒られちゃったよ」とまた笑い話にもっていって、「違います、いったのはコイツ」なんて関係ない男子を指したりする。まわりもつられて笑い、「こいつ」といわれた男子も、突っ込まれた女子さえも笑っています。真面目に怒っているのは私だけで、空気を握っているのはＡくんです。さあ、どうしよう。教師としての瞬発力が問われる瞬間です。

もしここで「それは女性差別だ」といえばＡくんは引いてしまい、私と対話する気をなくしてしまうでしょう。仕方なく私は「聞いていて嫌な感じがするから、そんないい方しないでくれる？　それに笑いをとるためのネタがセクハラなんて二流でしょ」と茶々を入れたりしてその場を流すんですね。でも、後になって教師として正しかったのか疑問に思っています。あの笑っていた女の子は、その裏ではどう思っていたんだろう。セクハラを笑って流すという体験を、クラスみんなにさせてしまった、という悔いが残っています。誰かをおとしめるようないい方で、笑いを生み出す力がコミュ力と言われる場合は、少なくないような気がします。だとしたら、それっていいことなのでしょうか。

コミュ障のBさん

では「コミュ障」とされる人はどうでしょう。大学とは別に、私は「生きづらさからの当事者研究会▼」という会に参加していて、そこには不登校やひきこもりなどの経験を持つ人が多く集まっています。一般的には「コミュ障」と言われるかもしれない人たちです。そこの参加者であるBさんの文章から引用します。不登校経験をもつ二十代の方です。

望んで入った大学でした。中学一年生のときから不登校になり、フリースクールにも通わず生きて来た僕は今度こそ人の輪に入るんだと気負っていました。同級生に積極的に話しかけて、一緒にサークルの新歓をはしごしたり、コンパにも参加して、苦手なカラオケも頑張りました。僕は焦っていました。新しい環境で早く良いポジションを確

▼生きづらさからの当事者研究会

フリースクールなどを運営するNPO法人フォロが主催する、抱えたさまざまな「生きづらさ」をみんなで共有して深めようとする研究会。

保したいといつも思っていました。

「グループなんて、速攻で固まるから早く食い込んでおけ」、当時のある先輩の言葉です。それまで人間関係というものはもっと穏やかにゆっくりと形作られていくものだと思っていましたが、大学で直面した人間関係は良くも悪くも目まぐるしくダイナミックなものでした。

ぼーっとしていたら取り残される。僕の心はせわしなく乱れました。明るく活発なグループに近づき、多少うざがられていると感じつつも、なんとか仲良くなりたいと思っていました。その一方で地味に見えたり非社交的に思えるグループに対しては「こいつらとつるむのはありえんわ」と距離をとっていました。僕自身も他の同級生から仲間でいることを求められたり「ありえんわ」と切り捨てられていたように思います。人からつまらない、おもしろくないとみなされることを異常なまでに恐れていました。


このあとどうなったかというと、Bさんは望んでいたように活発な男子グループの一員になります。しかし彼はすごく無理をしてグループに溶け込もうと頑張っていたので、自然体でいられなくて、居心地が良くないんですね。そんな彼の心中を、あるときグループの中心的存在の男の子がいい当てます。「Bくんは頑張っているけど、空回りしている」というんです。何気ない発言ですが、Bさんは「俺たちの空気を乱すお前を、グループの一員として認めるわけにはいかない」というメッセージをそこから読み取るんですね。グループの一員でいるために頑張っていたBさんの気持ちは、この言葉によってガラガラと崩れてしまいます。そして、ぱたりと学校に通うことができなくなります。

コミュ力の高いAくんと、頑張ってもうまく続かないBさん。一見まったく違うタイプに見えますが、もしかしたらこの人たちは似ているのかもしれない、と私は思っています。

たとえばBさんは空気が読めないわけではなく、むしろ読みすぎるくらい読んでいます。「頑張っているけど空回りしている」といわれて「俺たちの空気を乱すな」という言外のメッセージを受け取るのは、空気を読んでいるからですよね。ただ、空気を読むことはできるんだけれども、空気を読んでしまうと自分らしく振る舞えなくなってしまう、というのがBさんの状態です。何かぎくしゃくしてしまって、無理してるんだなということがまわりにわかってしまうんでしょうね。

コミュ力って不思議だなと思います。コミュ力の高い人は空気を読んでいて、しかも「空気読んでる感」を出さずナチュラルに振る舞える人です。私などには「気を遣いながら自然体で」という曲芸並みの難しさに見えますけど、これもできる人はいるんですね。一方、コミュ障の人は空気を読みつつ、ぎくしゃくしたものを感じ続けてしまう人です。対照的に見えるけれども、どちらも空気を読んでいる点で、そんなに大きな違いは無いのかもしれません。

「生きづらさを大切に」

ではそもそも空気が読めない、異なる文化の人と出会ったときはどうでしょう？　私が「コミュ力のある／なし」という問題の立て方に気持ち悪さを覚えるのは、それが「みんなが空気を読んでいる／読める」ことを前提しているからです。

たとえば、テレビのバラエティ番組などで、帰国子女のアナウンサーにお笑い芸人の司会者が「マクドナルドと（英語の発音で）いってみて」といって、アナウンサーがとても発音良く「マクドナルド」というと、「ムカツク！」といってみんなが笑うようなシーンがありますね。こういう番組は、「英語にコンプレックスのある発音がへたな日本人」が見ていることが前提されていますね。それを見ている子どもたちも、ネイティブの発音で英語を話す人に会ったときに、コンプレックスを抱いたり馬鹿にしたりする振る舞いを身につけてしまうかもしれません。

コミュニケーション能力はグローバル人材と結びつけられることも多く「英語を学びましょう」といわれがちです。しかし異文化の人とコミュニケーションを取るためには、単に言語を知っていることよりも、対話するための姿勢を持っていることのほうがより重要です。空気を共有しない人に前提から説明したり、わからないことは流すのではなく好奇心を持って質問したり。そのためには人権教育を基礎に、学校のなかのコミュニケーションをまず根本的に作り変える必要があります。異文化コミュニケーションは、身体に染みついたものですから、日常的にやっていないと、いざとなってもできないからです。その気になれば、セクシャルマイノリティの人や障害を持った人、留学生など、学校のなかに異文化はすでにあることに気づけると思います。

振り返ると、私の人生で十代が一番きつかったです。学校という空間では自分らしくいられず、他に居場所もないのに、自分らしさに一番こだわってしまっていた時期でもあった。生きづらかったですね。でも長い目で見れば、教室という場所は限定された、小さく狭いものです。教室では生きづらくても、その生きづらさを大切に育んでいくことで、新しい出会いが開かれることもありますし、キャリアに繋がる可能性だってあるのです。

Q&A

――「教師としてこんな怒り方をしたら生徒と心が離れてしまう」とおっしゃいましたが、先輩や後輩、友だち同士のあいだでも起こることだと思います。先生が思うベストな注意のしかたを教えてください。

私が聞きたいくらいです。でも、いくつかパターンがあると思います。例えば私語の注意をするときに、「静かに」と教師がいうともっとざわついてしまいます。そういうときは、SAに注意してもらうなど工夫します。教師である私が注意するよりも、学生との距離が近いSAにいってもらうほうが聞きやすいことがありますから。でもあなたの場合は先生の代わりに注意をしようとすでに思ってくれているんですよね。それは大事なことです。

まわりを固めるという方法もあります。例えば、授業中にうるさい人がいたら、自分は静かにして友だちにも協力してもらう。注意する相手と自分だけの関係にせず、教室の空気ごと「そういうのはなしだよね」というものに変えていく。間接的で長期的だけど、根気よくやっていくしかないかと思います。

▼SA
スチューデント・アシスタント。教育補助を行う学部学生のこと。

わたしの思い出の授業、思い出の先生

すでにお話したように、小熊英二さんの講義と、上野千鶴子さんのゼミです。二十歳前後でこんな機会に恵まれたのは本当に幸運でした。

わたしの仕事をもっと知るための3冊

貴戸理恵『「コミュニケーション能力がない」と悩む前に』（岩波ブックレット）

貴戸理恵『女子読みのススメ』（岩波ジュニア新書）

貴戸理恵『「コミュ障」の社会学』（青土社）

第3章

科学の発想と方法を知る

視覚無しで世界を見てみよう

伊藤亜紗

私は東京の八王子市に生まれました。家の近くに雑木林があって自然のなかを毎日冒険する子供時代を過ごしました。昆虫が大好きでした。なぜ好きだったかというと、昆虫は人間と身体の構造が全く違う。体は小さいし肢は六本ある。神経の塊があるけれど人間のような大きい脳はありません。脳みそがなくてどうやって身体に命令を出しているのだろう。小さな身体から見る雑木林はどんな景色に見えるのだろうと疑問が広がりました。

モンシロチョウは私たちには真っ白に見えていますが、昆虫同士が見ると真っ白ではありません。オスとメスで全く違う色に見えます。ダニには明瞭な視覚がありません。聴覚もない。味覚もなくて、触覚と嗅覚だけで生きています。ダニには動物の鳴き声が聞こえていないし、太陽の光も見えていません。

調べれば調べるほど、目に映る世界は生物によってそれぞれ違うのだとわかってきました。自分はたまたま人間に生まれたけれど、自分ではない身体から世界を見たいと考えるようになりました。

いとう・あさ＝東京工業大学リベラルアーツ研究教育院准教授。一九七九年生まれ。専門は美学、現代アート。著作に『目の見えない人は世界をどう見ているのか』『目の見えないアスリートの身体論』『ヴァレリーの芸術哲学、あるいは身体の解剖』『どもる体』など。

将来は昆虫学者か生物学者になろうと思い大学は理系に進みました。ところが、途中で理工系の授業は私の問いよりも細分化された授業が多いと感じ、知りたいことから少し離れていることに気がつきます。より問いとダイレクトに向き合える学部をと考え、文系に転向しました。しかし、文転すると今度は昆虫が研究の範囲にならないという事態になりました。

そもそも昆虫に興味を持ったのは自分とは全く違う身体から世界を見たいという理由からです。ならば、昆虫でなくても自分とは違う身体から世界を見られる方法はないか探りました。

人間の情報は八割九割が視覚からといわれます。そこで、視覚を否定することを考えました。視覚がない世界へ行く。これが視覚障害者に興味を持ったきっかけです。視覚障害者に話を聞いて、そのひとがどう自分の身体を使っているか、また、その身体から見える世界を研究しています。

「障害」という言葉が纏うもの

視覚障害者を街で見かけたときにみなさんはどう感じますか。サポートを必要としていないか気にかかるでしょうか。もちろんそのこと自体はとてもいいことです。けれど「障害」と聞くとかわいそうと思うのは違うかもしれません。研究をはじめた頃「障害」という言葉が纏うものを感じる機会がありました。

緊張していた私を和ませようと、インタビュー中に全盲の方が「盲滅法《めくらめっぽう》でごめんね」と冗談をいったのです。

「めくら」というのは全盲、目が見えないことを意味する差別用語です。盲滅法とは「見えないなか、あてずっぽうにとりあえずやってしまう」という意味で、よいイメージではない言葉です。本人は私を笑わせようとしていたのに、私は笑えませんでした。

全盲の方の自虐を笑っていいのだろうか。この出来事から、私は心のどこかで視覚障害者を「かわいそう」と感じていることに気がつきました。自分がサポートする側で、視覚障害者はサポートされる側という、ある種の上下関係を意識して付き合おうとしていたことがわかった瞬間でした。

ところが、この気持ちは研究を進めるなかで変化していきました。別の全盲の方が仰った言葉がきっかけでした。

ある日、私の話を聞いていたひとりの視覚障害者のほうが「そっちの見える世界も面白そうだね」といったのです。「そっち」という感覚がおもしろいなと思いました。彼が生きている世界と私の世界は少し違うことが前提で、単なる文化の違いのような口ぶりだったのです。あたかも「関東ではこういうけれども関西ではどう」と尋ねるような、なんでもない言い方でした。しかも「見える世界も面白そうだね」といっていた。前提として、見えない世界も見えない世界として楽しんでいる。対等な世界観が彼のなかにはありました。その言葉に学び、自分の研究のスタンスを作っていきました。

障害は福祉が担当する分野といわれますが、私が研究しているのは、身体論です。身体論は人間の身体がどうなっているか研究する学問です。どう違うか。福祉は健常者と障害者の違いを無くして「同じにしよう」というスタンスです。それに対して、私の研究は「どう違うか」にあります。

たとえば、点字ブロックを配置するのは福祉の発想です。点字ブロックを使えば視覚障害者も迷わず目指す場所に行けるので、健常者と差が無くなったかのように思えます。でもよく考えると、点字ブロックに白杖▼をついて目的地まで行くのは、健常者のように周りを視覚的に見て行くのとはやはり全然違う経験です。

つまり、健常者から視覚を引いたら視覚障害者になるわけではなくて全然別ものである。空間としては同じだとしても身体が違えばどんな問題を持つか違うのではないでしょうか。椅子を使ってよく説明するのですが、四本足の椅子が健常者だとすると、こちらが一本ない三本足の椅子ですね。これが視覚障害者だと。確かに三本だけれど、ないから足すのではなく、三本で立っている。つまり、見えない世界で成立しているのです。

もちろん視覚障害者が困っている時にはサポートする必要があるけれど、サポートしすぎて、可哀想なひととしての関係を作るのは、彼らが持っている世界を否定することになるのです。

▼白杖
視覚障害者が歩行の際に使う白い杖のこと。

健常者と障害者は違うといってしまうのは勇気がいることです。障害者も健常者も変わらない、みんなそれぞれ頑張っているというメッセージのほうが社会には多いからです。また「違う」というのはちょっと間違えると怖いメッセージにもなりえます。身体論と福祉は対立するものではなく補完するものと考えています。

見えないひとが見る世界

学校の外周路をイメージしてください。見えないひとはどう見ているか。視覚障害者といってもひとそれぞれです。聴覚が敏感なひともいれば、触覚が敏感なひともいる。あまり感覚は使わずに周りのひとに様子をどんどん訊くひともいます。

耳が敏感なひとだと、例えば道に柵があるとき音でわかるらしいです。どうやってわかるか想像がつきますか。柵の横を自分が通ると棒が入っている箇所と入っていない箇所で微妙に周りの環境音、例えば小学校だったら小学生の声が、聞こえる、聞こえない、聞こえる、というふうに縞々《しましま》になるそうです。ずっと聞こえなかったら壁、ずっと聞こえたら何もない。縞々もある。

白杖をつくときにツンツンと音を出すひとが結構いるのですが、白杖は触るだけではなくて音をたてた反響で周りを見る役割があります。鳥に詳しいひとだと、鳥が電線に止まることでここに電線があるとわかったり、時間帯によって鳴き方が違うので時計代わりに鳥の声を聴いたりするそうです。

触覚と聞くと一般的には手で何かを触るイメージを持ちますが、触覚は全身の感覚です。たとえば空気の流れが変わるのを顔で感じて、十字路に出たとわかったりするそうです。視覚障害者は髪型を変えたがらないひとが多いという話があります。それは髪の毛も触覚器官だからです。空気の微妙な流れも、髪の毛が風で引っ張られる感覚で知るようで「髪の毛を切るとチューニングが狂う」というひともいます。両足裏の微妙な段差や、例えば何か工事が行われてそこだけタイルが新品になっているところもその場所を知る判断材料です。

みなさんも自分のいる空間を感じていると思うのですが、必要がないので情報を捨てています。視覚が無いことによって注意するポイントが異なるのです。ちょうどお昼なので食べ物の話をします。食べることも、やはり見えている、見えていないでは違います。

例えば海鮮丼。一つのボールに全部入っているので見えないひとにとって食べやすそうなものにも思えます。ところが、海鮮丼がまずいという視覚障害者は多いです。なぜかというと、予測が立たないからです。

海鮮丼のように複数の具が一緒に入っていると、マグロを食べたいと思って口に入れたらきゅうりが入ってくるなど、思っていたものと違うものが口に入ってくる。それでは美味しくないと感じるとのことでした。美味しいという感覚には、たぶんこういう味だろうと期待していたものと一致していることがじつは重要らしいのです。

半透明に世界を見る目

予測が立たないことは、見えない世界の最も重要な特徴です。例えば、ここにコップがあると思ったけれど、少し自分が手を伸ばしたところからはずれていたりする。冷たいと思って触ったものが冷たくなかったとか、自分がこうだろうと思っていたことが毎回少しずつ外れることが多いといいます。だからこそ、毎回起こるずれを「違った」といちいちびっくりしていたら大変です。視覚障害者には自分の思い込みを信じすぎないような習慣がついていると思います。

例えばペットボトルの水があって、手で持っていれば、これは存在すると認識できる。テーブルに置いたとしても、実際触っている時は、このペットボトルが存在するとわかります。けれど手を離した瞬間に誰かに持っていかれてしまうかもしれません。それに三時間経ったら多分もうないだろうと予想できます。

だから見えているひとにとっては物体がそこに存在する、存在しないははっきりわかることですが、視覚障害者の場合は存在している、存在していないの中間みたいなところが広い。存在していない可能性も含めて「存在する」ことを考えているように感じます。世界を確固たるものとして見ておらず、半透明くらいに見ているようです。

他にも、見えないひとと見えているひとの感覚の違いの話として、表情が見えないため、顔が肩と同じくらいの重要度しかもちません。イケボイスというとばがあって、実際に盲学校で使われています。イケボイスとは、いい声のひとという意味。顔よりも声が重要だといいます。

そしてもうひとつ見えないひとが見ているものとして足音があります。足音は個人の性格が出るそうで、自信たっぷりなひとは堂々と歩くし、慎重なひとはそっと歩くというのです。

何か困っているひとがいた時に、もちろん助けることは重要ですが、少し待ってみることも大事です。見えない世界独特の面白さを理解して尊重する。つまり健常者の世界を当たり前と思わない。

もし、たくさんの世界があることに興味を持ったら、実際に見えないひとに声をかけて「どうやってその杖をついているんですか」と聞いてみるのもよいことだと思います。視覚障害者によく言われることのひとつとして「聞きたいことがあったら聞いてほしい」があります。チャンスがあったら聞いてみると勉強になると思います。

「盲人国の新しい学校」

H・G・ウェルズという有名なSF作家の短篇で『盲人国』という作品があります。ウェルズは、百年以上前に「タイムマシン」という言葉と概念を作ったひとです。どんな話かというと、南米の山奥に先天的に目が見えない人間だけの国があり、そこへ健常者が冒険に行く。

このお話を視覚障害者と一緒に読み、話をする機会がありました。そこで視覚障害者のひとりが「この話は面白いけれど盲人国の描写が甘い」といいはじめた。そして、それだったら一緒に考えてみようとなりました。

みなさんはどう考えるでしょうか。折角なので「盲人国の学校」を考えてみましょう。

条件は三つあります。一つは全員が先天的に全盲であること。二つ目は、砂漠や辺鄙な場所ではなくて、普段私たちが生活しているような場所にある学校という設定で考えること。三つ目は、彼らは進化しているかもしれません。進化していなくてもいいです。進化しているとしたらこう進化しているのではないかと自分なりに決めて、その条件で考えてください。

生徒A 学校の教室や廊下の話になるのですが、壁の質感を変えることがあるかもしれ

▼**H・G・ウェルズ**
イギリスの作家。一八六六年生まれ。SFの父と呼ばれる。時間旅行SFの原点となった傑作「タイム・マシン」ほか、現在のSFのテーマとアイディアの基本的なパターンを二十世紀初頭に築いた。代表作に『タイム・マシン』『モロー博士の島』『透明人間』『宇宙戦争』などがある。一九四六年没。

ません。例えば、ザラザラしている所からつるつるしている所に行くともうすぐ曲がるサインになるとか。床だったら数種類の木材を使い分けて歩く音が変わるようにすればもっと距離感がわかると思うので、そういうシステムができているんじゃないかなと思いました。

自分の常識を外して考えてくれていいなと思います。距離の感じ方も変わるかもしれませんね。見えていれば客観的な定規とかがあって何メートルと測るけれど、見えていない場合はもっと体で覚えるようになるかもしれません。その時にはメートルいう単位すらないかもしれない。

盲学校では実際に歩行訓練をやっています。距離感は重要ですし、見えないひとは自分の歩数を数えています。何歩ぐらいで曲がればいいとか、歩幅で覚えています。

生徒B

私はどんな教科があるのか考えました。私たちは国語や数学、理科など勉強していますが、例えば、国語をそもそも点字で勉強する必要がなくて、感覚そのものを勉強するのではないかと思いました。感覚とは、言葉に置き換えないでダイレクトに触った感触みたいなものを置き換えるとか。

言葉を介さない、ある種テレパシーのようなものですよね。「この感じ」と言ったらダイレクトに共有できる言葉すらない世界。面白い発想ですね。

Q&A

——違いがあるなかで障害者が本当に対等に生きられる社会は実現できると思いますか。

大きな質問ですね。対等をどう捉えるかだと思います。みんなが同じことを前提に考えてしまうとそれは無理ですよね。一人ひとりの能力を活かすという意味であれば、完全にではないかもしれないけれど何か方法はあるかもしれません。

というのは、障害という概念は産業革命▼の時にはじめて出てきました。産業化するなかで時給という発想が出てきた。一時間働いたら千円というように、一人ひとりの能力ではなくて、誰でも仕事をしたら千円という個性や差を消した発想です。ある種交換可能な人間になっていき、自分にしかできない仕事ではなくて誰でもできる仕事が増えました。そうなったときに、誰でもできる仕事をできないひとを指す言葉として障害者という考え方が出てきました。

置き換え可能、誰でもできるという発想がなくなれば、それと関連して障害者という概念もなくなるのかもしれません。それぞれが自分でなくてはできない仕事をみんなするとなれば可能かもしれないなと思います。難しいのですが。

▼産業革命
十八世紀イギリスで開始された動力機械の発明と進化は生産に画期的な変革をもたらした。工場は手工業的形態から機械制大工場へ発展し、その結果、社会・経済のあらゆる面に生じた変革と発展を産業革命という。イギリスで最も早く起こり、欧米諸国へと波及した。日本では、十九世紀末から二十世紀初頭にかけて、日清・日露戦争の間に起こった。

わたしの思い出の授業、思い出の先生

Q1：思い出の授業を教えてください

大学1年生か2年生のときにうけた生物の授業。

Q2：その授業が記憶に残っている理由はなんですか?

ある回で、先生が突然自分で釣ってきたカツオを教壇の上にのせてさばさはじめたから。

Q3：その授業は人生を変えましたか?

カツオの身を割ってみると、寄生虫がたくさんでてきた。人間の視点からすると、汚いもの、排除すべきものだが、寄生虫もふくめてカツオの体全体がひとつの生態系のように見え、感動した。「生命とは何か」について教えてくれた唯一の授業だった。

わたしの仕事をもっと知るための3冊

ヨシタケシンスケ＋伊藤亜紗『みえるとか　みえないとか』（アリス館）
伊藤亜紗『どもる体』（医学書院）
ユクスキュル『生物から見た世界』（岩波文庫）

科学とはなにか？

仲野徹

私は、今年のノーベル医学生理学賞を受賞された本庶《ほんじょ》佑《たすく》先生▼のもとで五年間ほど勉強していました。なので、本庶先生がいかに厳しい人であるかでしたら、一時間は軽く話せます（笑）。それはおいておくとして、細胞の発生を研究し始めて、かれこれ三十五年になります。

その経験から科学者とはどのように考えてるのか。科学とはどういうものなのか。今日はそうしたことをお話しします。

「科学とはなにか」

科学とはいったい何でしょう。辞書には「観察や実験など経験的手続きにより実証されたデータを論理的・数理的処理によって一般化した法則的・体系的知識。また、個別の専門分野に分かれた学問の総称。物理学・化学・生物学などの自然科学が科学の典型であるとされるが、同様の方法によって社会科学、

なかの・とおる＝大阪大学大学院・生命機能研究科および医学系研究科教授。一九五七年生まれ。専門は「いろんな細胞がどうやってできてくるのだろうか」学。書評サイトＨＯＮＺレビュアー。著書に『こわいもの知らずの病理学入門』『（あまり）病気をしない暮らし』『エピジェネティクス』など。

心理学・言語学などの人間科学もある」と書かれています。

では自然科学とは何でしょうか。「自然界に属する諸現象を取り扱い、その法則性を明らかにする学問」とあります。この「法則性を明らかにする」ことが重要です。

つまり、科学は「経験的手続きによって実証された法則的・体系的」なものであり「法則性を明らかにする」。もうひとつ、私が加えるとすると、「世界のあり方を理解する」。大変かっこいいではありませんか（笑）。

さまざまな実験や観察によって得られるあるデータを、単称言明といいます。科学において最も大切なのは「方法的・体系的知識」あるいは「法則性を明らかにする」ことです。さまざまなデータすなわち単称言明を集めることで一般的にいえるようになった仮説や法則を普遍言明といいます。しかし、そうして出てきた法則は必ずしも正しいとは限りません。そこで、もしこの法則が正しいとしたら、次にこうした実験をすると、このような結果が出るのではないかと考えて、確かめる。これが再現可能性です。

実験で確かめてみると、やはり正しかった。すると普遍言明はもう一段正しくなりますね。検証を繰り返していくことによってより正しく法則性を見つけていくわけです。これを帰納的な証明といいます。

ただし科学の世の中はそれで済むわけではありません。検証の繰り返しだけでは不十分で「反証可能性▼」がより大切なのです。

▼本庶佑
医学博士。一九四二七年生まれ。専門は分子免疫学。リンパ球が抗体を作り出す遺伝的仕組みの解明や免疫細胞の活動を抑制する分子「PD-1」の発見など、分子免疫学、免疫遺伝学の分野で画期的な業績がある。二〇一八年にノーベル医学・生理学賞を受賞。現在、京都大学高等研究院特別教授。文化勲章受章者。

▼反証可能性
理論、仮説などが常に信憑性への疑義や、対立する主張の中立てに対して開かれている性質。科学哲学者カール・ポパーによって提唱された。科学理論や仮説は常に反証可能性を有した、仮説として存在するが、非科学やエセ科学は反証を排除する性質があることから、反証可能性の有無が科学と非科学を分ける基準として働きうる。

科学哲学者のカール・ポパーは、この「反証可能性」が科学にとって非常に大事であるということを示しました。反証が可能かどうかによって、ある仮説が正しいか正しくないかを確かめることが出来るのです。

反証可能性とは別に、トーマス・クーン▼による「パラダイム転換説」があります。ある時代に多くの人々が信じている考えを「パラダイム」といいます。

昔は天動説のパラダイムでみんな生きていて、最高の知識人たちでさえ信じていました。このことが示すように、パラダイムは必ずしも正しいと限りません。ある時点まで科学はあくまでも仮説です。みんなが信じているからといって完全に正しいかはわからない。そのように考えていたほうがいいのです。

「科学的に考える」

科学的に考える上で最も重要なことはなんでしょうか。それは、「健全な好奇心をもって疑う」ことだと考えています。健全な好奇心は科学にとって何より大事ですし、普段の生活においても非常に大切です。なにかを言われたからといって、本当のことだと思い込まない。でも、これはバランスが難しく、あまり疑いすぎると性格が悪くなります（笑）。

しかし、科学でさえ、これまでの説が正しいとは限らない。パラダイムが転換したり、反証によってひっくり返ってしまったりする。科学でさえそうなの

▼トーマス・クーン
科学史家・分析哲学者。一九二二年生まれ。ハーバード大学で物理学を学んだ後、科学史へと転向し哲学の学位を取得。カリフォルニア州立大学バークレー校やプリンストン大学で教鞭をとった。一九六九年出版の『科学革命の構造』において科学史におけるパラダイム概念を導入する。カール・ポパーらとの論争の結果、パラダイム概念を放棄するが、没後現在に至るまでパラダイム概念及びパラダイム転換はさまざまな分野で影響力を持つ。一九九六年没。

ですから、実生活ではさらに沢山そういったことがあります。そこで大切なのは人とちょっと違う考え方をすることの重要性です。

ビタミンCの発見でノーベル賞を取ったハンガリー人のセント＝ジェルジ・アルベルト▼が発見について格言を残しています。発見とはなにか。「誰もが見たことがあるものをじっくりと見据えて、誰も考えたことのない事を考えてみること」だというのです。みんなが同じように見ているものを、違う見方で考える。そうすることが発見の近道です。

つぎは、できるだけ単純に考えること。複雑な現象に出会ったときにさまざまな単位に分けて考えることが大事です。

日々悩んでいることあれば、何を悩んでいるのかを箇条書きにしていき、ひとつひとつをどう解決するかを考えたほうが早い。物事はできるだけ、要素に分けて考えることが大切です。

何度もお話ししますように、科学の仮説は立てられた時点では正しいかどうか、わかりません。それならば、より単純に考えたほうがいいだろう。基本的な物事はできるだけ単純に割り切っていきましょうというのが科学者の基本的な態度です。

つぎは、必ずしもうまくいかない可能性があると常に頭に入れておくことです。もし上手くいかなかったとしても、素直に受け入れる。

そして、慎重かつ大胆に考える。間違いが無いように細心の注意を払う。しか

▼セント＝ジェルジ・アルベルト
ハンガリー出身の生理学者。一八九三年生まれ。副腎由来の還元物質の単離で博士号を取得後、その物質がパプリカから抽出され壊血病を防ぐ働きがあることを発見しビタミンCと命名。また細胞呼吸におけるフマル酸などの重要性を解明し、タンパク質・アクチンとミオシンの会合による筋肉の収縮を発見、解明した。一九三七年ノーベル医学・生理学賞。ハンガリー政府による和平交渉の密命を帯びたことから大戦中にヒトラーから逮捕命令を受け逃亡し、戦後はソ連からアメリカへ亡命。電子顕微鏡の活用や量子生物学の提唱を行った。一九八六年没。

し、それだけでは全く面白くありませんよね。だから、夢を持って行動することが大切です。この実験は成功するかわからないけれども、成功したら非常に面白いなと考える。その結果が常識をひっくり返すことだってあるわけですから。

これから、皆さんはさまざまなことを新しく始めていくでしょう。そこでは、転ばぬように足元を見ることも大事ですが、同時に夢見ることも重要なのです。

つぎに、同じ興味を持っている人と話し合うことが科学的思考には欠かせません。自分の頭だけで考えていては限界があります。まず皆さんには、ぜひ文章を書く癖をつけてほしい。頭で考えているとなんとなく正しいように思えることでも、文章にしてみると理屈が通っていない場合はよくあります。文章にすることで論理的思考が身に付いていくのです。

そのうえで、他の人と話し合うことで、自分の考えを整理していくことができます。生徒が先生と話していると、先生から教えてもらっているかのように思えますが、じつは違う。対話は、一方的に教えてもらうのではなく、自分の考えを整理していくことなのです。

これができたら、さまざまな情報を元に自分で考えて自分なりの意見を出すことができるようになる。「あいつはよく考えを変える」と悪口を言う人がいますが、それは間違っている。私は一貫性のある人のほうが、むしろ頭が悪いと思います。

人と話し合って少しずつ良くしていく、より高いレベルにしていく。考えが一貫して変化しないよりも、そうして変化していくことのほうが大切だと思います。そのためには、専門であろうが、専門外であろうが自分の頭で考えて自分の言葉で話すことができなければ、人と対話することさえできません。

ここまでお話した科学的に考えることの利点は、考え方がスッキリすることです。できるだけ要素に分けて最短距離で結論に到達するわけですから、物事がうまくいかなくても納得しやすいですしね。また、説明した際に共感を得やすくなります。そして、騙されにくくなる。これは後でくわしく話します。

欠点は、シンプルに考えすぎて面白くない結論に陥りやすいことです。それに夢のない、世知辛い結論を出してしまいがちです。もうひとつの欠点は、断定的になりがちであることです。しかし、これは気をつけておけば、なんとか抑えられます。できるだけ科学的に考えて、さらに断定的にならないようにすることが大切ですね。

科学も、結局は人の営みなのです。科学の考え方は特殊だと思われがちですが、そんなことはない。普段の生活に応用可能なことがたくさんあります。では、ここからは科学リテラシーの話をしていきましょう。

疑似科学にだまされない

血液型占い、星占い、超能力、コラーゲン。これ、嘘です。これらのことを科学的に考えていくためのキーワードは反証可能性です。反証可能性が、科学と疑似科学を分けていきます。科学者は、あるかもしれないし無いかもしれないとしか言えません。ある仮説を完全に否定してしまうことは科学的態度ではないのです。ただ、現段階でのできるだけ厳密な検証は可能です。

まず、血液型占いから見ていきましょう。ＡＢＯ血液型の仕組みは、細胞の表面のタンパクに糖が一個ついているかどうかの違いであって、それによって性格が決定されるなんてありえないわけです。そもそも性格を正確なデータで測定することが無理でしょう。みなさんも今日はなんだか暗いな、明るいなと日によって変わりますよね。その上、骨髄移植した場合、血液型の変わることがありますが、急に性格が変わったりしないです。つまり、血液型占いには科学的根拠がないといえます。

つぎに星占い。星占いも少し考えればすぐわかります。朝、テレビで「今日の運勢が一番いいのは魚座」「射手座」といわれますが、各局違うこと言ってますよね（笑）。西洋占星術が確立されてからずいぶん経つそうで、その頃と現在では天体の位置や動きも変わっているそうです。当時の理論は当てはまらないはずなのに、いまも毎朝やっている。

超能力についてはジェームズ・ランディ▼が有名です。彼は手品師で、全ての超能力は手品、マジックであると断言しています。ランディはかつて大変人気のあったユリ・ゲラーの超能力を暴いたこともあり、自分の目の前で超能力を

▼ジェームズ・ランディ
マジシャン、懐疑主義者。一九二八年生まれ。マジシャンとして活躍する一方で、超能力や疑似科学に対する批判やトリックの解明において著名。超能力や疑似科学に対する科学的調査・批判を行う委員会「サイコップ（現ＣＳＩ）」の創設者の一人。

見せてくれたら百万ドルを支払うと豪語しています。いままで千人以上が挑戦していますが誰も賞金は得ていません。みんな、同じマジシャンであるランディに単なるマジックだと見抜かれてしまうのです。

さて問題はコラーゲンです。これも飲んだところで効きません。コラーゲンをそのまま口から摂取したとしても、絶対に吸収されません。アミノ酸にまで分解されるわけですから、効くわけがない。酵素系も同じです。ただし、プラセボ（偽薬）効果については別に考えなければなりません。

ノンフィクション作家のサイモン・シン▼は、『代替医療解剖』の中でプラセボ効果についていろいろと論じています。ただ、私はプラセボ効果も悪くないと思います。コラーゲンが効くと信じて飲んでいる人の膝の痛みが取れたならそれは結構なことではありませんか。ただし、高価過ぎるのはダメですが。

「科学をどうしていくのか」

最後にすこし、生命倫理の話をします。生命科学において最大の発見は二つ。ひとつはグレゴール・メンデルによる遺伝の法則、もうひとつはダーウィンの進化論です。

生命科学におけるこの二つの議論が一緒になって優生学が生まれました。優生学の祖はフランシス・ゴルトン、ダーウィンの従兄弟にあたる人です。遺伝

▼サイモン・シン
ジャーナリスト、サイエンスライター。一九六四年生まれ。イギリス、ケンブリッジ大学で素粒子物理学の博士号を取得後、イギリス国営放送BBCに就職し、ドキュメンタリー番組「フェルマーの最終定理」を制作し、一九九六年にイギリスアカデミー賞受賞。この番組を書籍化した『フェルマーの最終定理』の他、暗号の歴史を紐解いた『暗号解読』医学的根拠の不確かな療法を検証した『代替医療のトリック』など著書多数。根拠不明とされた複数の医療団体から訴訟を受け著作活動を休止せざる得なかった時期もあった。

の法則がわかって、生物は進化することがわかったので、良い遺伝子を残したら人類はもっと良くなるだろうと思われた。

そして優生学の思想が最悪の形で出たのがナチス・ドイツの人種政策▼でした。劣っているとみなされた人たちは、殺していくことにした。その結果、第二次大戦以降、優生学は下火になります。

しかし現在、医学が進歩して先天遺伝性の病気のある遺伝子を予め調べて、そうした赤ちゃんを産まないようにすることができるようになってきました。そこには命の選別という大問題があります。命を選ぶ。ある種の優生学です。皆さんはこのことをどう思いますか。一度考えてみてください。

日本産婦人科医会は、重篤な遺伝性疾患に限って、こういったことをしても良いと結論づけています。皆さんも、納得されるかもしれません。そこで、本当にそれでいいのか、先程言った健全な好奇心を持って、もう少し広く考えてみましょう。

もし、自分自身が、自分の家族が、親しい友人が、その重篤な遺伝性疾患をもっていたとしましょう。遺伝子を選別することによって、重篤な病気の子を産まないようにしようとすることは、そういった人たちに生まれてこないほうがよかったと、言っていることにならないでしょうか。実際、ある疾患の団体からこういった考えには抗議が出されています。本当に命を選別していいのかどうか、とても難しい問題だということがわかるでしょう。さまざまな立場か

▼ナチス・ドイツの人種政策
一九三三年以降のナチ党政権下のドイツにおいては、アーリア人種の優秀さが誇大主張され、非アーリア人種である、ユダヤ人やロマなど少数民族を強制的に移住、労働させ、虐殺した。こうした人種政策はナチス・ドイツが代表的とされるが、民族間紛争や特定集団への差別・迫害は現代まで続いている。

ら考えてみなければならないのです。

一人ひとり考えは違うでしょう。違ってもいいのです。「自分の頭で考える」こと。これが何よりも大事です。

そしていろんな人と自分の意見を交わして、意見が変わることがあってもいいのです。もともとは違う考え方だったけども、友達が病気になって考えが変わった。大いに結構だと思います。ただし、考えを変えるとき、その都度、自分はこのように考えてこう結論しなおしたと、整理していくことが大切です。

自分の頭で考えて、他人の違う考えも聞かなければならない。絶対的に正しい考えなど無い、正解がないからこそ常に考えながら意見をかわす。そのためには、科学的な思考法が必要なのです。

最後に結論です。健全な好奇心を持つこと、正しい科学知識を知ること、科学的な考え方を身につけること、エセ科学には騙されないこと、自分の頭で考えて意見交換をすること。こういったことは科学にとっても大事ですし、これから生きていく上でも絶対に人切です。そして最後にもうひとつ大事なことを。自分の興味を広げるためには、いろんな本を読んで、さまざまな場所に出かけて、沢山話を聞いてくる。これをぜひやってみてください。

Q&A

――ありがとうございました。質問を受け付けてもよろしいでしょうか。

どこからでもかかってきなさい（笑）。

――今日は面白いお話をありがとうございます。科学より技術が先にあると言われ、納得しました。これからの社会は、遺伝子を操作することが出来たり、AIの登場であったり、次々と技術と社会が変わっていくと思います。技術が先に進みすぎてしまって、どうしても倫理的問題が置いていかれてしまうのではないか。どうすれば、これからどんどん技術が加速していって倫理的問題が後回しになってしまう状況を解決できるのか、僕たちはどう向き合って行ったらいいのでしょうか。

非常に良い質問です。デザイナーベイビーについては多くの国では倫理的問題があるので現在では禁止しています。現時点は危険性もありますから。では、危険性がなくなったときにどうなるのか。それはわかりません。中国はヒトのゲノム改変を研究するといっています。そうなってくると、こうした問題について国際的なコンセンサスが得られるかどうかが問われていきます。生命科学は倫理的縛りが非常にたくさんある分野です。遺伝子改変を一度してしまえばもう後戻りすることはできません。一方でAIについては、生命に関わらない限りは倫理的縛りはほとんど無いといってよいでしょう。

我々にもまだわからないことばかりですが、医療におけるAIの活用は大いに可能性があります。例えばレントゲン診断。人間が診断するよりも、AIのほうが正確で疲れない。ただ、そうした技術的変化がどの程度のスピードで取り入れられるのかはいまのところわかりません。
各国とも、生命科学、医療に関しては倫理の面から非常に厳しく制限していますが、デバイス系の導入についてはそうでもない。ですからロボットやＡＩなど変化のスピードのほうがすごい速度で進みそうで、恐ろしいのではないかと考えています。とんでもないことが起こらないように、未然に歯止めがかけられるのかどうか、難しいことだと思います。それこそ、科学的な考え方でみんなで考えて、話し合っていかなければならないことなのです。

わたしの思い出の授業、思い出の先生

Q1：思い出の授業を教えてください

これといった特定の授業はありません。しかし、いまでもよく覚えているのは、授業の内容そのものではなくて、先生方が折に触れて話された雑談の内容です。それには、まったくつまらないダジャレのようなものから、インパール作戦に従軍された先生の「戦争なんてつまらないものです」という信じられないくらい重厚なつぶやきまであります。

授業の内容は参考書や予備校でも学べるかもしれませんが、ある先生の生きざまというのは、そういった雑談からしか学べないものなので、けっこう貴重なものだと思います。

高校２年生のときに英語を習った先生は、明るくて綺麗な女の先生でした。英語は苦手だったのですが、その先生に気に入ってもらおうと猛勉強しました。おかげで英語の成績が飛躍的にあがり、志望校にも合格できました。なんだか情けないエピソードですが、人生というのはその程度のことで変わるものである、というように考えておいたほうが気楽でいいように思います。

わたしの仕事をもっと知るための３冊

仲野徹『エピジェネティクス　新しい生命像をえがく』（岩波新書）
仲野徹『こわいもの知らずの病理学講義』（晶文社）
内田樹編『転換期を生きるきみたちへ』（晶文社）

分類と系統の世界観

三中信宏

みなか・のぶひろ＝国立研究開発法人農研機構・農業環境変動研究センター専門員、東京農業大学農学部生物資源開発学科客員教授。一九五八年京都生まれ。生物統計学、生物体系学。主な著書に『系統体系学の世界』『統計思考の世界』『思考の体系学』『系統樹曼荼羅』など。

私たち人間は、いろいろなものを見たときに必ず分けています。小さいものと大きいものを分け、赤いものと青いものを分ける。これをせずに生きている人はいません。では「分ける」とは一体どういうことでしょうか。

三十年ほど前、アメリカ昆虫学会の雑誌に**図1**が掲載されました。私たちの世界にはいろんな動植物が生きていることを示したイラストです。普段、直感的にこれは虫、これはネズミと見分けている生物たちをどう分ければいいかを分類学では考えます。この図では、生物種の数に比例した大きさで描かれます。地上の生物の五分の四を占めるといわれる昆虫が大きく描かれる一方、哺乳類のゾウはキノコより小さくなります。ずいぶんアンバランスなように見えますが、地球上にどんな生物がどれくらい存在しているかが一目でわかります。

「醤油鯛」の分類学

分類は必ずしも動植物だけを対象に行われるわけではありません。

駅弁などについてくる「醤油鯛」という醤油の入ったプラスチック容器があります（図2）。私の知り合いにこの醤油鯛を分類している人がいます。彼は九州大学農学部昆虫学教室を出たバリバリの昆虫分類学者ですが、大学院のころから醤油鯛を集めて分類し、名前をつけています。昆虫学者ですから、尾びれの角度からヒレの形状、口のネジの切り方までちゃんと記載されていてさすがです。

地上にはあらゆる場所に生き物がいます。そしてそれを分けて生きてゆくのは私たちの本能です。十八世紀には博物学者ビュフォンがとても大きなカラー図鑑をつくりました。何の役に立つのかと疑問を持ちますよね。何の役にも立ちません。何の役にも立たないけれど、こうしないわけにはいかないという、人間みんなが持っている、分類という性《さが》ですね。

もう一つ見ていただきましょう（図3）。食パンの袋を止めているもの。このパン袋クリップの分類については国際学会があります。日本では埼玉県に一社しかパン袋クリップメーカーはありませんが、世界中にさまざまな形態があり、新種が見つかるとラテン語で学名がつけられます。パン袋クリップでも、ちゃんとみればいくらでも観察でき、分類して系統に分けることが可能です。

ここで考えてみるべき問題があります。図4のスズメたちにとっては、自分にどういう学名がつけられているかなんてどうでも良さそうです。彼らにとって重要なのは図鑑のページの間に挟まったタネが美味しいかどうかでしょう。

図1　多様性を絵に描く

the Entomological Society of America

分類することはその対象とどういう関係があるのでしょうか。「分類するもの」と「分類される対象」の関係はふた通り考えられます。一つは分類されるべき秩序が自然界にあり、それを発見すれば良いという考え方。赤いクモや青いクモを見つけたなら、その自然の区分けのとおりに分類すればいいわけです。

他方、対極的な考え方があります。私たちの頭の中に自然界をこう分けたいという観念があり、それを自然界に押し付けているとは考えられないでしょうか。人間社会には人種という言い方があります。けれども日本人やアメリカ人、あるいは白人黒人という区別と異なり、実体としての人種なるものはどこにも存在しない。幻です。実際、アメリカ人類学会の学会憲章には「人種は存在しない」と謳われています。これは私たちが観念で対象を分けている例の一つです。

「系統の思考」

祖先から子孫へのつながり、これを系統と呼びます。同じ遺伝子を持っていても、塩基配列は種によって異なります。それを色分けしてみると、近い配列や遠い配列が見えてきます。近ければ進化的に近縁、すなわち血筋が近いことになります。分子進化論、分子系統学と呼ばれるDNAを分析する学問です。この遺伝子を分析して系統を推定することで、近年いろいろ面白いことがわかってきました。

図2　醤油鯛

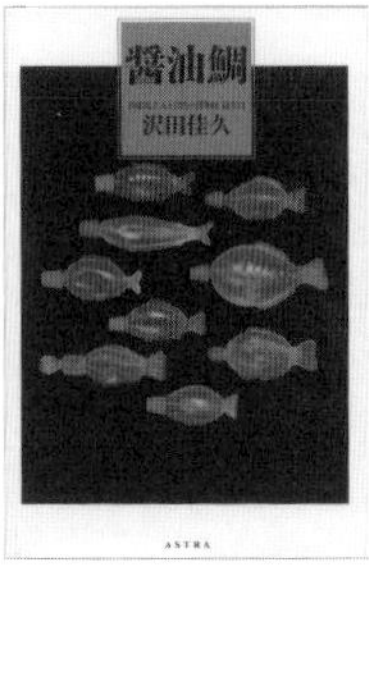

沢田佳久著『醤油鯛』

図3　パン袋クリップの系統樹

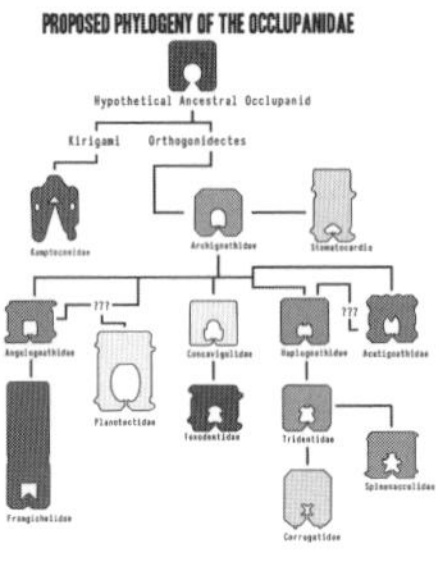

Courtesy of the Holotypic Occlupanid Research Group

配列の情報を使って祖先と子孫の近さを測定するという手法は、なにも生物学だけ使われるのではありません。例えば印刷術の発明以前、手書きで写本によって伝えられていた時代の作品の書き間違えや書き落としを手がかりにして、写本の系統関係を推定することができます。

十六世紀の『カンタベリー物語▼』の写本を見比べると、同じ文章のはずなのに少しずつズレがあることがわかります。同じ人名の綴りが「p」だったり「y」や「e」だったりする。前置詞を略すかどうか、略し方が違う場合もあります。どの写本も、大元にあった祖先の原稿はひとつのはず。けれども書き写されるうちにミスが蓄積されていきました。アルファベット二十六文字を遺伝子の塩基配列と同じように捉えると、分子系統学と違いはありません。実際、二十年ほど前、世界的な科学雑誌『ネイチャー』に「カンタベリー物語の系統発生」という論文が掲載されました。現存する四十四の写本の文字配列を比較して、どれとどれが近いか系統を分析したのです。

ある手書きの手紙を見てください（図5）。一九九〇年代に「不幸の手紙」という社会現象がありました。受け取った人は決まった時間以内に何通か、そっくり同じ手紙を書いて投函しなければなりません。「棒」はもともとは「不幸」だったのですが、字の下手な人が書いた文字が、そのまま間違って伝わっていってしまいました。これは生物学的に言うと、遺伝子突然変異に相当します。あるときに変わった塩基配列がそのまま子々孫々伝えられてゆくというわけです。

図4　スズメと鳥類図鑑

▼『カンタベリー物語』
十四世紀イギリスの詩人チョーサー作。カンタベリー大聖堂への巡礼の途中で聞いたという形式の物語集。西洋中世文学の傑作のひとつで、八十三もの写本が存在することがわかっている。

「系統樹の世界観」

以前、『系統樹曼荼羅』という本を出しました。系統樹は、サイエンスに限らず、文学研究や宗教的なものまで、いろいろなところで使われています。そもそも系統樹とは何かを考えてみたのです。

チャールズ・ダーウィンは図6のようなノートを残しています。この考え方は系統樹なのですが、いかんせん絵が下手ですね（笑）。同時代のドイツの進化学者ヘッケルは別のとても綺麗な、芸術的に枝分かれしたツリーを描きました（図7）。彼らは、枝分かれするツリーを描くことで、鳥やエビやクラゲがいる現在のこの多様な生物の世界がどのように多様化していったのか、一目でわかるようにしようとしたのです。

考古学の世界に、戦争の時に使われる鎧の胸当ての部分を時代順に並べて系統樹っぽく表現した図があります。時代による形状の違いを表しています。同じように、石器の矢じりの形状を系統樹で描くこともできる。

ありとあらゆるものを系統関係で示すことが可能です。例えば工事現場でお辞儀をしている「オジギビト」。一九五三年、とある工事会社の庶務課長さんが注意喚起のためにオジギビトの祖先を生み出しました。そして、これは役に立つということで日本中に繁殖していった。このお辞儀の仕方や持ち物、服

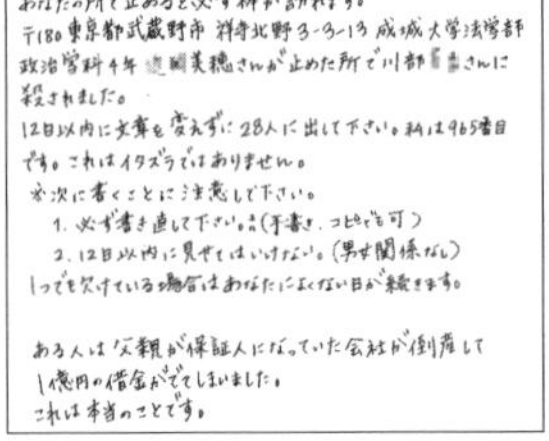

図5　「棒」の手紙

28人の棒をお返しします。

これは棒の手紙と言って知らない人から私の所に来た死神です。
あなたの所で止めると必ず棒が訪れます。
〒180 東京都武蔵野市 吉祥寺北町3-3-13 成城大学法学部
政治学科4年 [redacted]美穂さんが止めた所で川部[redacted]さんに
殺されました。
12日以内に文章を変えずに28人に出して下さい。私は965番目
です。これはイタズラではありません。
※次に書くことに注意して下さい。
1. 必ず書き直して下さい。(手書き、コピーでも可)
2. 12日以内に見せてはいけない。(男女関係なし)
1つでも欠けている場合はあなたによくない日が続きます。

ある人は父親が保証人になっていた会社が倒産して
1億円の借金がでてしまいました。
これは本当のことです。

山本弘氏HPより

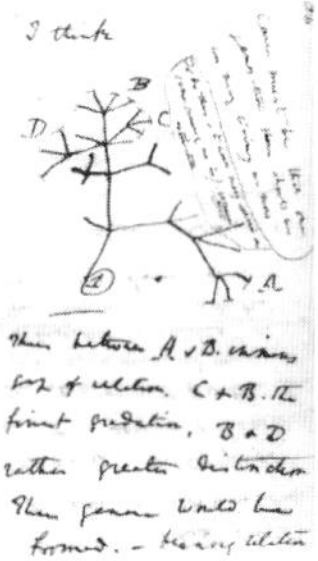

図6　ダーウィンのノート

アメリカ自然史博物館所蔵

装をみてゆくと違いが見えてきます。系統樹まで描くことだってできる（図8）。こういうのは気が付いたもの勝ちですね。

いまから一世紀前に作られた当時、八色だったクレヨンは、時代を経るに従ってどんどん色が増え、いまは二百色以上あります。それを系統樹にすることもできます。あるいは、金管楽器コルネットのバルブの構造や管の曲がり方を系統で分けてゆく。そうやって系統樹を描くと時代によってどう変わってきたのか、全部たどってゆくことができます。

図9のように何かしらの対象（オブジェクト）が散らばっていると考えてみてください。分類的な考え方は、対象を見比べてどのくらい似ているのかをもとに分けてゆきます。似ているもの同士をグルーピングしてゆく。同じグループのなかでも、色の違いや、尖っている／丸い、などの属性の違いを見つけてゆけば、どんどん細かくグルーピングができます。

他方、系統的な考え方では、この対象はすべて同じ祖先から生まれた子孫であるはずだと捉え、どういう祖先がいたのだろうかと推測しながら、全体をつなぎ合わせてゆく。

分類的な考え方と系統的な考え方、どちらがいいとはいえません。私たちは日常的に分類して生きながら、同時に血筋を探る系統的な見方もしています。二つの分類結果が一致して、見た目が似ているものは血筋も近いということになれば幸せですが、必ずしもそうはなりません。他人の空似、というやつです

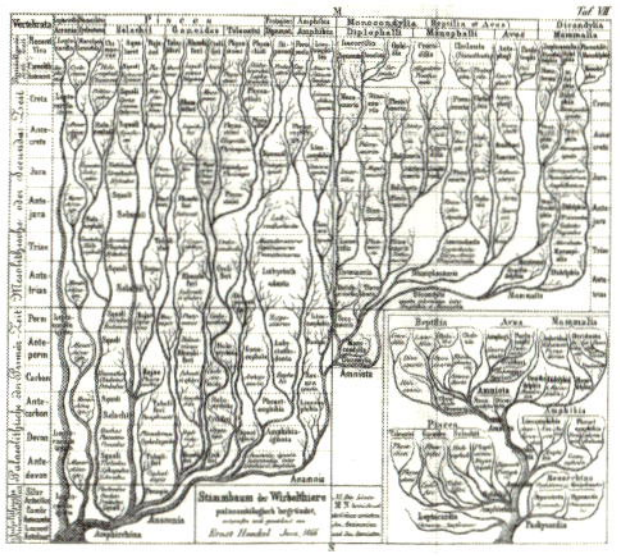

図7　ヘッケルが描いた系統樹

『生物の一般形態学』より

図8　オジギビトの系統樹

とり・みき『街角のオジギビト』より

ね。分類的な考え方と系統的な考え方が矛盾していたとき、対立してもしかたありません。どちらも必要な捉え方、相補的な関係なのです。

研究者という人生

さて、私は農水省の研究所でこのような分類や系統に関する研究をしてきました。農研機構という名前のとおり、例えば稲をポットに植えて、水を与える量によって収量や成長量はどうなるのかなどを調べる実験農場もあります。日差しを遮る網の有無でどのくらい雑草の生え方が変わるかなんてことなどを調べる。農業試験と聞いてイメージするとおりの世界です。こうした実験をすると、データが出ます。データを分析して、どのようなことが考えられるのか示すことも私の仕事です。これはわかりやすいし一見して役に立つ。でも必ずしもそれだけではありません。

いまの私がどういうふうに作られてきたのか、そのことをお話ししましょう。私の経歴には「黒歴史」があります。大学院を卒業してから農林水産省の研究所に入るまでの間には四年半のブランクが空きました。

いまでも研究者になろうと思うと、どこかでそういう足止めをくらうことがあります。博士号を取ったけれど研究員のポストが見つからなかったり、教員になれなかったり。いまに始まったことではありません。仕事がないから給料

図9 分類と系統

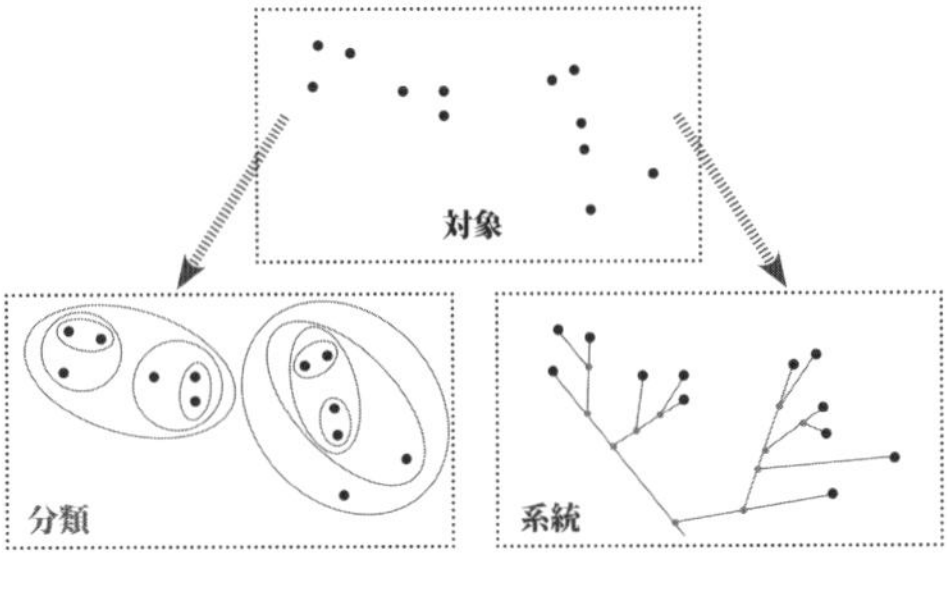

はありません。ゼロです。ときはバブル経済の真っ只中。私はその四年半、予備校で教えていました。いまだから言えますが、時給は一万円。ちなみに農水省に就職して公務員になって、給料は三分の一ほどになりました（笑）。

研究者の経歴には良かれ悪しかれロシアンルーレットのようなところがあります。このまま進んでいいのか、という迷いどころです。あるポストに誰かが入れば、当然ほかの人は入れません。そんな運不運、偶然、棚ぼた、いろんな成り行きが絡んで研究者の人生行路は決まってゆきます。たとえ東大を出ていても、まっすぐ明るい将来につながる道なんてありません。

いろんな不幸せに巡り合ってしまったときにどうするか。ああ、もうだめだと思ってしまうのか、いや、まだなんとかなるんじゃないかと思うのか。大事なのは気の持ちようです。本当のロシアンルーレットならば弾に当たればおしまいですが、私たちの人生はその後も続いてゆきます。不幸せであってもなおかつ生きてゆくにはどうすればいいか、これは誰にとっても考えるに値することです。

私にはこんな心得があります。

一、根拠のない自信を持つ
二、限りなく楽観的である
三、好奇心アンテナが広い
四、孤独な天動説主義者
五、偶然を受け入れる構え

自分はこれでいいんだろうなどということは考えない。根拠はなくとも、そのうち何とかなると言い切る。あらゆることに好奇心を持つ。世界は自分のまわりを回っている。もともとの性格によるところも大きいかもしれません。でも五つ目は、心構えの問題です。

「研究者というヒト」

ところで研究者にはいろんな人がいます。実験室で白衣を着てフラスコを持って、という人ばかりではありません。**写真**を見てください。真ん中は五箇公一さん、最近日本に侵入してきたヒアリ▼と戦っている研究者です。右はおなじくアリの専門家の長谷川英祐さん。働き蟻の二割はまったく働かないという論文で、ビジネス界にブレイクしました。みなさんが考えているよりも、研究者の人生はずっと幅広い。変なヒトが世のなかにはたくさんいるんです。

私はこれからどこに行くんでしょうか。それなりに人生を積み重ねて、ここまで来た、もういいだろうと思った瞬間に進歩は止まってしまいます。だからもっと何かがある、まだ先があると思っています。「どこにもいないんだけどどこにもいる」、それがいま目標にしていることです。

陶淵明▼という中国の詩人のこんな詩があります。

写真　研究者というヒト

▼ヒアリ
南米原産のアリの一種。近年、オーストラリアや台湾など環太平洋諸国に急速に分布を拡大している。命に関わるアレルギー反応を引き起こす可能性のある毒を持ち、駆除すべき特定外来生物に指定されている。

人生無根蒂、飄如陌上塵。
分散逐風轉、此已非常身。
落地為兄弟、何必骨肉親。
得歡當作樂、鬭酒聚比鄰。
盛年不重來、一日難再晨。
及時當勉勵、歳月不待人。

▼陶淵明
中国の魏晋南北朝時代の詩人。三六五年生まれ。何度か役人として出仕するも四十一歳のとき、すべてを投げうって故郷に帰り、以後生涯の多くを隠遁生活に送った。散文「桃花源記」など百三十余りの詩文を残した。四二七年没。

最終行にある「歳月人を待たず」とはどういう意味か。時間がないんだからちゃんと勉強しよう。そうではありません。「勉励」というのは勉強ではありません、ちゃんと遊べという意味なんです。「遊ぶ時間はどんどんなくなってくるんだから、遊ぶ期間はちゃんと遊べ」なぜなら「歳月は人を待たない」から。

私たちの人生は本当に根っこもなくてばらばらなんだけれど、たまたま吹き寄せられて、知り合いがいたり家族がいたり夫婦がいたりする。そういうものというのは本当に儚いものだから、機会があるんだったら機会を楽しもう、それがこの詩の本当の意味です。みなさんはまだまだ時間がたくさんあるので、ちゃんと遊んでください。そしてちょっとは勉強もしてください（笑）。

Q&A

——人種という分類はないということでしたが、黒人の黒い肌とぼくの肌の色は明らかに違います。

分類することによってできたグループとグループの間には、超えられない境目が必ずあります。ところが黒人と白人は、いわばホモ・サピエンスという系統の両端であり、肌の色や瞳の色など見かけは違いますが、同じグループに入るのです。分類だけを見ていると、いまという時空間だけを見ていますから確かに分けられるように感じます。しかし系統を見てゆくと確かに、同じ人間というつながりがある。

分類は時間と空間を平面的に切り取り、どう分かれているかを見る。他方系統では時間的なつながりを考える。どちらを取ればいいというのではなく、どちらも重要な二つの見方なのです。

わたしの思い出の授業、思い出の先生

思い出に残る「先生」が人間である必要は必ずしもありません。私は子どものころから根っからの昆虫少年だったので、人生に必要なことはすべて生まれ育った京都の野山で学びました。故郷の山や川は人間以上に「よき先生」であり、四季を通じて「よき講義」を私にしてくれました。当時の自然体験があればこそ、万物の分類や系統への関心を今まで持ち続けることができたのだと思います。

わたしの仕事をもっと知るための3冊

三中信宏『系統樹思考の世界』(講談社現代新書)

三中信宏『分類思考の世界』(講談社現代新書)

三中信宏『思考の体系学』(春秋社)

世界から世間へ。
物理学者が福島で学んだこと。

早野龍五

子どものころは音楽に夢中で、鈴木鎮一というバイオリンの先生に出会って、三度の食事以外は練習といえるくらい一生懸命バイオリンを弾いていました。十二歳のときに生徒数人で全米コンサートツアーをして、演奏の上手な子どもたちが日本からやってきたと話題になりました。それからアメリカで鈴木さんの教育法が話題になり、いまでは「スズキ・メソード」と呼ばれて世界五十カ国近くで学ばれています。きっかけを作ったのが、その全米の旅行でした。

高校に入るころには、自分と世界のプロの演奏家との間にかなりギャップがあることはわかっていたので、音楽を仕事として続けていくのは辛いなと思っていました。父母、祖父も医者だったのでまわりの人からは「医学部に行くんでしょ」といわれ、反対に意固地になって、できれば医学部以外でやりたいことを探したい、と長い迷いのときを過ごしていました。

はやの・りゅうご＝物理学者。一九五二年岐阜県生まれ。東京大学名誉教授。専門はエキゾチック原子。世界最大の加速器を擁するCERNを拠点に、反陽子ヘリウム原子と反水素原子の研究を行う一方で、二〇一一年三月以来、福島第一原子力発電所事故に関して、自身のTwitterから情報発信を行った。スズキ・メソード会長、株式会社ほぼ日サイエンスフェロー、放射線影響研究所評議員会議長も務める。

そのころジェームズ・ワトソンの『二重らせん』と、東京大学物理学科の教授たちが日常生活のさまざまな物理現象について語った『物理の散歩道』を読んで、人が知らないことを自分で見つける、そういう人生は面白そうだと思った。それで物理も面白いなと。最終的には「研究者になるのなら別に医学部に行かなくたっていい」という父のひと言で、喜んで物理に進路を決めました。

宇宙の謎

そうして研究の道に進みました。研究をしてもうまくいかない日が続くと、役にも立たない研究を結果も出せずになんでやってるのかって思うんです。自分が生きていく目標がわからなくなる。学位を取ったあとも、あのとき医者になっていたら、僕の人生もっとよかったんじゃないかなと思うことが、随分ありました。

それから東大で助教授になり、ＣＥＲＮで反物質の研究をするようになりました。そのくらいになると、自分の下に学生もつくようになりますから、迷ってはいられない。一生懸命研究をするようになります。

ちょっとだけ物理の話をします。宇宙の年齢を知ってる人はいるでしょうか。現在は百三十八億年と言われていて、百三十八億年前にビッグバンで宇宙が生まれたというのが定説です。エネルギーに満ちた初期宇宙では、粒子と反粒子

▼ジェームズ・ワトソン
分子生物学者。一九二八年生まれ。五三年にフランシス・クリックと共同研究で遺伝子ＤＮＡの二重らせんモデル「ワトソン・クリック理論」を発表、遺伝物質の複製の仕組みを解明した。クリック、ウィルキンズと共に、六二年ノーベル医学生理学賞を受賞。

▼CERN
欧州合同原子核研究機構。物質を構成する素粒子とは何かを明らかにすることを目的として、スイスのジュネーブに設立された物理学研究所。実験的研究に必要な巨大な粒子加速器を有している。

の対がどんどん作られました。作られた粒子と反粒子の対は、おたがいに打ち消し合う「対消滅」をします。そしてエネルギーに戻る。そのうちに宇宙は膨張して、温度が下がってくると、粒子と反粒子は新しく作れなくなります。けれど対消滅は起きるので、粒子と反粒子がお互いに潰しあって、最後は光だけになってしまう可能性があった。でもそうはならなかったから、いま僕たちは存在している。これについてアインシュタインは、反粒子が仮に十億あったとして、粒子が十億と一個あったから、対消滅が起きてもその十億分の一の粒子だけが生き残ったと言っています。僕らはCERNで、このビッグバンのときの粒子と反粒子の十億分の一の差はなぜ生じたのかを知る研究をしています。それはなぜ僕たちがここにいるのかを明らかにすることで、銀河があって、太陽系があって、地球があって、生命があるのはなぜかを繙いていくことです。

▼反物質
陽子や電子など普通の物質を形づくる粒子と、重さなどの性質は同じで電荷が正負反対な粒子が反粒子。反物質は反粒子からできた反原子などの総称。宇宙誕生時の大きなエネルギーで粒子と反粒子は同量できたはずが、いまの宇宙に反粒子はほとんど存在しない。その理由は現代の素粒子物理学における大きな謎とされる。

「SNSと東日本大震災」

CERNで研究をしていた二〇一一年、東日本大震災と福島第一原子力発電所事故▼が起きました。**図1**をみると、地震と津波で亡くなった方の数は福島、宮城、岩手の三県のなかで福島県が一番少ない。しかし震災関連死は他の県に比べるとはるかに多い。高齢者や入院されている方々のなかには避難をしている最中に、あるいは避難所に行ってから体調不良で亡くなったり、場合によっ

図1　震災による死者数

	地震津波	震災関連死	放射線影響
福島県	1604	2173	0
宮城県	9637	926	0
岩手県	4672	463	0

（2017年9月時点）

ては自殺をされた方もいました。当時、原発事故で振り撒かれた放射性物質による健康影響が心配されましたが、放射線影響で亡くなった方は一人もいません。これからも出てこないと思います。

僕が福島に関わるきっかけはTwitterです。事故の翌日、三月十二日から原発事故関連のツイートをはじめました。東電のデータをもとに、福島第一原発の正門付近の放射線量をグラフ化してツイートしたのが三月十三日。まだ学生だった一九七三年に、中国による大気圏内核実験が行われたとき、自分で東京の線量を測った経験があることもツイートしました。そうすると二〇一一年三月の数日間で二千五百人ぐらいだったフォロワーが、十五万人くらいに増えた。当時の影響力は全日本のTwitterアカウントの七位ぐらいだったみたいです。

僕は別に原発の専門家でもないし、放射線影響の専門家でもなかった。当時五十九歳。それ以来勉強をしてこの分野で論文を書くようになりました。このとき六十歳になって新しい分野の専門家になることは、十分に可能なんだと思った。僕の意識は変わったと思います。

僕がCERNで行っている研究には何億円というお金がかかります。そのお金は日本の納税者から来ている。だからこそ自分たちの得ているものに対して社会・世間に貢献できることはないかと、ずっと考えていました。そのなかでこうした事故が起きて、自分が持っている能力や時間を、少し世間に還元しないといけないとも思い始めていました。

▼福島第一原子力発電所事故
東日本大震災の影響により、東京電力福島第一原子力発電所で発生し、炉心溶融に至った重大事故。半径二〇キロメートル以内の地域は原則として立ち入り禁止、放射能災害を避けるために約十五万人が避難を余儀なくされた。

▼東京電力
電力会社。民間電力会社としては世界最大で、日本における原子力発電の先導的役割を果たした。福島第一原子力発電所事故のあとは、事故からの復旧、損害賠償の実施および電力の安定供給を目指し、政府の原子力損害賠償支援機構から公的資金の投入を受け、二〇一二年七月実質国有化された。

最初に福島県南相馬市にある原町小学校で「給食を測る」ことを始めました。給食による内部被ばく▼を、生徒の親はとても心配していたからです。この事業は二〇一二年から文科省で予算化されましたが、それまでは自分のポケットマネーで計測していました。国の基準で一キログラムあたり一〇〇ベクレル以上の放射性セシウムを含む食品を流通させてはいけないとされています。二〇一二年から一四年まで国が計測した結果、福島市の給食で一ベクレルを超えたものはなかった。ですから十分に、福島市の給食には放射性物質は「入ってない」といえる。一三年の一月から、福島市は地元でとれたお米を給食に使うようになりました。当時はＰＴＡがものすごく反対したと聞きます。でも結果的に、給食のなかの放射性物質は増えていないことがわかった。ちゃんとデータを取る、その結果を伝えることがとても大事だと、僕自身も再認識しました。

こういうことやっていたら、僕あてに現金封筒が届くようになった。結果的に大学の寄付受付窓口である「東京大学基金」というサイトを通じて、七年間でおよそ二千二百万円の寄付をいただいて、東大も僕も、とても驚きました。福島で活動をしようと思ったときに「何に使ってもいいです」といただいたお金があったのは、ありがたいことでした。学問の自由といいますが、頭のなか

▼**被ばく**
人体が放射線を浴びること。体の外にある放射性物質によって被ばくする場合を「外部被ばく」、呼吸・飲食・皮膚などを通じて体内に入った放射性物質から放射線が出て被ばくする場合を「内部被ばく」と呼ぶ。

は自由でも、実際に何かをするにはお金が必要ですから。

その後は、ホールボディカウンター▼という装置を使って、福島市の方々を対象に、放射性物質に汚染されたものを食べているかどうかを測定しました。福島のお医者さんと協力をして、二〇一一年の冬から約一年かけて三万人ぐらい測った。その結果について、生まれて初めて医学雑誌に論文▼を書きました。チェルノブイリ原発事故▼から推定される福島市民の平均内部被ばく量、また政府の定めた基準値と比べて「福島の内部被ばくは驚くほど低い」ことを示す論文です。

それでも親御さんは自分の子どもたちが大丈夫かをものすごく気にしておられる。ホールボディカウンターは、二分間所定の場所に立って計測する装置で、小さな子どもを測ることはむずかしい。「親が測って大丈夫だったら、一緒のご飯を食べている子どもも大丈夫」と伝えるのですが、「私はいいから子どもを測ってください」とおっしゃいます。それで二〇一三年に、寝ながら測れるホールボディカウンターを作りました（**写真右**）。でも誰が見ても、このなかに自分の子どもを入れたいとは思わないですよね。

物事はサイエンスだけでは決まらない。サイエンスとアートが重要になります。どうしたら安心して自分の子どもを測れる装置にできるか。工業デザイナーの方とチームを作って、最終的に作ったのが**写真左**です。現在福島県内で三台稼働しています。論文にも書きましたが、汚染された赤ちゃんは一人も見つかっていません。

▼ホールボディカウンター
人の体内全身に取り込まれた放射性物質の量を測定する装置。人体から放出される放射線の量や種類を体外から直接計測する。

▼論文
Internal radiocesium contamination of adults and children in Fukushima. 7 to 20 months after the Fukushima NPP accident as measured by extensive whole-body-counter surveys (Proceedings of the Japan Academy, Series B, 2013 Apr 11; 89(4):)

▼チェルノブイリ原発事故
一九八六年四月二十六日にチェルノブイリ原発四号炉で発生した史上最大の原子炉事故。十日間で放出された放射性物質は東京電力福島第一原発事故の約六倍とされる約五二〇万テラベクレル。原発周囲約三〇キロは現在も立ち入りが制限されている。

仮に放射性物質を含む食べ物を毎日食べたとしても、放射性物質はおしっこから出て行きますから、無限に溜まることはありません。そのうえで大切なのは、福島の方々は放射能汚染された物を食べていないことです。二〇一一年の段階から、この人は食べたということがわかった人は、僕が最初に測った三万人のうち五人くらいでした。原因はわかっていて、原発近くの放射能汚染された原木で自家栽培された椎茸を食べていた人や、自分でイノシシを狩って食べていた人。ものすごく特殊な人たちです。今回は幸いにも農家の方々、出荷する人、測定する人、みんな真面目にやったので、市場に流通している食べものに関しては品質が高く保たれていたと思います。

食べ物に関して特徴的なことは、お米が汚染されていなかったこと。福島県では二〇一一年から、福島県内で収穫した千万袋のお米すべてを測る「全量全袋検査」というすごいことをやっています。一二年はそのなかの七十一袋が一キログラムあたり一〇〇ベクレルを超えているために捨てられました。一三年はそれが二十八袋になり、一四年に二袋に、一五年以降はずっとゼロが続いている。

なぜお米の汚染が少なかったかというと、農家の人たちがカリウムを含む肥料をたくさん撒いたからです。植物は土のなかにあるカリウムを吸いますが、そのときに化学的に性質が似ているセシウムも間違って吸ってしまう。そのため土のなかのカリウム濃度を濃くしておくと、入ってくるセシウムの分量を減らすことができます。こうしてお米その他の植物のなかに含まれる放射性セシ

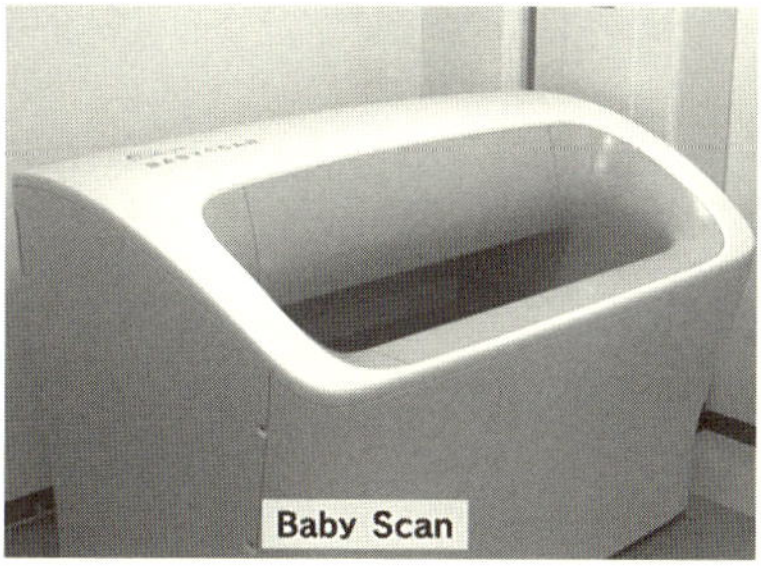

写真　改良した2つのホールボディカウンター

ウムの量を明確に減らすことができました。二〇一一年に研究され、その年の冬に農家の方々に指導が行われて、目覚ましい効果をあげた。さまざまな分野における研究が、福島の農家の方や消費者にものすごく大きな貢献をしたと思っています。

高校生と論文を書く

外部被ばくについては自治体がガラスバッジ▼を配って、子どもたちの被ばく量を測っていました。政府は年間の追加被ばく線量を一ミリシーベルト以下とすることを目指しています。二〇一一年ではこの目標値を超えている子どもがいましたが、すでにその時点で半分ぐらいは一ミリシーベルトより低い値を示していました。福島市の例（**図2**）では一六年までだんだん外部被ばく線量が下がってきていることがわかります。外部被ばくについても、多くの人が思っているよりも低く、七年間減少し続けている。ただ内部被ばくは完全に無視できるほど低いのに対して、外部被ばくは内部被ばくよりは若干高いというのが現状です。

一五年にはフランスの高校生が「Dシャトル」を持って福島にやってきました。Dシャトルは電子式の線量計で、一時間ごとに体が受けた線量を内蔵メモリーに記録することができます。**図3**は、一五年の八月一日を含む約一週間

▼ガラスバッジ
放射線の線量を計測する線量計の一種。個人が受けた積算の放射線量を測ることができる。

図2　平均値の推移（2011-16）

（注）福島市の小・中学生のガラスバッジ測定結果

の外部被ばく量の記録です。パリから福島まで十二人分のデータが重ねてあります。最初の鋭いピークは、空港の手荷物検査機のなかにその線量計を入れて、線量計だけX線を浴びたときのもの。真んなかの上へ突き抜けてる部分は飛行機のなかです。地球は宇宙線で満ち溢れていて、大気上空に行くと上からガンマ線や電子、中性子が降ってきます。だから飛行機のなかは線量が高い。東京についてからのピークは、フランス大使館で手荷物検査を受けたときのもの。翌日バスに乗って福島に行きました。そこからは大体平らですが少し値が高いところがあります。これは一五年当時、まだ避難解除されていなかった地域に、放射線を浴びた古い富岡駅の瓦礫が一部残っていたからです。

彼らと一緒に、高校生は日常にどのくらいの線量を浴びて暮らしているかを福島と他の地域で計測し、論文にしました▼。二週間の測定から一年分の外部被ばく線量を推定した結果は**図4**のとおりです。これは普段いろいろなものから出ている放射線の寄与を加えたもので、福島県内外とヨーロッパを比べるとあまり大きく変わらない。一番線量が高かったのはフランスのコルシカ島にあるバスティアという町で、これは花崗岩《かこうがん》から出ている自然放射線の寄与です。

この論文は福島高校だけではなくて、日本全国、フランスやポーランド、それからチェルノブイリ原発のすぐ近くにあるベラルーシの高校も合わせて二百十六人の高校生と一緒に書きました。十万回以上ダウンロードされて、僕がいままでに書いた論文のなかで一番読まれています。

図3 「Dシャトル」による被ばく記録

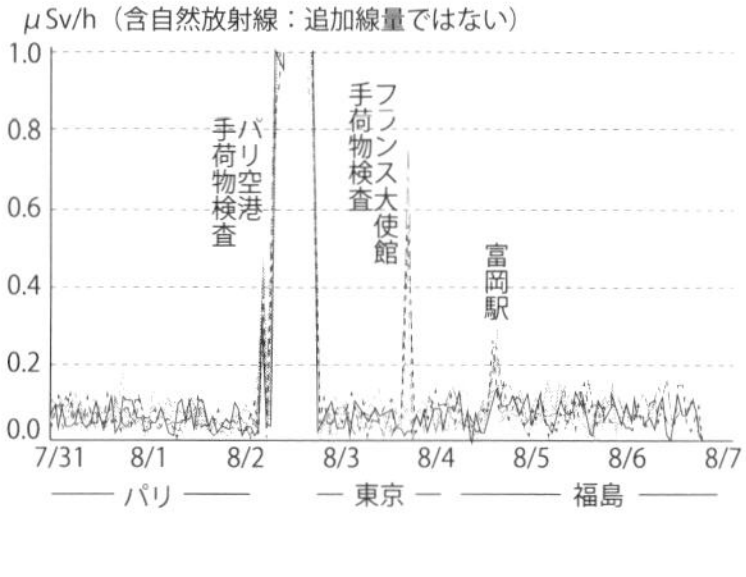

▼論文
Measurement and comparison of individual external doses of high-school students living in Japan, France, Poland and Belarus - the 'D-shuttle' project (Journal of Radiological Protection. 2016 Mar; 36(1)).

一方で、原発事故が子どもや孫に遺伝的な影響を及ぼす可能性があると思うかを、福島県内と東京でアンケート調査した結果をみると、一二年には福島県に住んでいる人の六〇%があり得ると回答、一六年時点では減少したものの三八%があり得ると言っています。同じ質問を東京都の住民にすると、一七年の時点で五〇%があり得ると回答している。

日本には広島、長崎の原爆以来、七十年間調査を続けた結果、大量の被ばくをした人であっても、放射線の影響が子孫に及んでいないことはわかっているんです。ですので、これは本当は〇%であるべきなんですが、「あり得る」と思っている人が結構いる。これを放置すると福島で今後生まれてくる子どもたち、あるいはこれから結婚する人たちが、場合によっては差別の対象になるかもしれない。教育はとても大事だ、と思っています。糸井重里氏との共著『知ろうとすること。』では、次世代に健康影響が出ないということを書きました。この本で「私はちゃんと子どもを産めるんですか?」と質問されたら「はい、産めます」と躊躇せずに答えます、と書いています。

「アマチュアの心で、プロの仕事を、楽しそうにやる」

ここまで本当にいろいろなことをしてきました。僕は研究者なので、人がやっていない新しいことをやるのが仕事です。ビジネスの世界でもそうですよ

図4　自然放射線の寄与を含む外部被ばく線量（年換算）

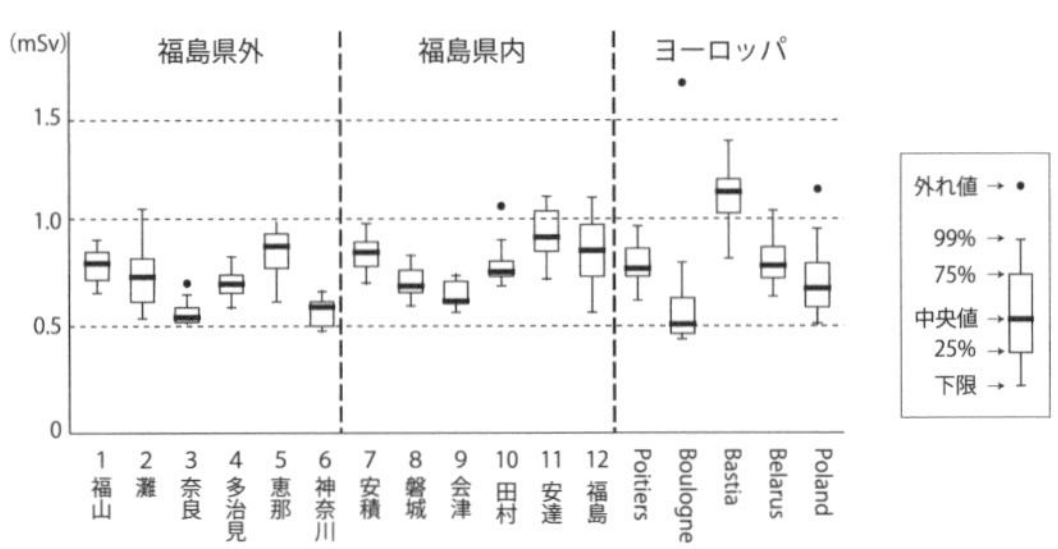

ね。人がやってない、自分もやったことがないことを始めるときはみんなアマチュアです。最初はアマチュアの心で、じつは腕前もあまり良くない。だけど新鮮な驚きがあって始める。それは他の人がやっていない新しいものを見つけた証でもある。だから最初はアマチュアの心で始めることが大事。

けれども最後はプロの仕事として仕上げないといけない。これは簡単ではないし楽でもない。毎日ハッピーかというと必ずしもそうじゃない。むしろ毎日泣いていたりするわけです。でも本当は楽しくなくても「楽しそうにやる」ことはとても大事です。それはもちろん自分の精神衛生のためでもあるし、チームでやってる仕事であれば、みんなが少しポジティブな気分でやっていくとうまくいくこともあるから。

新しいことを、フレッシュで初々しいアマチュアの心で始めて、最後プロとして仕上げる。そしてそれをずっと楽しそうにやる。それが僕がいろんなことをやってきて、いつも心のなかに留めていることかなと思います。

Q&A

――メディアによって心配が煽られることもあったと思います。そういうときに正しい知識を得るためにはどうしたらいいでしょう。

メディアの問題は大きかったと思います。原発事故に関するニュースが県外で報じられることは、ほとんどなくなりましたから、現在の福島の状況を新しく知る機会があまりない。またメディアは正常であることを報じない。たとえば福島の小学校で運動会があったとする。その映像をキー局に送ると、テレビ編成局の人はマスクをしている子どもたちの映像がないとニュースにならないといって、映像をボツにするんです。そういうことがずっと起きていました。

ご質問の「どうすれば正しい情報が得られるか」ですが、僕は絶望的に難しいとすら思っています。TwitterにしろFacebookにしろ、画面を上から下に流れていく情報のなかには、あなたの、あるいは僕の思う正しい情報と正しくない情報が混ざっている。そのなかで何が正しい情報かを見分けるために、あなただったらどうします？

——やっぱり専門の人、公の立場の発言力がある人を当てにするかなと思います。そうであってほしいのですが、声の大きい人、目立つ人が正しいことを言ってるかどうかは、常には保証されない。それからこの人は専門家で信じるに足るかどうかを、そもそもどうやって見分けるかも難しいです。

僕たちはどうやって見分けているかというと、その情報はどこから出たかをまず探します。データや情報がどこに書いてあるのか、誰の発言かをたどり、英語であっても全部読みます。そして多くの人の目にさらされて批判を受けて生き残っている情報なのかを見て、最後は内容やデータの質を見る。

そうするといずれは信頼できるかわかるけれど、とてもじゃないけど誰もがそれをできるわけがない。人間はどちらかというと感情に訴えるものに流されやすいんです。だからなんとなく可哀想とか、大変とか、そういうものが人びとの心に訴えて一瞬にして広まる。それに対して僕は対抗する術がほとんどないと思っています。いまのSNS社会のなかで、正しくない、あえて言えばデマのようなものになかなか勝てないということを、非常に苦しいことではありますが、この七年間で学んだかなと思っています。

――福島の原発から出た水を海に流すという話があって、そうすると漁協の方々の努力が無駄になるのではと思いました。今後どんな影響がありますか。

福島原発では汚染水が七年間大変な問題で、いま百万トンぐらいの水がタンクに溜まっています。けれど福島第一原発の敷地には、二年後にはこれ以上タンクを作れなくなる。それで専門家や原子力規制委員会の委員長などは、薄めて海に流すのがもっとも合理的なやり方であると繰り返し発言しています。でも漁協はようやく多くの魚が安全に出荷できるようになったのに、放射性物質のトリチウムを含んだ水が福島の海に流されることがニュースになると、誰も福島の魚を買わなくなると心配しています。一方専門家はトリチウムは天然にもあって海水にも入っているし、世界中の原発がじつはトリチウムを含んだ水を流している、だからタンクの水を流すのは異例ではないと言います。

ほとんど健康には影響がないと専門家も言い、おそらくそうであろうトリチウムですが、放射性物質が明らかに入ってるものを流すのは、漁業にとってみ

れば許しがたいことでしょう。
これはサイエンスではないんです。サイエンスであれば薄めて流せば環境にも、それから魚にも影響ないっていうのは正しい。でも問題は、じゃあ漁業をしている人や消費者がサイエンスをもって納得するかというと、しない。これが本当に難しい問題で。仮に漁協が納得したとしても、仲買の人たちがそれを買い付けるかというと難しいです。最終的に消費者が心配するかもしれないと、その仲介業者は忖度しますので。それぐらいだったら北海道から買おうということになる。影響は大きく出るだろうと思っています。とても難しい問題で、僕はどうしたらいいかよくわからないでいます。

わたしの思い出の授業、思い出の先生

大学院では、授業で何かを学ぶというよりも、先生や先輩が研究に取り組んでいる姿を見ながら、研究に取り組む姿勢を体得し、研究を進めるのに必要な「技」を自分で身に着けることが大事です。

僕の先生、山崎敏光先生は、当時アメリカとカナダの加速器を使って研究しておられ、大学院に入りたての僕に、国際的な環境で研究するチャンスを与えて下さいました。当時は、そのようなチャンスに恵まれる大学院生は極めて稀でしたから、とても感謝をしています。

アメリカに着いた最初の日に、O・チェンバレン教授にお目にかかりました。「反陽子の発見」でノーベル物理学賞を受賞された先生です。その場で何かを教えていただいたというわけではないのですが、22歳のときにノーベル賞学者と直接言葉を交わし、自分が超えなければいけないハードルの高さを感じたことは、その後の研究生活の大きな糧となりました。

それから20年ほど経って、僕は反陽子などの研究をするようになったのですが、それも、チェンバレン先生のご縁だと思っています。

わたしの仕事をもっと知るための3冊

南部陽一郎『クォーク　第2版』(講談社ブルーバックス)
小林誠『消えた反物質』(講談社ブルーバックス)
早野龍五＋糸井重里『知ろうとすること。』(新潮文庫)

第4章

ひとものの歴史から探る

食事とは　人間の幸せを考える

土井善晴

食事というのは人間の原初的（人間になった初めからあるもの）な幸福に繋がっていると、私は考えています。みなさんは、食事をどれだけ大切なことと思っているでしょうか。そんなに大切なことではなく、ただお腹がいっぱいになればいいと思っているでしょうか。いまはなかなか食事を大切だと思える社会ではありません。そういう意味では、日本中が食事を「なめている」状態です。さて、これから一時間のなかで、私の思いをどれだけみなさんに伝えられるでしょうか。

食事を辞書で引くと、「生命を維持するために毎日習慣的に飯などを食べること、またその食べもの」とあります。でも、これは間違いじゃないけど、これでは十分な説明にはなりません。食べるものって、突然目の前に現れるものじゃないでしょう。ちゃんとお料理しないと食べられないんです。だから、食事とは「生命を維持するために毎日習慣的に料理して食べること」でないといけないんです。でないと、家庭料理はなくてもいいことに、売っている食べものを買えばいいことになってしまうからです。

どい・よしはる＝料理研究家。一九五七年生まれ。テレビや雑誌での料理指導、早稲田大学文化構想学部非常勤講師。スイス、フランスでフランス料理、大阪の「味吉兆」で日本料理の修行後、一九九二年に「土井善晴おいしいもの研究所」を設立。父は日本を代表する料理研究家の土井勝。著書に『土井家の「一生もん」２品献立』『一汁一菜でよいという提案』など。

「お料理をすることで人間は人間になった」

私たちがお料理をするようになったのはおよそ三百三十万年前です。そのときに霊長類のゴリラ、チンパンジーとホモ・サピエンス▼である人間が分かれました。人間は二足歩行をした、おそらく食べものを両手で抱えて家族のもとに走っていったのでしょう。人間は弱い動物でしたから、走らないと自分が餌になってしまいます。さらに、五十万年から百万年前の間に火を使うようになり、ものを加工して調理できるようになりました。

動物のなかでお料理するのは人間だけです。お料理をすることで、人間は人間になったのです。まずは姿が変わりました。人間はライオンがシマウマのお尻にかぶりつくような強い顎を持っていません。みんなも生の肉を噛みちぎれないでしょ。お料理することで、食べものを柔らかくして、毒素を抜いて、食べやすくして、食べられなかったいろんな種類のものが、食べられるようになったんです。お料理は「外部消化」です。それによって顎は細くなり、大きな消化器も小さくなって、お腹も凹んで、「人間らしい姿」になったんです。私たちはエネルギーを吸収するために消化しますが、消化そのものにも大きなエネルギーを使います。お腹いっぱい食べて消化にエネルギーを渡してしまったら、睡眠が浅くなって疲れが取れません。君たちはまだそんなことはないか

▼ホモ・サピエンス
現生人類が属する種の学名。ラテン語で「賢い人間」の意。ヒト属で現存する唯一の種で、ネアンデルタール人などすでに絶滅した多くの旧人類も含む。

もしれないけれど、旅行中に食べすぎてお腹いっぱいになったら、たいていの大人は体調を崩します。それは免疫力が落ちているからです。

そのように体に負担のかかる消化をお料理によって合理化し、その余ったエネルギーで、人間は脳を大きく発達させ、知恵を働かせて、現代に生きる私たちの生活の土台を作ることができたんですね。さらに変化したのは時間の使い方です。お料理する以前は食べ物を探し生のまま口に入れて、時間をかけて噛み砕いて飲み込んで、それを消化する、もうそれだけで、丸一日かかっていたんです。それがお料理することで、数時間でできるようになったんです。そのおかげで、余暇という自由な時間、何をしてもいい時間ができたわけです。そのとき人間が何をしたのか。みなさんも想像して考えてみてください。私の想像ですが、一番最初に大切な家族に何か喜ぶことをしたいと本能的に思ったんじゃないかなあ。「向こうで果物が熟しているから、採りに行って食べさせてやろう、喜ばせてやろう」というように。家族みんなが喜ぶことで、お料理した自分（大人）も幸せになるのです。家族に嬉しいことがあったら、自分も嬉しくなるから、その気持ちはみんなもわかるでしょう。

他のひとを喜ばせてやりたいと思うから、行動するんですね。それが喜びです。家族のために何かしようと、互いに想い合うことで、家族みんなが幸せになれるんです。余暇という時間ができたおかげで、みんなが幸せになるために発展してきたのです。

「作るひと」と「食べるひと」

私は、お料理を作るひとと食べるひとは対等の関係だと考えています。でも、この頃はなんだか、食べるひとばかりが偉くなったように思いませんか。食べるひとはお金を払うお客さんだからでしょうか。お金を稼ぐひとだからでしょうか。「食べるひと」って、お腹がすくとご機嫌が悪くなるでしょう。お腹をすかして、デパ地下を歩くと、「これ食べたいなぁ、あれ食べたいなぁ」と、知らぬ間に食べきれないほど、余計なものを買っていたりする。お腹をすかしてレストランに入ってメニューをみたら、量が多そうで味の濃そうなものを選ぶ。「食べるひと」はすでに冷静ではありません。だから「食べるひと」に食べることを任してはいけないんです。

お料理を作るひとは、お腹が空いていていても、好きなものばかりではいけないことを知っているんです。頭で食べたいと思うことと、手を動かしてお料理することは違うのです。お料理は手の仕事でしょう。手で作る物には、かならずそのひとの心が残るんです。手は心と繫がっているので、隠しようもない。それはお料理だけじゃなくて、陶芸とか、絵を書くという手の仕事はなんでもいっしょですね。

お料理するとき、人間は食べるひとのことを考えるんです。相手を思うことは愛情です。だから、お料理することはすでに愛情なんですね。愛情を込めると美味しくなるという意味とは違うのですよ。元気になってもらいたいから、栄養のバランスをとって、野菜が嫌いなひとにもなんとかして食べてもらえるように工夫するんです。だから、ハンバーグのなかにニンジンをわからないように入れるんです。一人暮らしで外食するとラーメンやファーストフードばかりだったひとでも、自炊すると、味噌汁を作るにも、肉ばかりではいけないと思って、野菜も入れるんです。そういうことを思うと、お料理することは、自ずから、大切なことを思い出すように、自動的になるんです。無意識のうちにバランスをとるのです。だから食事は原初的な幸せに繋がっているというのです。お料理するという行為には、不思議な力があるように思います。

昔は女のひとは結婚したらお料理するのは自分の役目と思ってきました。いまは、女性も社会にでて仕事をしなくてはいけなくなったんですね。だから、男の子も女の子も自分たちで食事を作らなければならないんです。だけど、いまでも多くの女の子は、良い家庭を持ちたいと思えばしっかりお料理をしようと自然に思うんです。それは、お料理をすることが幸せになることと繋がっていることを、身体的にはわかっているんですね。だから、人間は頭で考えていることと、身体が知っていることは違うんですよ。頭で考えることって、自分に都合よく考えてしまうんです。変な言い方かもしれないけど、私はあまり頭で考えたことは信じないんです。

みなさんがクラブや習い事で遅くなって家に帰ってくる。シャワーを浴びて着替えながら、台所から母親の包丁の音や鍋がコトコト煮える音、ご飯が炊きあがるといい匂いがしてくるでしょう。台所でお料理してくれている気配を感じることがあるでしょう。そのときに、みんなは大きな安心というものを無条件で無意識に受け取っているんですよ。もし、疲れて帰ってきた家にご飯がなかったらどんな気持ちになるでしょうか？　かわりに五百円玉もらって、何か好きなものを買って食べるのかな。でも、それは家に自分の居場所はないということなんです。だって家に帰る理由がなくなるんですから。寝るところはあっても、心の安らぎはないんです。家庭とはちゃんとお料理するひとがいて、初めてそこが家族の居場所になるんです。お料理を作ってくれるひとがちゃんといるところが、家族（自分）の居場所になるんですね。

みなさんは、そこで無条件に守られてきたから、絶対安心ができているんです。安心があるから、心に自信ができるんです。安心のない自信なんて矛盾しています。自信があったら、勇気をもって社会に出られる、あるいは外国にだって行ける。やがて自分が責任を持つ立場になって、逆に愛情を注げるような大人になるのです。それは大人も同じことで、家庭料理がちゃんとあるところに人間の居場所があるのです。

家庭料理とアイデンティティ

ひとりひとりのアイデンティティ▼を作るのは家庭料理です。家庭料理はまさに自分の体を作ってくれたもの。ここにいるみなさんは全員、〇・二ミリの卵だった。いまの体重が三〇キロとか四〇キロだったら、その全部が食べたものからできています。食べたものでできているのだから、田畑には自分の未来、あるいは自分の過去があるのかもしれません。であれば、人間は自然の一部で田畑と繋がっていることがわかるでしょう。家庭料理という経験は思い出であり、それを語ることは自分を説明することです。

フランスのブリア・サヴァラン▼というひとが「あなたの食べているものを言ってみなさい、私はあなたがどんなひとかいい当ててみましょう」という言葉を残していますが、まさにその通りです。どんなものを食べてきたか、食べたものが自分のアイデンティティを作るんですから、食べているものを聞けば、どんなひとかわかるんです。だから、お料理したものがみんなから見られると思うと、私は、なんだか、丸裸にされている気がして、いつも本当に怖いと思います。お料理とは本質的にそういうものなんですね。

自分のアイデンティティと、社会で見られる姿とが一致することは理想ですが、そこにバランスが取れていれば、心の安らぎができるんです。お料理するという力は、一人暮らしした時も役にたちます。自炊をすれば、自分はなかな

▼アイデンティティ
自己同一性。ある人の一貫性が成り立ち、それが時間的・空間的に他者や共同体にも認められていること。

▼ブリア・サヴァラン
フランスの法律家、政治家。一七五五年生まれ。一七九〇年フランス革命の勃発とともに代議士となる。革命末期、自分の首に賞金がかけられていることを知り、スイス、オランダを経てアメリカへ亡命、フランス語とバイオリンの教師としてニューヨークなどを渡り歩く。一七九六年にフランスへ戻り、一七九七年に司法官の職を得る。その後、死ぬまでパリ控訴裁判所の裁判官を務めた。『美味礼讃』を著した食通として有名。一八二六年没。

か頑張っているなと自分で認める事ができます。さらに生活にけじめができて、頑張ってるという自信が持てる。母親から電話がかかってくると一番に聞かれることは「ちゃんと食べてるか？」です。そのとき「自分で味噌汁くらい作って食べてるよ」といえば、それだけでうちの子はしっかりしてるなと思う。その逆も同じでしょ。年老いた母親と離れて暮らしていても「ちゃんと食べてるの？」と聞いて「当たり前や」と返ってきたらもう安心ですよ。「このごろは大変で……」といっても、「煮豆炊いたよ、近所のあのひと豆好きやから」というようなら大丈夫、それは子供にとって一番の安心ですね。

このように、人間にとってお料理はとても大切なものです。でも現代社会ではみんな忙しくて、なかなかお料理ができなくなってきた。お料理に対して苦手意識を持っているひともいるし、お料理はむずかしいと思っているひとも大勢います。

それは世の中が贅沢になってご馳走ばかり食べるようになって、ご馳走を作らないといけないと思うようになったからです。ご馳走を作るのは手間がかかるし難しいでしょう。「お料理は一手間かければおいしくなる」っていわれるようになったのも、みんなが好きなご馳走を作るのは手がかかるからですね。それはお料理の意味がゆがめられてきた結果です。お料理って新鮮な素材を使います。食材は生き物ですから、手をかければかけるほど、食材の持っている自然は弱ります。小動物だって触ったら弱るし、切ったら血が流れるでしょう。和食という観点で考えると、触れば触るほど、必要以上に手をかけるとまずくなるんです。だから、お料理はシンプルが一番。

ひと昔前の専業主婦の時代、戦後の貧しいときから高度経済成長▼になって、食卓いっぱいにお料理を並べることが幸せの象徴だったんです。また、いろいろなお料理の雑誌を見たって「だしが大事ですよ」と書いてある。だし汁というのも、贅沢な手の届かない憧れでした。それができることが嬉しかったんです。でも、お料理はだし汁がなくても美味しく作れるんですよ。いつの間にか、贅沢なご馳走が食べたくなって、それが正しいと思うようになっていたんですね。

みなさんも食育なんかで、水で作った味噌汁と出汁で作った味噌汁の違いを習ったこともあるかもしれない。そりゃあだしを使ったほうがコクがあっておいしく感じるかもしれません。比べないとわからないですが、おいしいとかまずいとかいうことはじつは重要じゃないんです。一番大切なことはお料理をすることだと思います。そう思いませんか。特別美味しいことよりも「お料理をする」ということのほうがはるかに大切だってわかるでしょう。だし汁をとらないと味噌汁が作れなかったら、お金はかかるし、手間がかかるし、時間がかかるし、お料理を作るハードルは高くなるばかりです。すると、そんな大変なことはできないということになってしまいます。それでは家庭料理がなくなってしまうんです。家庭料理はシンプルでいいんです。ご馳走は、お祝いの日に作るものです。いつもご馳走はいらないんです。お料理をすることが尊いのです。もっというとお料理すれば幸せになります。

▼高度経済成長
一九六〇年代、日本の経済成長率が年平均一〇%を越え、諸外国にも例を見ない急速な経済成長を遂げたことをいう。石炭から石油への転換に始まり、モータリゼーションや、スーパーマーケットの登場などの流通革命も進んだ。所得向上は家庭電化など豊かな国民生活をもたらしたが、一方で物価上昇、大都市圏の過密と農村などの過疎、公害など負の遺産も生じた。

時間がなくてお料理できないひとのために

二〇一六年に『一汁一菜でよいという提案』という本を書きました。その、一汁一菜とはご飯を炊いて味噌汁を作ること、それだけでいいということなんです。大勢のひとが読んでくださって、多くのひとがお料理をするようになったという実感が私にはあります。べつに難しいことをすることやひとを喜ばせること、インスタグラムでみんなに見せられるようにかわいいものを作ることがお料理ではありません。見せることばかりを考えていると、お料理が難しくて、一部の趣味のひとがやることになってしまう。時間もないし、心に余裕もない、なのにしっかりお料理するなんて、いまの社会ではできないのです。だけど、一汁一菜なら誰にでも作れます。別にお料理を習わなくても、その気になりさえすれば、誰でも、ご飯を炊いて味噌汁を作るだけならできるんです。本当に誰でもできるんですね。おかずは一つずつ作り方を覚えていけばいいんです。

明治時代、信州の製紙工場の女工さんたちの食事の写真をみてみましょう。朝は麦ご飯、大根の味噌汁、梅干し。昼はご飯に豆腐の味噌汁に刻みネギ、沢庵、大根と人参とこんにゃくの煮付けがついています。夜はご飯と人参の味噌汁に、めざしが二本です。これを毎日食べて十五～十六時間仕事をして、雪国の家族にお金を持って帰っていた。野菜の煮付けがお昼ご飯にありますが、こ

写真　一汁一菜

れって全部一汁一菜でしょ。このご飯を食べていたひとたちは八十歳や九十歳になってもずっとお元気でしゃんとしていました。だからなにもこれが悪い食事なのではない。栄養不足ではないのです。一汁一菜の食事を朝昼晩ずっと毎日でも何も問題ありません。

一般的に奨励されている一汁三菜とはなにかというと、われわれが西洋から輸入した栄養学に和食を照らし合わせた考え方なんです。一汁三菜とは、お肉や魚の主菜があって、野菜や乾物の副菜がふたつ、味噌汁とご飯です。一汁一菜と比べてご馳走でしょ。ご馳走になると、主菜を一番に考えることになるんですね。主菜とはメインディッシュです。メインディッシュは魚がいいか肉がいいかと考える。だから、献立をたてるだけでも大変です。もちろんお料理も大変になります。メインディッシュ、野菜のおかず二つ作って、ご飯と味噌汁を作って……。仕事をしながら、時間もないし、大変なことだと思いませんか。だから手抜き料理とか、おかずを買ってくるとかという話になるんです。でも、大切な家族の食事に手を抜くなんてこと、したくないでしょう。美味しく作ってあげたくても、できないって、嫌でしょう。作って当たり前だと、いわれると腹がたつでしょう。すごいストレスだと思いませんか。簡単なお料理を作るならいいけど、誰でも家族のために手抜きなんてしたくないんです。とても悲しい気持ちになるんです。

栄養学では、主菜と副菜を分けて考えるんですけど、和食のおかずは、乾物の切り干し大根を戻して油揚と一緒に煮ます。油揚は、大豆タンパクですから、豆腐や納豆と同じく主菜に分類される食品です。だから切り干し大根とは、主菜を兼ねた副菜になります。肉じゃがだって、お肉よりも、ジャガイモ、玉ねぎ、糸こんにゃくといった野菜がはいっています。だからこれは副菜を兼ねた主菜になります。このように副菜と主菜の要素両方を持ったおかずが、幾つか食卓に並んでバランスを取っているんです。それを、主菜として肉か魚かが必要だとなれば、ご馳走のメインディッシュを作ることから始めることになるでしょう。その考え方に倣えば、春の新筍のご馳走の若竹煮は野菜だから、副菜になるんですね。野菜だから、主菜じゃないけど、それは主役になるご馳走なのです。どうも、なんだか変な話ですね。和食と整合性のない栄養学を当てはめることで、日本人が和食をわからなくなってしまうんです。

おかずは笑顔で作るものです。おかずはいろんな意味で余裕のあるときに作ればいいいんであって、忙しい毎日は、本当にご飯と味噌汁だけでいいんです。味噌汁を具沢山にすれば、おかずを兼ねた味噌汁になります。それでは足りないと思うかもしれないけれど、みなさんが地方に旅行して、囲炉裏のあるような民家に太い柱があって、そこにかかっている鉄鍋で、きのこと潰したての鶏が入った味噌汁を作ってくれた。それにかまどで炊いたご飯と漬物を出してくれたら、こんなご馳走はないじゃないですか。それはまったく昔ながらの一汁一菜です。味噌汁なら、家に帰って十分もあれば作れる。誰もが作れるのです。

一汁一菜はダイエットになるし、間違いなく健康になるし、集中力がつく。毎日食べても飽きないし、毎日美味しいねっていえるのです。

野菜も刻んで全部味噌汁に入れれば、ゴミもなくなるんです。これが持続可能な日本の食事です。

「ひとを幸せにする力」

こういう話をすると「家庭料理のない家だってあるんだから」と、クレームをいただくこともあります。もしかしたらこのなかにも、そういうひとがいるかもしれません。でも、それだったら、自分で作ったらいいんです。自分で一汁一菜を作ってください。自分で料理して自分を守るんです。お料理することで自分を大切にできるんです。自分で作れば自分を傷つけるものは何ひとつ入ってないんです。ご飯を炊いて味噌汁を作るだけなら、小学校三年生でもできる。それができれば、同じように家に帰ってご飯がないという友達に「うち来てご飯食べよう」と言えるでしょ。お料理することで、小学校三年生でも、ひとを幸せにすることができると思えば、それはすごいことだと思いませんか。お料理ってすごいでしょ。

最後にお味噌汁の作り方をお話ししておきますね。

一人前なら、お椀に一杯の具です。しいたけやブロッコリーを手でちぎったって、カッターで人参を削ったっていいから、お椀に一杯ぶんの野菜を全部鍋に入れて、お椀に一杯の水を入れる。火にかけて、少し煮て柔らかくなれば、味噌を溶いて味噌汁の出来上がりです。タンパク質の肉は、豆腐でも油揚げでもいいんです。そこに野菜を入れる、野菜は何を入れてもいいんです。なんでも刻んで入れればいいのです。

味噌汁というのは濃くても薄くても熱くても冷たくても全部おいしいです。毎日食べても飽きない理由は、味噌は微生物という自然が作る発酵食品だからです。その微生物とはアスペルギルス・オリゼ▼という麹菌です。麹菌は国菌と言って日本にしかない菌なのです。その麹菌を使って味噌はもちろん、お酒、醤油、みりん、酢も日本の調味料すべてが、麹菌からできているんです。

日本一といわれた吉兆▼の懐石の一番最初に出てくるのも、ご飯と味噌汁です。そこからその日のお客さんのための焼き物がついて、炊き合わせがついて、と進めていく。そんなふうに日本の献立、懐石料理ができ上がるんです。日本の食文化はすべてご飯と味噌汁、漬物という一汁一菜からできていることがわかります。

私は日本の誰もがご飯を炊けて、味噌汁が作れればいいなと思っています。一汁一菜を作れるようになれば、家庭でお父さんが作ってもいいし、お母さんが遅くなる日に子どもだけで作ってもいいし、そこへ帰ってきたお母さんに「僕が作った味噌汁があるから飲んで」といえばいいんです。

いまの子どもたちに家庭料理がない家があるかもしれません。それはもう家

▼アスペルギルス・オリゼ
ユーロチウム科コウジカビ属に属する菌のひとつ。ニホンコウジカビとも呼ばれる。麹、麹菌、コウジカビなどと呼ばれる菌の仲間で醤油や味噌、醸造酒など、さまざまな発酵食品を作るために利用される。

▼吉兆
一九三〇年開業の、大阪市に本拠地をもつ日本料理の名料亭。戦後に京都、神戸、東京などで多店舗展開をすすめ、その地位を確立した。創業者の湯木貞一は、日本文化に対する高い見識を料理に取り入れ、日本料理界の地位向上に貢献したとして、飲食業者として初めて文化功労者となった。

族といえないかもしれない。だから、自分でご飯を作ってください。そこが自分の居場所になります。ご飯を作ってくれるひとのいるところや、自分が作ってもいい場所があれば、子ども同士でも、そこに安心が出来る。新しい家族が生まれるんだと思う。日本だけでなく世界的に「家族」という単位は変わっていくのかもしれないと私は思っていますが、ちゃんと心のこもったお料理のあるところに信頼できる新しい家族が生まれるんです。お料理することが人間らしく生きることです。お料理することが、安らぎです。幸せになる力です。

一汁一菜なら、十人分でも二十人分でも作れます。自分の力でみんなのご飯が作れるんです。お料理は難しいことではないんだということをまずは知ってください。一汁一菜は、自分にとって一生の武器になるから。それだけはみなさんにお伝えしたいと思います。

Q&A

――お料理を作るひとと食べるひとが対等になるべきというお話でした。僕は母にご飯を作ってもらっているけれど、自分からは何もできていないと思います。洗い物をするくらいはできるけれど、どうしたら本当の対等になりますか？

本当の対等というのは、同じだけの仕事をするというのではなくて、相手の立場を理解して自分にできることをすることです。対等でないというのは、相手に甘えるということ。たとえば父親は忙しくてなかなかお料理に参加できない。でも食事をするときに、お父さんがその時間を大事に考えることが食事に参加することになります。自分ができることをお手伝いすればいいんです。それぞれが家族のためにできることをすること、協力することで役割を果たすことになるんです。それが対等であるための条件です。

——食事について考えることだけでも対等ということですか。

そうそう。自分にできることをして、十分にできなければ、あとは「ごめんね」といえることかな。急いでいてすぐ出かけないといけないときに、「洗い物今日はできなくてごめんね」と声をかけること。できるときにはちゃんとすることです。それでいいと思います。食事を大切にすることが、役割を果たすこと、対等な立場で、食事を楽しむことができるんです。

わたしの思い出の授業、思い出の先生

心に残る授業はありませんでした。

わたしの仕事をもっと知るための2冊

土井善晴『一汁一菜でよいという提案』（グラフィック社）
土井善晴『おいしいもののまわり』（グラフィック社）

歩行と時間

島田雅彦

一九七〇年代以来画期的な発見が相次いでいる考古学が、いま再びホットです。考古学は歴史学や哲学にも影響をもたらし、人文科学の知見を全面的にリニューアルしています。たとえばＤＮＡ解析。この新しい技術によって、これまでの常識を覆す発見がいくつもなされています。これまで人類、すなわちホモ・サピエンスとは異なる種であり、祖先ではないと考えられていたネアンデルタール人のＤＮＡが、私たちのなかにも混ざっていることがわかってきました。つまり私たちは、ネアンデルタール人との混血種だったのです。

日本列島には縄文人が住んでいたと言われています。その後、弥生人が大陸から渡来してきた。縄文人のＤＮＡがいまの私たちに占める割合もわかってきました。本州に住んでいる人よりも東北や山陰地方の人のほうが縄文人のＤＮＡの割合が高いといいます。北海道のアイヌの人びとはさらに高く、沖縄の人びとも比較的高い、そんな分析結果が出ています。

ここ多摩丘陵一帯は、縄文遺跡がたくさん出土しました。四十数年前、私が

しまだ・まさひこ＝作家。一九六三年生まれ。東京外国語大学外国語学部ロシア語学科在籍中に『優しいサヨクのための嬉遊曲』でデビュー、『僕は模造人間』『ドンナ・アンナ』など次々と発表。他の著書に平成版「こころ」である『彼岸先生』、日本近代を舞台に描く恋愛小説「無限カノン三部作」など。泉鏡花文学賞ほか受賞多数。

小学生の頃、このあたりでは宅地造成のために大掛かりに山を掘り返していました。行き交うブルドーザーを避け、ここに入っちゃダメだ！なんて怒られながら、私はかなり熱心に工事現場に忍び込みました。掘り返された土のなかから、けっこう土器が出てくる。それを潮干狩り感覚で手に入れる。段ボール一箱分くらい持っていたのを覚えています。

小学生たちの間でちょっとした縄文ブームが起きていました。ゴールドラッシュのごとく、みんな造成地に縄文土器を掘りに行く。コレクションの交換会をやったり、あげくには貨幣のように流通してさえいました。かけら一つが消しゴムと交換できる。いかにも縄文土器っぽい文様があると価値が高い。焼き鳥二本くらいになる。局所的な「縄文土器経済」の発生です（笑）。

そういうわけで、私が一番最初に憧れた職業は考古学者でした。中学生くらいからは小説家になりたいと強く思うようになりましたが、いまでも考古学に導かれるようにこれまで過ごしてきたような気持ちがあります。

▼**多摩丘陵**
高尾山麓から三浦半島や東京湾にいたる地域に広がる丘陵地帯。全体が関東ローム層と呼ばれる火山灰層に覆われ、先土器文化の石器ほか縄文遺跡、弥生遺跡、古墳などが多数みられる。一九七一年に入居開始された多摩ニュータウンをはじめ、大規模な宅地開発がなされている。

「二足歩行と人類」

さて、人類の最も基本的な営みの一つ、二足歩行に思いを巡らせてみましょう。私たちの身体は、このかたちになってからずいぶん長い時間を経ています。ウィルスや微生物と違い、人間の進化のスピードはそれほど速くありません。

ボディも脳の容積も、この二万年間さほど変わっていない。人類が操るテクノロジーの驚異的な発達に比較して、身体は驚くほど原始的です。

もちろん、変化はありました。環境に適応したり、文明の発祥に伴う食生活の変化や病気の発生に対応したり、地域ごとに適した習慣を身につけることで、私たちは身体を変化させてきた。それはスポーツを通じて感じられる身体の変化のようなものです。柔道で畳に擦り付けられすぎた耳の変形、スピードスケート選手の踏ん張りのきく太い太腿。バスケットボールの狭いコートを全速力で走ったり止まったりできる発達した大きなお尻。

でもより根本的に人類の身体を変化させ、生活を確立させた出来事は何と言っても直立歩行でした。直立歩行によって人類は、かなり似通ったＤＮＡを持つと言われる類人猿とも違う身体になっていった。たとえばチンパンジーの二足歩行は酔っ払っているような微妙な歩き方です。もともと森の動物ですから、彼らは木を伝って移動するのに適した身体をしています。足を見れば一目瞭然。人間の手のようなかたちに足の親指がついています。

一方、私たちの足はすべての指がまっすぐ揃っています。類人猿から見れば一種の奇形ですが、このことが二足歩行には有利に働いた。これまでの生活には不自由なこの足で、しょうがないから森を出た。最初は二足歩行もそんなに上手ではなかったかもしれません。でもそのうちにつま先が発達して、地面を蹴り出せるようになった。これまでよりはるかに速く移動できるようになる。

強く蹴りだすことを続けているうちに、アキレス腱が鍛えられてゆきます。このバネを使って、走ることができるようになる。足の裏には土踏まずができ、このアーチが板バネのように作用してさらに早く走れるようになる。やがて人類はジャングルから、もっと見晴らしのいいサバンナに進出しました。ライオンのような新たな外敵も現れますが、そのころには私たちは、走るために生まれてきたかのようなこのボディを獲得していた。これが人類が進歩して行く最初の大きなきっかけになります。

ちなみにサッカー選手は一試合で一三、四キロ走ると言いますが、狩猟採集生活をしていた頃の人類も、日々同じくらいの運動量があったようです。私たちがジョギングしてしまうのも、このころの身体のポテンシャルが懐かしくなるからじゃないかな。

「手持ち無沙汰とテクニック」

二本足で歩行するようになると、両手が手持ち無沙汰になります。空いた手はなにかをしたくなる。河原でつい石を拾って投げる。なるべく平たい石を見つけて石切をして競争したりする。あれは直立二足歩行以来の、手持ち無沙汰だとついなにかしてしまうという人類の本能です（笑）。

この手の動きが発展した先に初期の戦争があります。石を拾って投げているうちに、割れて鋭利になったものを道具として使うことを学ぶ。やがて意図的に刃物みたいな道具や武器をつくろうとする。石器時代の幕開けです。やってみるとわかりますが、鋭利に割れた石は肉を切るのに想像以上に適しています。そしてあるとき、火を発見する。

空いた手は石の代わりに土を触ることもあったでしょう。手こねしていた粘土が、ふとお皿の形になる。火を消そうと置いたその粘土が焼けて、焼き物ができてしまう。土器の誕生はこういうものだったでしょうね。

土器はすばらしい発明でした。せいぜい肉を焼く程度の調理しかできなかった人間は、器に水を入れて煮立たせることができるようになる。生では食べられなかったものも、茹でたり煮たりするようになる。食料にすることのできる範囲が大きく拡大します。

手こねということばが私は大好きです。フランス語のテクネー▼みたいに聞こえます。テクネーは英語で言えばテクニック、だから「手こねからテクニックが生まれる」という実に的を射る駄洒落になっているのです。

ことばを得て人類は飛躍する

手持ち無沙汰になった両手を使って本格的に物づくりを始めるようになった人間は、もうひとつの突然変異、ことばを身につけることになりました。こと

▼テクネー
フランス語の「technique」はギリシア語で「制作一般の知識や能力」を示す「techné」を語源としている。この「制作」には絵画や彫刻などの芸術を制作することやその技術も含んでいる。

ばは実に不思議な素材であり、かつ道具です。このことばで人間はこれまで、さまざまなものを生み出してきました。

ネアンデルタール人もホモ・サピエンスも、石器や土器など多彩なものを遺してきました。多くの生活必需品に混じって、何に使ったのかわからないものが出土することがあります。何らかの儀式に使われたか、一種のアートだったと解釈されるそうしたものこそ、言語能力の獲得がもたらした最初の産物です。簡単に言えば、ことばをつかって何かを生み出すとは、自然界に存在しないものをつくりだすことです。なにかを空想して自然界には存在しないものをつくりだす、人間にはこの能力があります。

縄文土器と同じ時代につくられた日本最古のアート、土偶。ゴーグルをつけているような遮光器型土偶▼など、独特のかたちをしています。あるいはネアンデルタール人とクロマニョン人が共存していた時代から遺る洞窟壁画▼。ラスコーなどに描かれたそれらの壁画は、人間がつくり出した初期のアートの傑作と言っていいでしょう。

洞窟壁画はピカソやミロの絵にも似た抽象画です。一種の抽象化、象徴化が行われていることで、誰がみても牛や馬とわかることができる。絵に描いてシンボルにし、それらを鑑賞することを通じて、ある認識を共有する。これがことばの働きです。

そうやって生み出されたアートを見て、私たちは美しいと感じたり、欲しい

▼遮光器型土偶
縄文時代の土偶の一タイプ。ゴーグルをかけているような顔に特徴があり、東北地方を中心に出土する。青森県亀ヶ岡から出土したものが有名。

▼洞窟壁画
有史以前より洞窟や岩壁に描かれた壁画が人類最古の絵画として残されている。クロマニョン人のシャーマンが描いたのではないかとも、さらに時代を遡り現生人類より以前のネアンデルタール人が作成したとも言われる。スペインのアルタミラ洞窟のものなどが知られるが、アフリカやオーストラリア、東南アジアでも発見されている。

と思います。ネックレスやアクセサリーで身を飾ることは生活には役立たない。でも身を飾りたいという欲求を満たしてくれる。そんないわく言いがたい魅力をもつもの、すなわちアートを生み出せる人は尊敬を集めます。集団のなかから権力が発生するもっとも古い形がここにあります。

「遊ぶことで生き残った」

他の動物と比べて私たち人間には幼年時代が長いという特徴があります。馬は生まれて二十秒もすれば自分で立ち上がる。犬は半年もすれば生殖能力を持つようになる。ところが人間が一人前になるにはもっと時間がかかります。自分の足で歩けるようになるまで、約一年。ことばをしゃべれるまでさらに一年。身のまわりのお世話をしてくれる人がいなければ、すぐに人間は死んでしまう。

高度化した文明社会では一人前と見なされるまでに、さらに長い時間が必要です。江戸時代には十四、五歳で元服▼をしましたが、いまの一般的な感覚では十八歳くらいでしょうか。もしも学者として一人前になろうとしたら、大学を出て大学院で学び、はやくても二十五、六歳ということになる。

このように一人前になるのが遅いことには、いいことがあります。ネアンデルタール人が滅び、ホモ・サピエンスがここまで地上で繁栄したのはなぜか。その答えの一つにこの長い幼年期が挙げられます。親などのコミュニティを通

▼元服
男子の成人を表した儀式。髪型や服装を改め、烏帽子を着用した。のちに武家では月代を剃り前髪を落とすようになった。天皇などではおよそ十一から十六歳、一般には十五、六歳から二十歳くらいで行われた。

じて大人の教えを受ける機会が多くなり、以前よりもはるかに多くの情報や技術を共有できるようになったのです。そしてこの長い時間は学ぶばかりの時間ではありません。遊ぶ時間でもあります。言い方を変えれば、よく遊んだことが人類のサバイバルに役に立った。勉強も役に立つ、そして遊んでいる人ほど大成するというわけです。

遊ぶ能力とはクリエイティヴィティ、すなわちものをつくり出す能力です。それは、手のなかのこの石一つで、どれだけ長く遊んでいられるかということでもあります。

たとえば夏休み、田舎に旅をする。降り立った無人駅で、次の電車まで二時間待たなければならない。そんなとき、どれだけ面白い遊びを発明できるか。私にも経験があります。まず、その駅を何歩で歩けるか、端から端まで歩いてみる。見つけた掃除道具で掃除してみる。駅の隅にノートがぶらさげてあるのを発見する。そこには同じように二時間潰さなければならなかったヤツの記録が残されている。いわゆる鉄ちゃんたちですね。鉄道の写真を撮りにきている。ヤツらもやっぱり同じように掃除したことがわかる。

そこまでやったところで、まだ四十分くらいしか経っていません。虫を見つけて、生まれて初めて、そいつに声をかけてみたりする。ファーブルになった気持ちでじっと観察してみる。空を見上げて、雲に話しかけたりする。雲に、自分の好きな形に変われ！と念を送ってみたりする。ちなみに私はシベリアでそれができる超能力の持ち主にあったことがあります。ちょっと雲の形を変えるから見ておけ、と言って十分後。確かに雲の形が変わっている（笑）。

ホモ・サピエンスが獲得した遊びとは、ふと路傍の花に目をとめてきれいだなと思う好奇心のことです。彼女にプレゼントしてみようかな、なんて考える。ネアンデルタール人は同じ花に気がついても、あ、食えない、と素通りしてしまった。この余裕、この遊び心が大事なのです。

いますぐには役立たなくても、考えて見たことがあるということ、それを教養と呼びます。蓄積された教養はいつ役に立つ可能性があるのか。それは環境が変わったときです。お前ヘンなことを知っているな、と言われたら褒められたと思うこと。役に立つことじゃなくて、どうでもいいことしか知りたくないね、それくらいの態度をぜひ取ってください。いざというときは来ないかもしれません。でも少なくとも、そんな教養を持った人は面白いヤツに見えます。面白い人は愛される。

「時間は実在するか」

諸行無常ということばがあります。私を含めた大人たちは、諸行無常を噛み締めています。これまでできなかったこと、やらなかったことを後悔し、思い出したくない過去がある。時間なんて幻想だと言いたくなるときがある。

さて、時間は実在すると思いますか？　一日二十四時間というのは、単にものごとの経過を示す目安、単位にすぎません。社会生活に必要な区切りが過ぎてゆくことを時間の経過と錯覚しているだけではないのでしょうか？

時間が発明されたのは比較的最近です。地球の自転周期にあわせた一日という単位や、公転周期に合わせた一年という単位は以前から使われていましたが、その周期と歯車の回転数をあわせた時計によって、時間は一定の速度で進むんだ、進み具合や周期は計算できるんだ、と考えるようになった。そこから時間というものが生まれたのだろうと思われます。

狩猟採集生活の時代には、人類は一日に何度も寝起きしていたと言います。時計を持たなかった江戸時代の人びとも眠くなったら寝る。もう十一時だから寝なきゃというふうには考えませんでした。時間を気にするようになったのは、商人が出てきてからです。貸したお金の利子を計算したり、物事の経費を計算する必要から、商人は時間という目盛りを使うようになった。だから商業が発達した都市には、商人が力を持つ証として大きな時計が掲げてあります。ロンドンのビッグベンも自分たちの権力の象徴です。

場所によって変わる時間感覚もあります。日本人にとって一日は夜明けから始まりますが、アラブ人やユダヤ人にとっては一日の始まりは日没です。日没から一日が始まり、夜が明けてまた夜になり、夕暮れ時に新しい一日が始まる。砂漠に暮らしていると昼間は暑くて移動できない。夜になってから、星を見ながら砂漠を渡ってゆく。日が出てきた頃にオアシスにたどり着き、休憩を取る。一日の始まりも、暮らし方によって違うのです。

時間の進み方も、いまでは直線的に進むイメージが定着していますが、もっと循環的だったと言われています。四季の移り変わり、戦争などによる破壊と復興、そうしたものがサイクルをつくっていた。その循環する移ろいを時間と捉えていた。イエス・キリストの誕生と死、そして復活を一度限りの記録すべき出来事として捉えるキリスト教と仏教とでも、考え方が違います。

さらに言えば、記録には過去がそのまま封入されているわけではありません。思い出すそばから、過去は結構書き換えられている。原因と結果という捉え方だって、錯覚にすぎないかもしれません。

私たちは実は、とても不安定な状況のなかを生きている。人類学、考古学的なスケールで考えるなら、私たちの認識はもちろん、身体のありようだって大きく変化している。過去や未来を思い悩むよりも、いましかない、と思うこと。それがこの時代を生きるみなさんへのアドヴァイスです。

Q&A

——勉強や仕事に追われ、教養を身につける余裕がないのが現代社会ではないでしょうか。しかもその実、いまそのものは大切にされていない気がします。効率第一主義や結果主義、目的に向かって単純すぎる筋道を立てるそんな考え方は危険です。問題に直面したとき、その壁に正面衝突するのは最悪。ちょっと離れてみれば、脇に空いた穴が見えてくる。

文章を書くのも同じです。行き詰まったら、最初の地点まで戻るしかありません。選ばなかった道を選び直し、組み立て直してゆくと、別の結論にたどり着く。そんな選択肢をどこまで自分のなかで増やせるか。最短距離をゆく努力をすることを否定しませんが、別の可能性を考えることが結局は大事なのです。

人はなぜ遊ぶのか？

山本貴光

今日はみなさんと一緒に「人はなぜ遊ぶのか」「遊びとはなんなのか」について考えてみます。唯一の正解があるわけではありません。むしろ大事なのは、こうした問いを耳にして、自分の頭にどんな考えが浮かんでくるかということです。みなさんが思いついたこともぜひ教えてくださいね。

「遊びと遊びでないもの」

まずはこの絵（図1）を見てみましょう。二人の人物が台を挟んで駒のようなものを置いていますね。これは紀元前五〇〇年頃の古代ギリシアの絵で、二人の人物がゲームで遊んでいるところだといわれています。時代はずっと下りますが、日本でも平安時代に紫式部が書いた『源氏物語』には囲碁の場面が出てきます。また、江戸時代には双六《すごろく》が大流行しました。あまりにもみんなが夢中になるものだから法律で禁止されたくらいです。みなさんならスマートフォ

やまもと・たかみつ＝文筆家・ゲーム作家。一九七一年生まれ。一九九四年から二〇〇四年までコーエーにてゲーム制作（プログラム／企画）に従事。二〇〇四年からフリーランス。モブキャストゲームスとプロ契約中。著書に『投壜通信』『文学問題（F＋f）＋』『「百学連環」を読む』『世界が変わるプログラム入門』など。

ンのゲームを禁止されるようなものでしょうか。それはともかく、そのつもりで歴史を眺めてみると、どうやら昔から人びとは遊びに夢中だった様子が見えます。

百科事典で「遊び」を調べるとこう書いてあります。

> 遊びは、生きるための日常生活と対置されるものである。日常の生活が、束縛され、生産的であり、目的をもったものであるのに対して、遊びは、自由で、非生産的で、目的をもたない。この実世界に対する虚の世界としての遊びは、日常の世界から切り離された時間と空間のなかで確保される。競争的な遊びのように個人の能力差を完全に認めるか、逆に、偶然や運に基づく遊びのように能力差を否定するか、いずれにせよ、実社会にはない絶対的な平等条件がルールとして確立されていることが遊びの特徴である。（小学館『日本大百科全書（ニッポニカ）』JapanKnowledge版「遊び」の項目より。執筆者は文化人類学者の板橋作美）

なにかについて考えるコツの一つは、他のものと比べてみることです。ここでは遊びが日常生活と比べられていますね。遊びには現実とは違うルールがあり、みんな平等だと書いてあります。これはスポーツで考えるとわかりやすい。▼例えば卓球では台をはさんで二人のプレイヤーがラケットも持って向きあい、

図1　紀元前六世紀後半のギリシアの陶工家エクセキアスによる「ボードゲームで遊ぶアキレウスとアイアス」。

アンフォラという把手が二つついた壺に黒絵式と呼ばれる技法で描かれたもの。Achilles and Ajax（アキレウスとアイアスの英語表記）で画像検索すると、同様のモチーフが描かれたアンフォラが複数残っているのがわかります。

一つのボールを打ちあう。このとき卓球以外のことは関係ありません。なにかの役に立つかどうかを考える必要もなく、卓球のルールに従ってプレイすればよいわけです。実力差は出ますがルールは平等です。現実の世界と違って、遊びでは人は平等に扱われます。

もうひとつ、なにかについて考えるコツは別の言語と比べてみることです。英語で「遊び」に対応するのはplayですね。「遊ぶ」の他にも「音楽を再生する」「演じる」をはじめいろいろな意味があります。また、英語ではplayとgameは別の言葉ですが、ドイツ語でSpielといえば「ゲーム」と「遊び」の両方を指します。こんなふうに他の言語と比べてみると、似たような語でも意味の違いが目に入って考えるきっかけになります。他の言語でも調べてみると面白いですよ。

▼スポーツ
分類の仕方によりますが、スポーツももともとは遊びの一種と考えられます。英語のsportsの語源であるdisportは「気晴らしをする」「遊び興じる」という意味でした。日常や仕事から離れてどこかよそへ行くことです。

ホイジンガのマジックサークル

オランダの歴史学者ホイジンガが書いた『ホモ・ルーデンス』という本があります。homoは「人」、ludensは「遊ぶ」を意味するラテン語で、つまり「遊ぶ人」という意味ですね。人類はなぜ遊ぶのか、遊びにはどのような意味があるのかを探究しています。いろいろなことが書かれた本ですが、ここで共有したいのは「マジックサークル」という考え方です。

▼ヨハン・ホイジンガ
オランダの歴史家。一八七二年生まれ。著書に『中世の秋』『ホモ・ルーデンス』『エラスムス』『わが歴史への道』などがある。一九四五年没。

ホイジンガは遊びについて、一時的に日常生活や仕事から離れてマジックサークル（魔法の円）に入り込むことだといっています。遊びとは、ある円に入って、その中のルールに従うことだという見立てです。ホイジンガは、遊びのマジックサークル内では安全・安心な状態で楽しめるのだとも指摘してます。例えばゲームで負けても命を取られないし損することもない▼。ちょっと悔しいかもしれない。でも遊んでいる間はゲーム外での損得を考えなくていい。そして遊びが終わったら、再びマジックサークルを出て日常に戻るわけです。

ゲームの遊びを観察する

今回は遊びのなかでもゲームを題材に考えてみます▼。ゲームで遊ぶとき私たちには何が起きているでしょう。キーワードを一つ出しましょう。「UX《ユーエックス》」という言葉があります。「ユーザーエクスペリエンス（User Experience）」の略で「ユーザー体験」と訳されたりします。ユーザー（利用者）とはこの場合、ゲームで遊ぶ人のこと。ゲームで遊ぶ人はどういう体験をするのか。実際にゲームをしながら考えてみましょう。私が操作しますが、みなさんも自分でやっているつもりになって観察してみてください。

これは「Continuity▼」というゲームです。ゲームを起動しますよ。ここからすでに体験が始まっています。まずこの画面（図2）を見ると、どこに目がい

▼損することもない
ただし、プロスポーツや賭け事のように、お金が関わる場合は別です。それは遊びを経済的な損得に関連づけて変換する行いといえるでしょう。

▼ゲームを題材に
「遊び」と「ゲーム」の関係は見方によって変わります。ここでは多種多様な遊びの一種としてゲームがあると考えます。遊びとゲームの関係が気になる人は、ケイティ・サレン&エリック・ジマーマン『ルールズ・オブ・プレー　ゲームデザインの基礎』（山本貴光訳、ソフトバンククリエイティブ／ニューゲームズオーダーから再刊予定）の第七章をご覧あれ。

きますか。全体をぼんやり見る人もいれば、プレイヤーキャラクター（PC）▼を探す人もいると思います。

さて、ゲームによってはチュートリアルといって遊び方の説明をするものもあります。チュートリアルが下手なゲームも少なくありません。そういうゲームでは、とにかく遊び方を説明しようとして、ゲーム開始直後から手取り足取り教えようとする。でもプレイヤーにしてみれば、そんなことよりすぐ遊びたい。その点、このゲームはとてもよくできています。遊びながらルールを理解できるように設計してあるのですね。

画面を観察しましょう。画面を四等分するような形でパネルが三枚配置されています。そのうち右上のパネル（図3）にはキーボードのキー、上下左右の矢印キーとスペースキーが描いてあります。では矢印キーを使ってみましょう。例えば下矢印キーを押すと右上のパネルが下に動きます。スペースキーを押したら何が起きるでしょう。あるいはこの時点でどんなゲームか想像がつきますか。

スペースキーを押してみます。左上パネルが拡大されて画面いっぱいに表示されました（図4）。スペースキーを押すごとに特定のパネルを拡大したり全パネルが見える状態になったりするわけです。カメラでいえばズームイン、ズームアウトです。ズームインしているときは矢印キーでPCが動く。矢印キーを右に押せば右に走る。スペースキーを押すとジャンプする。操作の仕方がわかっ

▼**「Continuity」**（二〇〇九）インターネットで公開されているフリーゲーム。パネルを動かしてプレイヤーキャラクターをゴールに導くパズルゲーム。二〇一〇年にインディペンデント・ゲーム・フェスティヴァルで学生部門最優秀賞を受賞。作者はElias Holmlid, Dmitri Kurteanu, Guy Lima Jr., Stefan Mikaelsson.

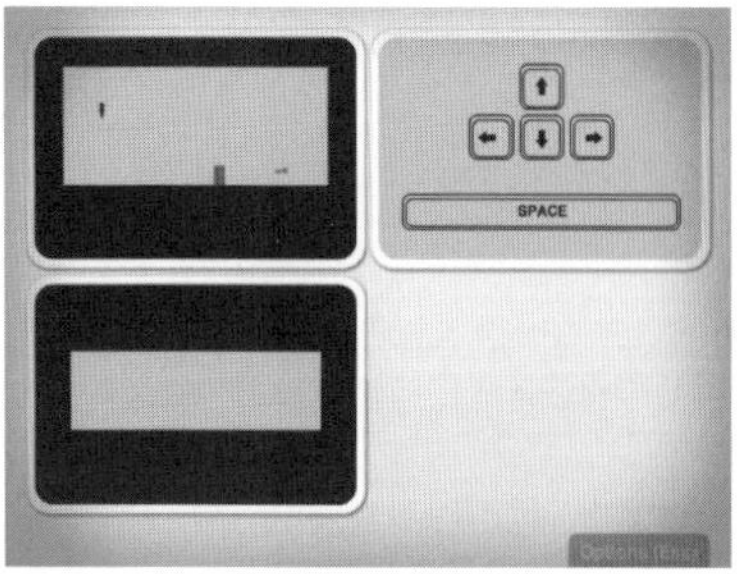

図2　Continuity スタート画面

てきましたね。

　ではここで問題です。このゲームはなにをするゲームでしょうか。ドアがありますが、前を通ってもなにも起きません。▼画面上にはカギがありますね。行ってみましょう。ＰＣが触れるとカギが画面から消えました。そしてドアに向かいます。ゴールです。もうわかりましたか。この世界では、カギを取って赤いドアに向かえばよいようです。簡単ですね。

　では次の面《レヴェル》に進みましょう（図５）。今度はカギがちょっと高いところにある。ジャンプして取ろう。左上と右上のパネルのように互いに繋がっているとＰＣは両者を行き来できます。ただし右上のパネルは行き止まりですね。どうしま

▼プレイヤーキャラクター
ゲームで遊ぶ人を「プレイヤー」と呼び、プレイヤーがゲーム中で操作するキャラクターがいる場合、これを「プレイヤーキャラクター」あるいは「ＰＣ」と呼びます。

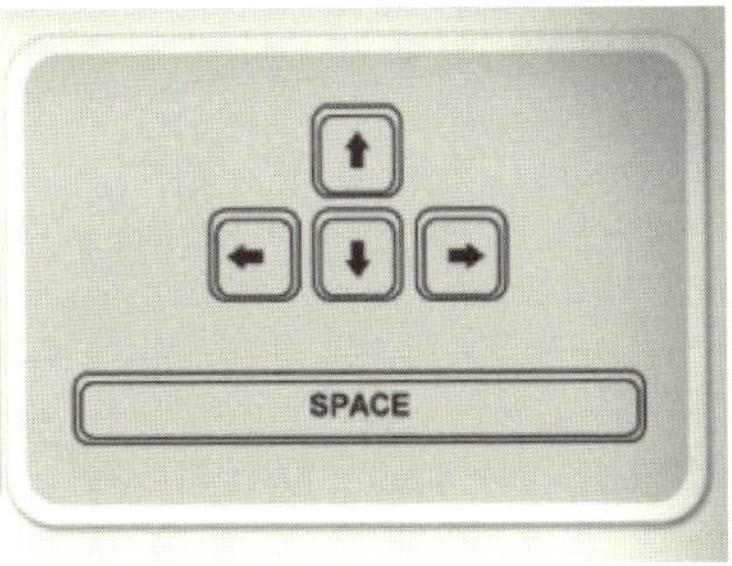

図3　図2右上パネルの拡大図

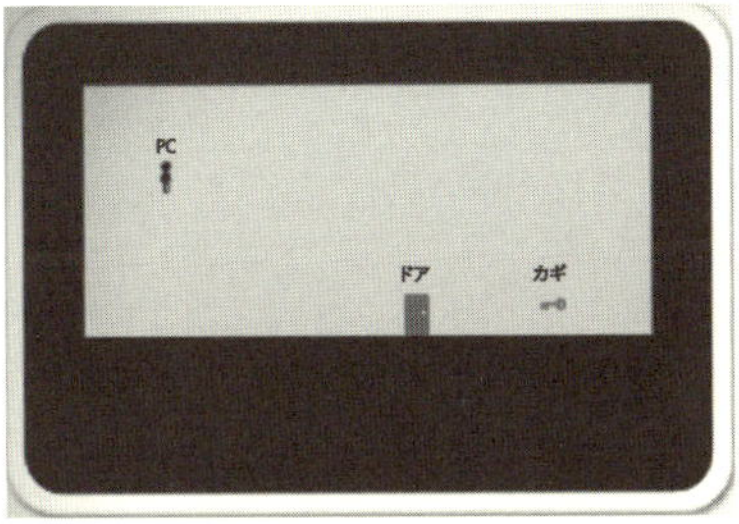

図4　図2左上パネルの拡大図

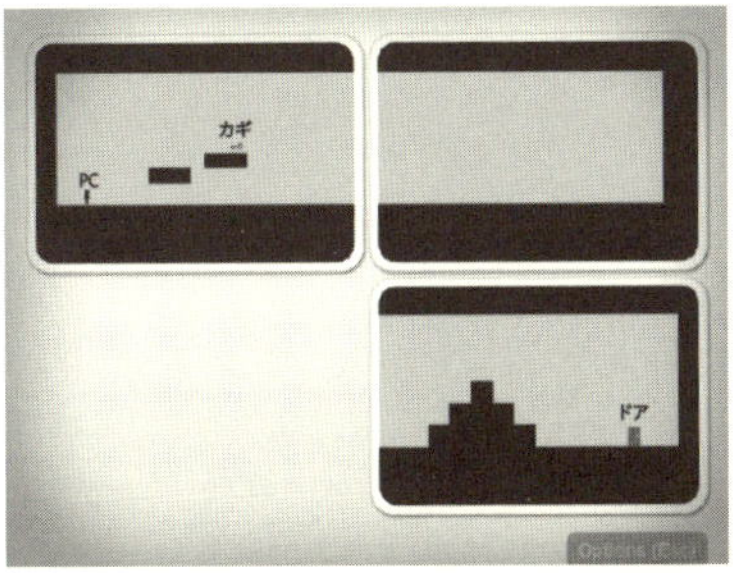

図5　Level2スタート画面

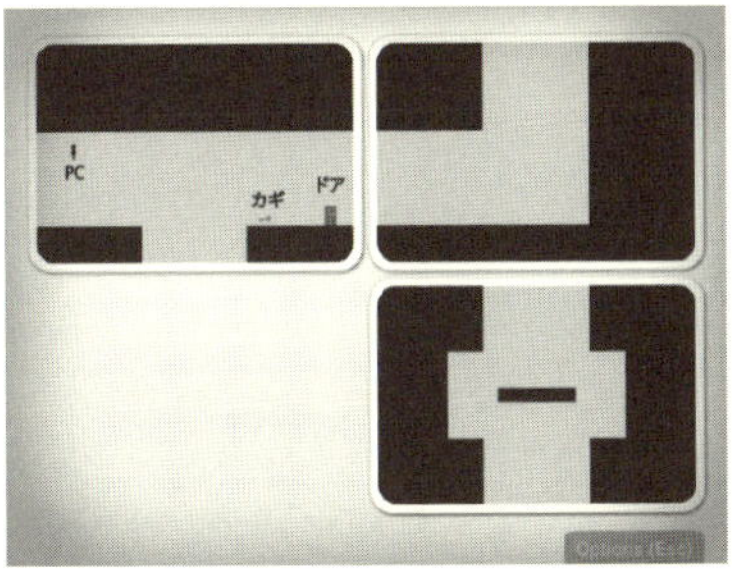

図6　Level3スタート画面

しょうか。ズームアウトした状態で下矢印キーを押してみると、左上パネルを左下に動かせます。これで右下パネルのドアにつながる道ができました。ゴールです。ここまでの二つの面で、カギを取ってドアに行くというルールを教えられました。

次は第三面《レヴェル》です（図6）。溝の向こうにカギがあってすぐドアもある。楽勝かな。試しにジャンプすると……届かない！　作者がなにを考えているかわかりますか。作者は遊ぶ人の気持ちをある方向に向けようとしています。ジャンプしてカギを取ればクリアだと思ったらそれはダメだよ。これは、見た目に惑わされず別のやり方を考えてみようという誘いなのですね。

▼なにも起きません
実際にはPCが（鍵を持っていない状態で）ドアの前を通過すると、「バタン」と音がします。作者は「このドアは何かが起きるよ」と音でプレイヤーに伝えているのです。

「やりがいと達成感」

さて、「Continuity」で観察したことを材料にして、ゲームの体験とその面白さについて考えてみましょう。

まずゲームの世界ではプレイヤーはなすべきこと、ミッションが与えられて、達成したら評価されるという特徴があります。その際、ゲームで与えられるミッションは必ずクリアできることが保証されているので、頑張ればクリアできる。だからやりがいを感じられるわけです。

では、ミッションの達成を目指してゲームで遊ぶとき、プレイヤーには何が起きているでしょうか。まず体に変化が起きています。手や目を動かす。手に汗を握ったり笑ったりする。同時に心にも変化が生じる。うまくできれば「やった！」と嬉しくなるし、失敗したら悔しくなる。「よし、次はこうしてみよう」とまた試したくなる。

このゲームでは実際の遊びを通じてルールを教えながらプレイヤーをその気にさせる。それだけでなく、ゲームはプレイヤーを邪魔してきます。なぜ邪魔をするのか。実は遊ぶ人は、失敗する可能性があるからこそ楽しいのです。どういうことでしょうか。もしなんの苦労もなくクリアできると、最初は楽しいかもしれないけれど、すぐ飽きてしまいます。失敗すると工夫したくなるし、頭を使って他の可能性を試したくなる。そしてクリアできると嬉しい。さっきまで解けなかった問題が解ける瞬間の喜びもある。そういう達成感があるからまた遊びたくなる。そこでクリエイターは、意地悪じゃなくて楽しませるためにプレイヤーをその気にさせておいて、あの手この手で邪魔をするわけです。そういうことを「Continuity」で少し実感できたかな。

「ユーザー体験を作る」

別の観点からまとめます。もしこれから先、なにか作りたいと思う人はこの**図7**をときどき思い出すとよいかもしれません。向かって左に作り手、クリエイターがいる。右には受け手、プレイヤーがいる。両者のあいだにあるのはゲームです。つまりクリエイターがゲームを作り、そのゲームでプレイヤーが遊ぶという三要素の関係を表した図です。小説や漫画や動画その他、ゲーム以外の創作に置き換えても構いません。

さて、普通に考えれば、クリエイターの仕事はゲームを作ることのように思えます。実はそうではありません。せっかくゲームを作っても、遊んだ人が楽しくなければ意味がない。クリエイターが作りだしたいのは、そのゲームで遊ぶ人の体験なのです。ただし、いまのところ他人の体験を直に作ったりすることはできません。だからゲームという媒介物を通じて間接的に遊ぶ人の体験、ユーザー体験を作り出すのですね。

では、体験とはなんでしょうか。先ほど述べたように、ここでは人の体と心に生じる変化のことだと考えました。体に起きる変化にもいろいろあります。例えばスマートフォンでゲームをするとき、手や腕はスマホを持っていないときとは違う形をとりますね。指でタッチパネルをなぞるときには指や体が動く。それから目は画面を見ている。さらに詳しく見れば、顔の表情や体のいろいろな部分も動いているでしょう。

心のほうはどうか。心の変化について、ここでは単純化して三つに分けて考えてみます。ひとつはこうしたらどうだろうと考えること、知能や思考です。カギを取るにはパネルをどう動かせばよいかと考えますね。二つめは、何かを

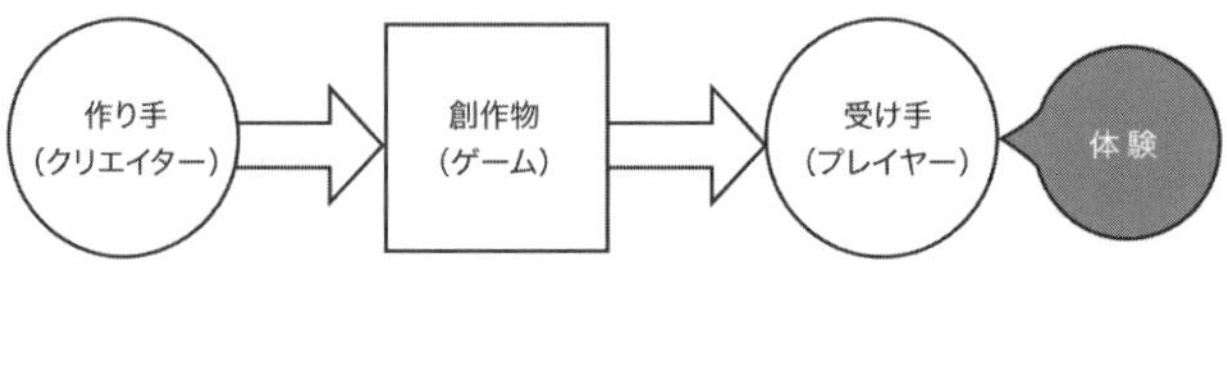

図7　作り手（クリエイター）／創作物（ゲーム）／受け手（プレイヤー）

したいという意欲や意思。ゲームの目標を達成してクリアしたい。もっと先を見たい。カギを取りたい。そういう気持ちがあるから、ゲームをするわけです。そして三つめは、うまくできて嬉しい、失敗して悔しいといった感情。うまくジャンプすれば飛び越せると思ったのに、ぎりぎり届かず穴に落ちていくPCを見て思わず笑っちゃう。こうした要素がゲームをしている最中に変化していきます。

クリエイターは、このようなユーザーの心身に生じる体験を生み出そうとしてゲームを作るのです。

「人はなぜ遊ぶのか？」

さて、最初の問いに戻りましょう。人はなぜ遊ぶのでしょうか。いろいろな考え方がありえます。みなさんもこの先折りに触れて考えてみてほしいのですが、今日はここまでの検討を踏まえて私が考えていることを共有してみますね。

遊ぶことはあるマジックサークルに入ること、そしてそのなかのルールに従うことでした。このとき人は、遊びを通じて自分の体と心に何が起きるかを実験していると見ることができます。スポーツはやはりわかりやすい例ですね。どのくらい速く走れるか、どのくらい高くジャンプできるか、どのくらい正確にボールを投げられるかというふうに、自分の体に何ができるかを試すわけです。あるいは将棋やチェスを指すとき、頭のなかでどこまで盤面を読めるか、どんな作戦を思いつくか、どんな気分になるかといったことをゲームの遊びを通じて試しているといえます。そのように、それぞれの遊びでしか味わえない心と体の状態を試しているのです。ただしホイジンガがいったように、遊ぶあいだ、安全・安心が保たれないと困ります。たとえ失敗しても遊びのなかだけのことだから、いろいろ試したりもできるし楽しめるわけです。

　遊びはしばしば無駄で役に立たないことのように思われますが、このように捉えると単に無駄ともいえません。例えば小説を読むことは、ひととき現実とは別の世界に心を遊ばせる営みです。▼それは現実には体験したことのない出来事や心の状態をシミュレーションすることでもあります。実際の人間とやりとりする体験に加えて、小説の世界でいろいろな人物と出会い、そこで起こることを意識の上で疑似体験できる。そのように体験したことは、将来ものごとを判断したり行動したりする際の材料にもなる。これは小説に限らず、漫画や映画や物語のあるゲームなどでも同様です。

　ゲームの場合、それに加えて自分で行動を選んで試します。ゲーム内の状況に介入して、その世界で変化を起こしたりもします。試すごとにはっきりと評価されて手応えもある。繰り返し遊んでいろいろな失敗を体験するほど上達して、考えられること、できることも広がっていく。こんなふうに心身をさまざまに動かして、自分の可能性を試したり、自分自身の変化を味わえたりするの

▼心を遊ばせる営み
小説を読むとき、読者に生じていることについては、拙著『文学問題（F+f）+』（幻戯書房）という本で詳しく検討しています。

も遊びの醍醐味です。

以上、遊びについて検討したことは、遊び以外の場面にもあてはめて考えることができるでしょう。例えば、学校でなにかを学んだり作ったりするような場合、失敗を恐れたり避けたりせず、むしろ楽しむくらいのつもりでいろいろな可能性を試行錯誤してみると、失敗したぶんだけよく身につきます。

最後にニールス・ボーア▼のものとして伝えられている言葉を紹介しましょう。ボーアは二十世紀前半に量子力学という物理学の新しい考え方を提出した人です。

専門家とは、自分自身の手痛い経験、つまり、あるとても限られた領域で、やらかす可能性のあるあらゆる失敗という経験を通じてものを知る人である▼。

Q&A

――プログラミングの勉強をしているのですが、どうしても飽きてしまって途中で投げ出してしまいます。おすすめの勉強法はありますか?

コツは楽器の練習と一緒です。自分の好きな曲をコピーすること。音楽はそうやって身につけると楽しくなります。プログラミングも同じように考えてみるといいですね。自分の好きなゲームやアプリをカバーしてみましょう。ただしいきなりPlayStation4やNintendo Switchの大作ゲームに挑戦するのはおすす

▼ニールス・ボーア
デンマークの理論物理学者。一八八五年生まれ。量子力学の確立に大きな貢献を果たした。一九二二年に原子構造とその放射に関する研究が評価され、ノーベル物理学賞を受賞。一九六二年没。

▼ボーアの言葉
これはロバート・コグランという人物が『LIFE』誌(一九五四年九月六日号)に書いた「エドワード・テラー博士のおおいなる妄想」という文章で、テラー博士が好んで引用したボーアの言葉として紹介されているもの。原文は次の通り。"An expert is a person who has found out by his own painful experience all the mistakes that one can make in a very narrow field."(同誌六二頁)。

めしません。百人規模で作っているものをいきなりひとりで作るのは難しいからです。オススメは一九八〇年代に作られたアクションゲームです。仕組みはシンプルで面白いものがいろいろあります。そんなふうに作りたいものが目の前にあったら、あとはこれを作るために必要な知識やプログラミングを勉強すればいい。こうすると続けやすくなります。これはプログラミングや楽器に限らず語学やその他のことにもいえます。自分が遊んでみたいもの、作りたいものがあれば続けられます。動機がとても大事です。

わたしの思い出の授業、思い出の先生

高校の世界史はとても強く記憶に残っています。その先生は、なによりも生徒が世界やその歴史に興味を持てるように工夫を凝らしていました。例えば、世界史に関わる映画を見せてくれたり、ご自身が旅行で訪れた海外の史跡の写真を交えて話したり、小説や専門書などの読書案内をつくって配ったりしていました。私はそこで教えてもらった映画を観たり、読書案内のブックリストで紹介されている本を読んだりして、テストのための勉強とは別に、世界史について自分から学ぶようになりました。

この世界史の授業のおかげで、ものを学ぶ秘訣は、動機をもつこと、好奇心を働かせることだということがわかったのです。自分が専門学校や大学でものを教える立場になってからも、どうしたら学生のみなさんに、好奇心というエンジンを搭載できるかと考えて話すようにしています。面白いことに、人をその気にさせるという点ではゲーム作りと似ていますね。

わたしの仕事をもっと知るための3冊

三宅陽一郎＋山本貴光『高校生のためのゲームで考える人工知能』（ちくまプリマー新書）

山本貴光『文体の科学』（新潮社）

山本貴光＋吉川浩満『脳がわかれば心がわかるか』（太田出版）

アリの巣をめぐる冒険

丸山宗利

みなさん、昆虫は好きですか？　昆虫が好きな人にもあまり知られていない、マニアックな昆虫の世界の話をしたいと思います。

私は小さいときから昆虫が好きで、いろいろな虫たちをずっと追いかけてきました。とはいえ、高校二年生まではずっと文系だったのですが、あるとき、生物に目覚めてしまい、高校三年生で志望校を変えて理系の道に進むことにしました。大学入学当初は自然保護に興味があって特にアホウドリの研究に惹かれていたのですが、いつしか独自に昆虫の研究をやろうと決意します。大学の近くにある博物館のハネカクシ▼の専門家に勝手に弟子入りして勉強させてもらい、大学院に進みました。

その後はひたすら論文を書き、アメリカの大学への留学を経て、昆虫学のなかでも特に分類学▼を専門とする研究者となりました。いまは一年のうち三分の一を海外で調査しています。

まるやま・むねとし＝昆虫学者。一九七四年生まれ。九州大学総合研究博物館准教授。専門は甲虫や蟻の研究。著書に『アリの巣をめぐる冒険』『昆虫はすごい』『昆虫こわい』『昆虫戯画びっくり雑学事典』など。

▼ハネカクシ
甲虫の一種で世界各地に分布。世界ではおよそ三万種、日本では千種近くが確認されている。体長はおよそ〇・五～三〇ミリメートル。

昆虫分類学者の仕事

現在、日本だけで三万種、世界には百万種の昆虫が知られています。ですが、さらに日本では数万種、世界では三百万種から五百万種の新種がいるといわれています。世界中にどんな昆虫がいるのか、それはどの昆虫の仲間か、新種かどうか、どのような進化を経てきたのか、というようなことを調べるのが私の仕事です。

最近、自然環境に対する世のなかの関心の高まりを感じています。ある場所やある環境が破壊されるとなると、例えばヤンバルクイナやイリオモテヤマネコといったそこにしかいない大きくて目立つ鳥類や哺乳類は非常に大切にされます。一方で、昆虫の存在にはあまり目が配られていません。昆虫や他の小さな生き物でも、本当に限られた場所にしか生息していない種はたくさんいます。ですが、貴重な昆虫が暮らしているから、という理由でその場所の開発が延期されたり、中止になることはめったにありません。

小さな生き物でも必ず何かしらの役割があって、種ごとに大事な働きがあります。特に、私が専門としている好蟻《こうぎ》性昆虫▼やツノゼミ▼は存在自体がほとんど知られていません。こうした誰も知らないような昆虫をみなさんに紹介することで、生物の多様性は本当に奥が深くて、未知の生き物がまだまだいっぱいいることを世のなかの人に知ってもらいたいと思っています。それがやがて、さ

▼分類学
生物界を一定の規則に従って、目・科・属・種などの段階にまとめて整理し、その相互関係や系統分化などを研究する学問。

▼好蟻性昆虫
アリの巣に寄生してエサの搾取をしたり、アリに身を守ってもらう昆虫。

▼ツノゼミ
甲虫の一種で世界中に分布し、南米にもっとも多く生息。体長はおよそ六〜七ミリメートル。頭部後方の突起の形状が特徴的。

まざまな場所の環境保護につながったり、生き物の面白さを多くの人に気づいてもらうきっかけになれば、と研究・啓発活動をしています。

好蟻性昆虫とアリ

アリは、私たち誰もが一度は目にしたことがある身近な昆虫です。アリのことを少しは知った気になっていて、アリの巣の中にはアリだけが住んでいると思っている人がほとんどだと思います。しかし、実はアリの巣の中にはアリではない昆虫が勝手に居候していることもあるのです。それが好蟻性昆虫です。好蟻性昆虫はなぜ、アリの巣の中に住みついているのでしょうか？　それはエサが豊富にあり、安全だからです。童話「アリとキリギリス」を思い出してください。アリはとても働き者で、巣の中にエサをたくさん蓄えています。ですから、巣の中にいる限り、食べ物には困りません。

またアリは案外嫌われ者です。美味しくないので、アリと一緒にいれば小鳥や他の生物に襲われることが少なくなります。さらに、自分の巣の仲間以外の生き物は、たとえ同じ種であっても敵とみなして襲う習性がありますので、一度巣の中に入ってしまえば、仲間と認識されて安全が確保されるわけです。

一方で、ごく一部を除けば、好蟻性昆虫の存在はアリにとってまったくメリットがありません。むしろ、エサを取られたり捕食されたりと、アリからすると、

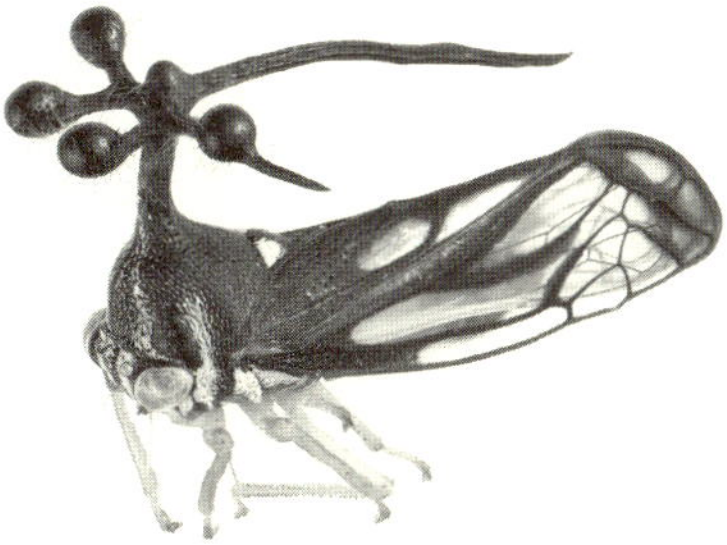

ヨツコブツノゼミ

ミカヅキツノゼミ

ともに写真は丸山宗利

ほぼ一方的に搾取される嫌な生き物です。ただ、アリが何千匹、何万匹といるなかで、好蟻性昆虫はほんの数匹しかいませんので、アリにとって決定的に悪影響を及ぼすような存在ではないのです。

だからといって、アリもただ指をくわえて居候を許しているわけではありません。見つけたら追い出したいのは山々なのですが、好蟻性昆虫の巧みなカモフラージュを前に、騙され続けているのです。

寄生のスペシャリストたち

好蟻性昆虫がどのような手を使って、アリに正体を見破られないようにしているのかを見ていきましょう。

クロシジミというチョウの幼虫がいます。アリの巣の中にいるうちは、雄アリの匂いに似た匂いを発します。すると働きアリがエサを運んできて、食べさせてくれます。雄アリは普段巣の中にいて、ある時期になると羽を使って外に飛び出し、雌アリと交尾する役割しか持っていません。これが唯一できることで、雄アリは自分でエサを噛み砕くことすらできないのです。そのため働きアリから口移しでエサをもらっています。雄アリだと認識される限り、クロシジミの幼虫は動かずして、アリに育ててもらうことができます。

果たして匂いだけで、アリを騙せるのかと思いますが、それで十分なのです。

アリには眼がありますが、実はあまり見えていません。物の輪郭がわかる程度です。その代わり、体のあちこちから匂いや化学物質を出して、それを言語のように利用して仲間同士でコミュニケーションをとっています。アリの社会では、匂いこそが大切なのです。

アリツカコオロギという昆虫に至っては、自分でアリの好む匂いを作り出せないので、アリに抱きついては離れ抱きついては離れ、ということを繰り返して自らの体にアリの匂いをつけ、巣の中に紛れ込むという戦略をとっています。

ゴマシジミというチョウの幼虫も巧者です。ある特定の植物で孵化し、しばらくはその植物を食べて成長しますが、ある日突然、アリが好む匂いを発するようになります。するとアリの巣の中に運ばれ、今度はアリの幼虫を食べるようになります。さらに最新の研究では、女王アリが発する音と同じ音をこの幼虫が出していることがわかってきました。まわりのアリはその幼虫のことを女王だと勘違いして、大事に扱ってくれるのです。

半球形をしたアリスアブというハエの仲間の幼虫がいます。アリの巣の壁に張り付きながら、じわじわと動いています。そして、アリの幼虫やサナギを食べてしまいます。巣の壁になりきっているので、アリはまったく気づけないのです。例えるなら、この教室の床の一部が少し盛り上がっていて、それがじわじわと動き、気がついたらみんなのうちの何名かが食べられている、というようなものです。

このようにいろいろな好蟻性昆虫がいますが、アリノタカラという究極的な虫がいます。文字通り、蟻の宝物という意味が込められています。カイガラムシの仲間で、一部のカイガラムシは植物の害虫として知られています。アリノタカラはヨツバアリという アリと共生し、その巣の中に伸びてきている植物の根に張り付き、そこから栄養を吸収して生きています。根の養分を全部吸収してしまうと栄養過多になってしまうため、不要な栄養分をおしっことして排出します。このおしっこを処理しないと、巣の環境が悪くなってアリノタカラは病気になり死んでしまいます。そこで巣の主人、ヨツバアリの登場です。ヨツバアリはアリノタカラのおしっこだけをエサとしているのです。それ以外のものは一切食べません。おしっこ一〇〇パーセントです。アリノタカラとヨツバアリはお互いに切っても切れない関係なのです。

ある時期になると、雄と雌の羽アリは巣の外へと飛び立って交尾し、子孫を増やします。その後、雌アリは羽を落として穴を掘って巣を作ります。アリノタカラと共生関係をもつ雌アリは、次の巣に移動するときに一匹のアリノタカラを連れて行きます。もちろんすべての雌が巣作りに成功するわけではありませんが、うまくいけばアリノタカラを先祖代々受け継ぎ、大事に育てていくことができるのです。このアリの仲間は世界中にさまざまな種がいて、種ごとにまったく違うアリノタカラと共生しています。

海外調査で怖いこと

北海道から沖縄まで、日本にアリは三百種はいます。熱帯地方に行くと、わずか数百メートル四方に五百種から七百種ほどいるといわれます。一種の好蟻性昆虫は一種から数種のアリにしか寄生しないので、好蟻性昆虫の種数は熱帯地方が圧倒的に多いのです。ですので、新種の調査のために東南アジアやアフリカ、南米などへよく行きます。

海外調査では毒を持つ虫や蛇に咬まれたりすることも怖いのですが、もっとも怖いのは人間です。強盗や騙そうとする人がいるので、日本人一人で行くのは危険です。必ず、現地の信頼できるガイドを雇います。特にアフリカに調査に行くときは書類手続きで一度は街に入らなければならないのですが、人間が多い街が一番危ないので、一刻も早く街から離れて田舎に行くことが鉄則です。

カメルーンの調査に行ったとき、日本人三人と現地ガイドに加えて、コックを雇いました。彼が料理を作ってくれて、昼間は荷物を見張ってくれる係でした。調査基地はコラップ国立公園▼というとても深いジャングルの奥地なので泥棒なんていないのですが、我々が調査から帰ってくるとなぜか物がなくなっているのです。どう考えてもコックが盗みを働いていることは明らかなのですが、こんなところで彼を責めてトラブルになると大変危険なことになるので、やんわりと彼を牽制するような心理作戦を敢行して気苦労しました。

▼**コラップ国立公園**
カメルーン北西部にある保護区。世界最古の熱帯雨林として知られる。

人間の怖さは特殊ですが、自然の怖さは自らのミスが一瞬で命取りになるところです。私はすべての生き物が好きなので、調査中に珍しい生き物に出会うと、どんどん撮影します。南米のフランス領ギアナ▼に行ったとき、ヤドクガエルに出会い、撮影した後に瓶に入れて捕まえておきました。ヤドクガエルの皮膚表面の粘液を矢じりに塗って獲物を射ると、その猛毒で仕留められるので、この名前がつきました。一滴足らずで人間を何人も殺せてしまいます。

その日の調査を終えて宿に帰り、夜中トイレに行ったとき、ヤドクガエルを入れた瓶をふと見ると、なんと瓶のふたの上に座っていました。これはまずいと思い、慌てて捕まえて瓶に戻したのですが、素手で触ってしまったことに気づきました。急いで手を洗ったのですが、傷口のあった指が猛烈に痛み出したのです。「これは死ぬかもしれないな」と思ったのですが、なんとかこうしていま生きています。

このように死にそうなことはいままで何度もあったのですが、ペルーのアマゾン川流域にイギリス人の研究者とグンタイアリの調査に行ったときのことは忘れられません。ジャングルの中では三六〇度どこを見渡しても、同じような木、草、蔦が生えていて、似たような景色がどこまでもずっと広がっています。ジャングルの調査では迷わないことがとても重要なのでGPS機材を持って行ったのですが、うっかりと調査基地に置いてきてしまいました。絶対に迷ってはいけないので道から逸れて森へ入って行くときは、白い紙を切って通った

▼フランス領ギアナ
南米北東部、大西洋に面するフランスの海外県(一九四六年より)。人口はおよそ二十二万、首都はカイエンヌ。十七世紀からフランス人が入植し、一八一五年にフランス領となる。金やボーキサイトなどの天然資源を産出している。

ところに置いていきます。なんとかグンタイアリの巣までたどり着き、無事、夜に調査が終わりました。さて白い紙を辿って帰ろうかと思うと、どこを探しても紙が見当たらないのです。夜のジャングルを道標なしに帰ることは不可能です。夜行性の危険な動物も活動し始めます。なぜ紙がなくなったのかと考えていたら、どうやらキヌゲキノコアリの仕業だとわかりました。このアリは植物を集めてきて、そこに菌糸を植えて栽培したキノコを食べる習性があります。植物のなかでも古い枯れ葉が好きで、よりによって白い紙が枯れ葉にそっくりの質感だったのです。キヌゲキノコアリの活動のおかげで、我々は夜のジャングルを二時間ほどさまようことになりました。幸運に恵まれて道に戻ることができましたが、いま思い返してもよく生きて帰れたなと思います。

ユニークな巣

さて、調査ではまず、アリの巣を探すところから始めます。アリの巣というと土の中をイメージしますが、これがとても探しにくいのです。コツは、草むらや道の脇に転がっている石に着目することです。一見何もなさそうですが、石を転がしてみるとその下に巣を作っていることがあります。

一方で遠目からでも見つけやすいのは、サバンナのシロアリの巣です。シロアリはアリではなく、ゴキブリの仲間なのですが、社会性といってアリと同じ家族で生活しています。シロアリの巣は高さ四メートルほどで煙突のような部分をもつユニークな構造をしています。サバンナは日中の気温が四十度を超える過酷な環境です。巣の煙突部分が太陽光で温められると、巣の中も温められて上向きの空気の流れが生じます。巣の中が負圧になると、地中の湿っている冷たい空気が巣の中に流れ込み、煙突部分へと昇っていきます。形態が天然のクーラーとして機能することで、シロアリは猛暑をしのいでいます。

土ではなく、植物をうまく利用しているアリもいます。ボルネオ島▼には木の表面から生えているシダ植物があります。このシダ植物は自らの中に空洞を作り、その空間をアリの巣として提供しています。代わりに、葉っぱを食べる虫をアリに追い払ってもらいます。植物とアリがうまく共生している一例で、アリ植物と呼ばれています。

アリが植物を育てて作る巣もあります。この種のアリは木の幹に木屑を集めてきて、巣を作り、そこに拾ってきた植物のタネを植えます。植物が発芽して根が張られることで巣が補強され、徐々に大きくなっていきます。あたかも土の塊から植物が生えているかのように見えることから、アリの庭、アントガーデンと呼ばれています。

アリの巣を見つけたら、アリの群れのなかにお目当ての好蟻性昆虫がいないかをよく観察し、見つけ次第、吸虫管▼という道具で捕まえます。細いチューブを口にくわえて、もう一端を虫に狙いを定めて吸い込みます。すると、虫が

▼ボルネオ島
マレー諸島の中央に位置し、面積は約七五万平方キロメートル。インドネシア領、マレーシア領、ブルネイに分かれている。

▼吸虫管
昆虫採集に用いる道具で、ピンセット等ではつまめないような小さくて素早い昆虫を採取できる。吸い口には虫を口内に吸い込んでしまわないようにガーゼ等が被せてある。

チューブの途中にある容器に入る仕組みになっています。この扱いには技術が必要で、下手に刺激を与えるとアリが怒って襲ってきます。こちらも好蟻性昆虫並みのテクニックで、素早く仕事を終えなければなりません。

「昆虫に教わる」

私は好蟻性昆虫のなかでも、特にハネカクシという甲虫を専門にしています。飛ぶための後ろ羽を隠しているからハネカクシと呼ぶのですが、省スペースに何十回も折りたたまれた羽が一瞬でパッと開いて飛ぶことができるようにデザインされています。この素晴らしい技術は将来、人工衛星のソーラーパネルの構造に応用できるのではないかと期待されています。私たちが普段あまり気に留めない昆虫は、数億年単位の進化を経ていま地球上に生きています。地球上で一番最初に空を飛んだのは、実は昆虫なのです。

どんなにちっぽけな虫に見えても、それぞれが生態系のなかで何らかの役割を持っています。種を超えて一匹一匹が関わりを持ってつながっていることを、虫たちは教えてくれます。

Q&A

——小さい頃、見たことのない昆虫を捕まえて、まわりの土など環境も含めて

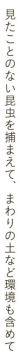

持ち帰って家で飼いましたが、二日ぐらい経ったら死んでしまいました。採集した虫を管理するときはどうされていますか？

飼育は案外難しくて、センスが必要となります。人間にとっては同じ環境に思えても、虫にとっては全然違うように感じていると思います。例えばアリの巣を土と蟻まるごと持って来るよりも、土の代わりに石膏で巣を作った方がアリにとっては快適でアリが増えることもあります。その生き物にとって何が好ましい環境かを理解して再現してあげます。それは簡単なことではなくて、小さいときからいろいろな虫を捕まえては失敗をして、ということを繰り返してきてだんだんとわかってきます。

わたしの思い出の授業、思い出の先生

Q1：思い出の授業を教えてください

獨協高校の3年生のときに受けていた倫理の授業です。

Q2：その授業が記憶に残っている理由はなんですか？

その先生はいつもニコニコとして、それでいてたまに胸に突き刺さることをいいました。なかでも記憶に残っているのは、「哲学の問題についてすぐにわかったら、わかっていないと疑ったほうがいい」という話です。

Q3：その授業は人生を変えましたか？

若いときは自分の意見を過信しがちです。理解しているという思い込みにも陥りがちです。その話を聞いてから、物事を簡単に理解したとは思わず、その奥深さを知るように努めたいと思いました。

わたしの仕事をもっと知るための3冊

丸山宗利『昆虫はすごい』（光文社新書）
丸山宗利『昆虫こわい』（幻冬舎新書）
文：丸山宗利、写真：山口進『わくわく昆虫記　憧れの虫たち』（講談社）

印刷と人類が来た道

樺山紘一

本離れ、活字離れといわれて久しくなりました。私が中学・高校・大学生時代は、万巻の書を読まなければ人間や社会、世界のことがわからないぞといわれたので本当によく本を読みました。けれども、いまの大学生からは「本は全然読んでない」とか「先々月に一冊読んだ」というような声が聞こえてきます。

確かに読む本の冊数は減ったかもしれませんが、情報源はなにも本でなくてはダメだということではありません。雑誌でも新聞でも漫画でも、あるいはテレビでもパソコンでもスマホでもいいと思います。

大事なことは、本であれスマホであれ、目にした文字や画像から何を考えるか、それをどのように身に付けるかです。一時に比べると本屋さんの数は随分と減りましたが、これからも本屋さんでの本との出会いは続くでしょうし、またインターネット上で見る音楽・映像などを通して私たちはいろいろなことを教わるでしょう。身のまわりの環境は目まぐるしく変わっていきますが、みんなが自分なりに物事を考え、お互いに素直にコミュニケーションを取り合える

かばやま・こういち＝歴史学者。一九四一年生まれ。東京大学名誉教授、印刷博物館館長。専門は西洋中世史、西洋文学史。著書に『ゴシック世界の思想像』『ルネサンス』『歴史のなかのからだ』など。

世のなかであり続けて欲しいなと思っています。

活版印刷の発明

本はパソコンやスマホが普及するずいぶん前から長きにわたって人類の知的活動を支えてきましたし、これからも頼りになる存在です。この本の存在感を支えている一大要素に「印刷」があると思います。印刷は、ひとりの人間が悟った哲学、会得した知識、成熟した感情など人類が発展するうえで有益な情報をより多くの人に共有できる営みです。現代の印刷機では大きな紙のロールを機械にセットして一旦それが回り始めると、一時間に何千部もの印刷物を刷ることができます。これほど膨大な数を一体どのような仕組みで印刷しているのかと思いますが、活版印刷▼が発明されて以来、何を刷るにしても版にインクをのせて紙に写すという基本的な原理はそれほど変わっていません。

印刷という人類の営みはふたつの場所で異なる時代に始まり、それぞれ独自に発展してきました。ひとつは西ヨーロッパ、もうひとつは東アジアです。まずは現代の印刷技術と直結している西ヨーロッパの話をします。

活版印刷の技術が発明されるまでは、誰かが書いた論文や詩、小説を複製するときは人間の手で書き写していました。これを写本といいます。いま私たちの手元にあるキリスト教の経典「聖書」やプラトン▼、アリストテレス▼といった

▼活版印刷
活字で組んだ版を用いる印刷方式。凸版印刷の一種。

▼プラトン
古代ギリシャの哲学者。紀元前四二七年生まれ。ソクラテスに師事し、諸国遍歴を経てアカデメイアを創設。著書に『ソクラテスの弁明』『饗宴』『国家』など。紀元前三四七年没。

▼アリストテレス
古代ギリシャの哲学者。紀元前三八四年生まれ。プラトンに師事し、アレクサンダー大王の師となる。アテネ郊外に学園リュケイオンを創設。著書に『カテゴリー論』『命題論』『形而上学』『ニコマコス倫理学』『詩学』など。紀元前三二二年没。

哲学者、詩人の言葉などヨーロッパ文化の出発点となるものは、すべて写本で伝えられてきました。

キリスト教の聖書のようにお祈りのために信徒が自分で持つことが望ましい本であっても、プロの熟練した写本製作者が一生懸命書いたものですから、高価になりがちです。また、プロとはいえ、字を写し間違えたり行やページを飛ばしてしまうこともあったようで、原典と写本で内容が異なるものも実際に残されています。ひとりの写本製作者が聖書一冊を一文字一文字丹念に写し取ったなら、およそ一年ぐらいかかったといわれます。もし聖書を求める人が十人いたら、ひとりで写本すると十年、十人で取り組んでも一年かかってしまいます。

こうした問題を何とか解決できないだろうかと考えた技術者がいました。十五世紀のドイツの都市マインツ▼に住むヨハネス・グーテンベルク▼です。彼はまず、それまでは多くが筆記体で連なって書かれていた文字を活字▼という一つひとつの文字に分解することから始めました。次に活字を拾って文章となるように並べ直します。そしてそれにインクをつけ、その上に紙をのせて押さえました。一枚終わったら次の紙をのせてまた押さえるということを繰り返し、印字が薄くなってきたらインクを足すという仕組みを確立したのです。

彼が最初に印刷した聖書は一ページが四十二行だったので、四十二行聖書と呼ばれています。従来よりも早く安くきれいに同じものを印刷できる技術がここに誕生しました。

▼マインツ
ドイツ中西部、ライン川とマイン川の合流点に位置するローマ時代に起源をもつ商工業都市。

▼ヨハネス・グーテンベルク
ドイツの活版印刷の発明者。一四〇〇年頃生まれ。活字の鋳造、油性インキの改良、ブドウ搾り機を改造した印刷機の開発により活版印刷を発明した。免罪符や暦の印刷も手がけた。一四六八年没。

▼活字
方形柱状の金属の一端に文字を凸状に浮き彫りしたもの。大きさは号またはポイントで表す。

印刷技術のインパクト

ちょうどグーテンベルクとほぼ同じ時代に、文章だけではなく絵や図像を印刷する技術が発明されました。それまでは手先の器用な人がオリジナルを真似て描き写して複製していましたが、これでは時間もかかるし、そもそも上手に写し取ることができるプロがいなければできません。そこでオリジナルを手本に木の板や銅板に絵や図像を彫り込み木版や銅版を作ります。最初の一枚を作るのは大変ですが、一枚できるとあとはその上にインクや絵の具をのせて刷れば同じものを何枚も作ることができます。しかも、プロが一枚一枚描き写すよりも早く正確に、コストも手描きに比べればそれほどかかりません。たくさん刷ると木版自体が多少は傷んできますが、少なくとも二、三百枚は一気に刷ることができます。銅版ならより耐久力があります。

このように文字と絵・図像で少し方法は異なりますが、十五世紀から十六世紀にかけてほぼ同時期にこれらの複製技術が開発されました。キリスト教の聖書のみならず、アルブレヒト・デューラー▼の「黙示録の四騎士▼」のような芸術作品も数多く複製されたことでしょう。

活版印刷が誕生するまで、世のなかには字を読める人はあまり多くはいなかったのですが、比較的手軽に書物を手に入れられる環境になりますと、徐々

▼アルブレヒト・デューラー
ドイツの画家、版画家。一四七一年生まれ。皇帝マクシミリアンの支援も受けて、ドイツ国内のみならず西欧諸国まで名を轟かせる。代表作に「一五〇〇年の自画像」「ランダウアー祭壇画」「四人の使徒」など。一五二八年没。

▼黙示録の四騎士
聖書の中で、四人の騎士はキリストが解く七つの封印のうち、始めの四つが解かれたときに現れる。伝統的には聖書の記述をやや逸れて、四騎士は疫病、戦争、飢饉、死を象徴している。

に読める人が増えてきます。キリスト教、哲学、文学といった学術的な内容の本から、料理の作り方や旅行の仕方など実用的な本に至るまでいろいろな知識が社会に流通し、それが結果として生活や世のなかをより良くする方向に働きました。これはこの何百年間のなかで、革命的な出来事のひとつだといわれています。グーテンベルクはヨーロッパの近代社会、近代文化を作った恩人だといっても過言ではありません。

東アジア世界の印刷

次に東アジア世界での人類の印刷活動を見ていきます。西ヨーロッパとはまったく異なる技術開発と改善がなされてきました。東アジア世界の印刷技術は、実はグーテンベルクよりも千年ほど早く、主に中国を中心に朝鮮半島、日本、ベトナムといった国々に広まっていきました。

現存する世界最古の印刷物が日本にあります。七七〇年に作られた百万塔陀羅尼です。高さ二〇センチほどの木製の塔の中に、木版で印刷された陀羅尼経▼という仏教経典が収められています。百万塔と呼ばれるのは、百万個の塔を作るという当時の記録が残っていることにちなみます。現在では法隆寺をはじめ、いくつかのお寺に実物が残っているといわれています。

それからおよそ八百年後、日本でもグーテンベルクと同じように金属の活字

▼**陀羅尼経**
サンスクリット語を翻訳しないで音写のまま唱える経典。

を作って印刷を始めた人たちがいました。朝鮮半島からもたらされ、駿河国▼で開発されたので駿河版銅活字と言われています。一つひとつの活字に漢字が彫られていて、それらを組み合わせて文章を印刷することができました。日本でも長らくは木版と写本の文化でしたが、それに加えて活字で印刷するという選択肢を得て以来、数多くの書物や版画が世のなかに広まるようになりました。

駿河版銅活字を製作させたのは徳川家康▼です。家康はたくさんの武器を作ったり、関ヶ原の戦い▼をはじめ数々の戦を指揮していましたが、軍事力だけでは世のなかを御しきれないと悟ります。書物を印刷して人びとに配り、その考え方に従って社会を作っていくことができれば、そのほうがはるかに社会を維持しやすく幕府の負担も少なくなると彼は考えたのでしょう。

やがて江戸幕府は安定し、文章の印刷もさることながら江戸時代後期にかけては図像の木版印刷技術が洗練されていきました。葛飾北斎▼に代表されるように浮世絵師がまず絵を描き、次に彫師が木版を彫り、それに摺師が顔料を付けて刷ることで一枚の版画が作られました。この描く、彫る、刷るという三つの非常に高いレベルの仕事で浮世絵版画が実現しました。民衆は浮世絵に熱狂し、それに応えるように膨大な数の作品が刷られ、広まっていきました。浮世絵のみならず、現代生活には欠かせないカレンダーも木版技術によって世のなかに浸透したアイテムのひとつです。

▼駿河国
いまの静岡県の中央部にあたる。旧国名の一つ。

▼徳川家康
江戸幕府初代将軍。一五四二年生まれ。織田信長、豊臣秀吉と足並みをそろえて勢力を拡大し、一六〇三年に征夷大将軍となって江戸幕府を開いた。一六一六年没。

▼関ヶ原の戦い
一六〇〇年に岐阜県関ヶ原で石田三成率いる西軍と、徳川家康率いる東軍とが天下を争った戦い。東軍が大勝し、豊臣家は小大名に転落し、徳川家が覇権をもった。

印刷技術を生み出す素地

西ヨーロッパと東アジアでは印刷技術の誕生におよそ千年の隔たりがありました。これはなぜでしょうか。活字の製作は大変だとしても、木版や銅版を使った印刷はそれほど複雑な技術ではありませんので、どちらの世界でも比較的容易に実現できそうに思います。

これを読み解く鍵は紙の存在です。紙はいまから二千年ほど前に中国で発明され、日本には七世紀ごろに、ヨーロッパには十二世紀ごろに中国から製法がもたらされました。日本ではコウゾやミツマタなどの植物性繊維をとろとろに溶かして、それを漉《す》いて平らにならした和紙が発明されました。植物、水が豊富にあったことが和紙の生産量と品質の底上げに寄与しました。江戸時代に浮世絵が隆盛を極めた理由には、安くて平らな紙が存在していたという側面があります。

一方ヨーロッパの紙は、衣料に使用されていた木綿のぼろの繊維を元に作られていました。ぼろの総量にも限りがあり品質の良し悪しにもばらつきがあったので、安価で平らな紙を大量生産することができませんでした。従って、仮に木版や銅版という技術が編み出されていたとしても、紙のような印刷される媒体がなかったため印刷技術の誕生が遅れたのです。

しかしヨーロッパで活版印刷技術が確立してからの普及・発展は迅速でした。

▼葛飾北斎
浮世絵師。一七六〇年生まれ。勝川春章に学んだ後、狩野派・土佐派・琳派・洋風画などの画法に触れ、風景画に新味を見出した。代表作に「北斎漫画」や「富嶽三十六景」など。一八四九年没。

▼コウゾ
クワ科の落葉低木。五〜六月に開花し、果実はほとんど実らない。樹皮から和紙を作る。

▼ミツマタ
ジンチョウゲ科の落葉低木。枝が三本ずつに分かれるためミツマタと呼ぶ。三〜四月に開花。幹や枝の皮から和紙を作り、紙幣や証券用紙としても使用される高級品。

これは文字の問題です。ヨーロッパの文字はアルファベットAからZまでの計二十六種類前後ですが、グーテンベルクが活躍した十五世紀にはｉとｊやｕとｖの区別がなかったりしたこともあって、活字は二十三種類程度で済みました。一方、たとえば日本のひらがなは五十文字、漢字はいまでこそ制限されておよそ二千文字で済みますが、当時は二、三万種類はありましたのでそれら一文字一文字の活字を作るとなると、桁違いの労力が必要でした。また漢字は一文字当たりの字画も多く、形状が複雑であることも活字化の障壁となりました。世界の西と東で同じような技術を思いつきながら、使っている文字や植生、環境などの条件が異なり、それぞれ独自の印刷文化を作り上げていきました。発明の遅速で優劣をつけられる話ではありません。

やがて産業革命を経てヨーロッパの印刷技術がはるかに進んでいったために、現在の私たちもヨーロッパで開発された技術を使っています。けれども、日本で長い間積み重ねられてきた伝統はいまだに失われていません。たとえば、北斎のような天才的な絵師の絵を版画として実現させた天才的な彫師や摺師がいましたが、現代の版画家はそれらの技能をしっかりと受け継いでいます。

「大量複製と一点制作」

二十一世紀の今日、活字はほとんど使われていません。紙に印刷することも少なくなってきました。この背景にはデジタル革命があります。ひと昔前はオリジナルのものが最初にあって、そのコピーがたくさん印刷されていました。しかし、現在はオリジナル自体がコンピュータのなかの無形の電子記号で作られ、それをもとにしてまったく同じものがいくらでもコピーできます。オリジナルを複製するという印刷の概念が変わってきたのです。デジタルで作られたものはオリジナルかコピーかは関係なく、最初から大量生産を前提としたものです。

それでも不思議なことに、このような時代だからこそ、かえって一点だけ作る技術が意外と大事な意味を持っているのではないか、と多くの人が気がつき始めました。一点物には味があり人間の個性が現れている、同じものを一つずつ手作りすれば差が出てきて、その差異の部分に味わいがあるんだ、と。こう語る人たちは実はコンピュータ技術の最前線の人たちであったりもします。

印刷技術はこの何百年間に次々と改良され、誰もが分け隔てなく安くて正確な印刷物を手に入れられるようになりました。それに伴走し、人類も新たな文明を築いてきました。今後、印刷という技術が発展すればするほど、それに伴って人間らしい創造の仕方がそのなかから生まれてくるに違いないでしょう。

Q&A

――紙の本が売れなくなると、安く手軽に手にできる本がなくなってしまうのではないかと危惧しています。今後紙の本はどうなって行くのでしょうか？

一緒に心配できる仲間がいて、とても心強く思います。もうその萌芽が見えていますが、紙の本の代用として持ち歩くことができる新しい媒体が開発されると思います。私は紙の本の手触りや美しさが好きですが、美しくて使いやすいなと人間が思うような技術革新が生まれれば、徐々にそちらに移り行くのではないかと思います。紙の本を超える素晴らしい読書体験を提供してくれる技術を楽しみにしています。そして、印刷博物館▼には未来を占うヒントもありますので、ぜひお越しください。

▼印刷博物館

日本唯一の印刷に関する専門の博物館。世界中の主だった国々の文化と印刷とのつながりや、社会や国家とのつながり等々をいろんな事柄を通して展示している。企画展も適宜開催。

わたしの思い出の授業、思い出の先生

いまから70年近くも昔、私は東北地方の小学生だった。転校してきたので方言は話せず、土地の風習も弁えないまったくの異星人。かなり辛い思いをさせられた。担任の松岡国雄先生は国語を専門とし、児童演劇に情熱をそそぐ若い熱血漢だった。

松岡先生は、この異星人にたいしてはたいそう優しかった。日本語では、標準の共通語とローカルな方言とが両立しており、それは日本国家の文化と地方社会の文化との並存に対応するものだと、懇切丁寧に教えてくれた。理屈は難しくて、よく理解できなかったが、その趣旨は頭のなかに刻みこまれた。

長ずるにおよんで、私が歴史学などを生涯の伴侶とするにいたるのは、そのお蔭だと強弁したら、天国の先生は苦笑されるだろうか。でも未だに私は、下手な外国語をも使って、言語と風習の異相のことを考えつづけている。

わたしの仕事をもっと知るための３冊

樺山紘一『ルネサンスと地中海』（中公文庫）

樺山紘一『歴史のなかのからだ』（岩波現代文庫）

ホイジンガ『中世の秋』（中公文庫）

第5章

AI時代を生き抜く感性

豊かな建築を目指して

長谷川逸子

私は静岡県焼津市の、いわゆる町屋と呼ばれる日本の伝統的な住宅で育ちました。こういう民家には木や草で編まれた畳、和紙が貼られた障子や襖があり、玄関には土間があるという自然の材料でできた空間です。これらの自然の素材はわずかな光の変化にも反応します。部屋に差し込む柔らかな光は一日を通して変化してゆき、一年のあいだには春夏秋冬の移り変わりがあります。漆喰など材料のほとんどが吸音材ですから、現代の住まいと違ってとても静かでした。そんな記憶が私のなかに残っています。

庭ではいろんなイベントがありました。近所で採れたキノコを持ち寄ったり、魚を持ってきてみんなでお寿司をつくったり。公共の建築といえばお寺くらいしかありませんでしたが、川沿いにも海沿いにも原っぱがいっぱいあって、花もたくさん咲いています。草取りをしたりして自然に維持されて来た場所です。そこに幔幕《まんまく》と呼ばれる幕を張って、能を演じたり、サーカスがきたりする。催し物は遠くのホールまで観に行くものではなく、生活のすぐ隣にあって、お祭

はせがわ・いつこ＝建築家。長谷川逸子・建築計画工房主宰。一九四一年生まれ。菊竹清訓建築設計事務所、東京工業大学篠原一男研究室を経て独立。八〇年代以降を牽引する建築家の一人として注目を浴びる。「焼津の住宅」「緑ヶ丘の住宅」「湘南台文化センター」「すみだ生涯学習センター」「大島絵本館」など住宅から大規模公共建築まで多数の作品がある。著書に『生活の装置』『長谷川逸子作品集１２３』など。日本芸術院賞、英国ロイヤルアカデミー建築賞など受賞多数。

りのように誰でも参加できるものでした。住宅で営まれる人びとの生活の延長上に、原っぱというかたちの公共空間がありました。

春になると、みんなで正装して浜辺へ出かけて行くならわしがありました。流れてくる黒潮を拝みに行くのです。そのころには寒さも緩んでいます。浜辺へ行ったあとは宴会です。子どもたちにも美味しいものを食べさせてくれました。

「自然が遠いものになった」

ところがここ百年で、私たちの伝統的な生活は大きく変わりました。いまの暮らし方は密閉されている度合いが高く、マンションは外気なんか入ってこない方が快適だという考えでつくられています。住宅を大企業が商品として大量につくり大量に販売する、それが当たり前になりました。閉鎖的で、生活の豊かさは外側から見えないものになり、暮らしている人にも四季折々の環境の変化は感じにくくなっている。自然はずいぶん遠いものになってしまいました。

戦後、建築家が手がける公共建築がたくさんつくられてきましたが、みんなが伝統的な生活をしていたころと比べると、日常の暮らしとはだいぶ距離がありました。有名な建築家が芸術作品のように建てたものも多かった。公共空間は行政が企画し、市民に与える権威的な建築に置き換わっていってしまいました。

大学を出て私は菊竹清訓建築設計事務所▼に入社しました。大きな公共建築の

▼**菊竹清訓**
一九二八年生まれ、日本の戦後を代表する建築家の一人。自邸「スカイハウス」、「代謝建築論」などの独自の建築論、「海上都市」などの構想に加え、主な作品に「出雲大社庁の舎」「大阪万博エキスポタワー」「東光園」などがある。二〇一一年没。

仕事をいくつも特命で依頼される偉い先生の事務所です。一生懸命プロジェクトに取り組みましたが、建物が完成したあとどういうふうに使われているのか、見えてきませんでした。誰のためにこんなに必死につくっているんだろう。そんな疑問が湧いてきました。使われている場が見える建築をつくりたいと思っていました。

しばらくして私は東京工業大学の篠原一男▼先生のところへゆくことになります。先生の「民家はきのこ」ということばに惹かれたのです。空中を飛んだキノコの菌は、それぞれあった土地を見つけて生えてくる。民家もその土地それぞれのものである、という意味です。日本中の民家を見て歩きたくなり、一人で一年間かけて大旅行をしました。東北には東北の、沖縄には沖縄の住宅があることを知りました。それぞれの土地にまったく違う生活の空間があり、すごく快適です。その土地で展開してきた豊かな生活が感じられました。

▼篠原一男
一九二五年生まれ、建築家。日本の伝統建築の分析を踏まえた大胆な住宅作品で知られる。主な作品に「谷川さんの家」「白の家」「上原通りの住宅」「東京工業大学百年記念館」などがある。著書に『住宅論』がある。二〇〇六年没。

「原っぱのある建築」

小住宅設計等の経験を経て、やがて私は公共建築を手がけるようになりました。四十歳になったころ、コンペで一等賞をもらったのが「湘南台文化センター▼」です。それまで公共建築は先輩世代がつくるもので、オープンなコンペは初めてのことでした。だから伊東豊雄▼さんですとか、私たちの世代の建築家はみん

▼湘南台文化センター
神奈川県藤沢市の複合文化施設。公民館、子ども館、直径約五メートルの円形舞台のある球形の市民シアターなどがある。一九九〇年竣工。

な張り切って参加しました。

この「湘南台文化センター」は誰でもが訪れる場所です。子どものためのミュージアムがあったり、シビックシアターや市民が活動する複合機能の建築です。美術館や博物館のように特別な目的のためだけに訪れる公共建築とは違います。

コンペに参加するとき、私は二つのことをします。ひとつは案をつくるまえにその土地に足を運ぶこと。どんな歴史があるのか、どんな文化活動があるのか、町の人にインタビューしたり、図書館で調査したりします。そして一等になったら自分の考えをしっかり市民に伝える機会も持ちます。

この土地を調べて行くと、なだらかな丘を区画整理で平らにした場所だとわかりました。町の人はその丘のことを覚えていました。生えていたヨモギを摘んでよもぎ餅をつくったこと、ボール遊びをしたこと、なくなってしまって残念だったことなどを聞かせてくれました。

設計するとき、施設の七〇%を地下に埋め、地上にはみんなが自由に集える場所をつくることにしました。昔、お祭りをし、子どもたちが遊んだ「原っぱ」です。実はこの建物は土の建築です。広場は当初土間にするつもりでしたし、最終的には土を焼いた瓦を敷き詰めることになりました。壁には左官屋さんの手を借りて、土を塗っています。屋上には植物が植わっている。

こういうことはコンペ入賞後、時間をかけて行った町の人たちとの意見交換から、だんだんにリアルになっていったのです。みんなの意見を聞くには工夫

▼伊東豊雄
一九四一年生まれ、建築家。菊竹事務所を経て独立、世界的に活躍している。主な作品に「せんだいメディアテーク」「多摩美術大学図書館」「台中国家歌劇院」など多数。著書に『「建築」で日本を変える』『冒険する建築』など。

湘南台文化センター

が必要です。市が用意した会場では関心のある人しか集まりません。私は高校にも行きましたし、小学校にも出かけて行きました。

ある男の子がこんなことを言いました。この建物ができあがって有名になるといろんな人がやってくる。そうしたらゴミが出る。ゴミはやがて湘南の海を汚してしまう。だからこの建物にはゴミ箱を置いて欲しくない、と。それを聞いてゴミ箱を置くのをやめました。オープンしてみると、なにも困ったことはありませんでした。ゴミ箱がないのをみて、みんな持ち帰ってくれた。視察に来た市会議員が、なんでゴミ箱がないんだ、灰皿もないのかと文句を言ってくることがありました。みんな綺麗に使ってくれる様子を次々に設計のたびに市民に伝えてきました。

子どもたちは、お母さんにこんな大きなホールはいらないと言ってこいと言われた、お父さんにこんな広いロビーはいらないと言いなさいと言われた、と伝えてくれます。中学生や高校生になると、社会性が育ってくるからでしょうか、自分で考えたことばが少なくなってきます。利用者である町の人たちが自分たちが困っていること、感じている生の声を伝えてくれることは、建築をつくる上でとても大切なヒントになります。

小学生たちと「湘南台文化センター」を訪れるというTV番組では、子どもたちはせせらぎに差し込む光がつぎつぎに変ってゆく場所を見つけてくれたり、地下の広い庭を見て、地下に新しい地面がつくれるんですね、と言ってく

湘南台文化センターせせらぎ広場

れました。番組を見ていた伊東豊雄さんから、小学生の発言はすごいね、と電話がかかってきました。建築家にとって、とても大切な感想です。

ある市では、誰でも使えるはずの公共建築なのに自分たちが入れる場所がない、と高校生から言われました。夕方になると駅前に高校生がたむろしている。行く場所がない。そこで私はスチューデントロビーと名付けた場所をつくりました。時間帯でいろんな世代が使うようにしたら、いざオープンすると高校生たちが驚くほどよく使ってくれました。そこで勉強している。東大へ行くような生徒はいなかったこの町から、今年は十人も合格しました、としばらくあとで市長さんが聞かせてくれました。

新しい技術でイメージを実現する

日本で一番果物を生産している山梨県では「フルーツミュージアム▼」をつくりました。約千五百平方メートルのコンクリートの箱が、博物館として地下に埋まっていて、そこから地上に出てくると葡萄畑が広がっている。ミュージアムというと箱をつくることになりがちですが、この葡萄畑を見て、ここには箱はつくりたくないと感じました。この博物館のテーマはフルーツの豊かさや多様性です。この丘にコンクリートの箱は馴染みません。

コンクリートは一見耐久性がありそうですし、鉄骨製にすると造形の自由さ

湘南台文化センター外観

▼山梨フルーツミュージアム
山梨県山梨市にある博物館、植物園。飛来した種子や果物をイメージさせる三つのドームが施設を覆う。一九九五年竣工。

もあります。でもその場所に占める存在感が大きすぎます。だから私はコンクリートは地面に埋めて地上はぶどう畑とし、地上の建築は竹かごのように編んだ鉄骨の屋根を被せました。イギリスの構造設計会社オーブアラップに依頼したのですが、新鮮な経験をしました。それまでの建築の常識ではフレームとフレームがぶつかるところではジョイントが必要になります。アラップもジョイントをたくさん使う構造を提案してきた。どうも良くありません。私は船の骨組みのように溶接してつなげて欲しいと伝えました。

そんなものはつくったことがない、と彼らはびっくりしました。横浜の造船所につくれるかどうかロンドンから電話してみると、できますという返事。アラップの人たちはまたびっくりしていました。このあと有名な建築家たちがヨーロッパで同じ溶接の技術を使って建築をつくるようになりました。日本では伊東豊雄さんの「せんだいメディアテーク」が同じ技術を使っています。

ときに建築家は、自分のイメージを実現するために新しい技術や素材を使わなければなりません。

山梨フルーツミュージアム

「群島で結ばれたシステム」

新潟には「新潟市民芸術文化会館」▼があります。コンペの前に歴史を調べてみました。すると近代化でコンクリートの護岸になってしまった信濃川には、

▼**新潟市民芸術文化会館**
新潟県新潟市の複合文化施設、愛称「りゅーとぴあ」。東北地方随一の専門ホールを有しクラシックコンサート、演劇など多数のプログラムが上演され続けている。一九九八年竣工。

かつて浮き島がたくさんあったことを知りました。しかも時代ごとに集まったり離れたりダイナミックに移り変わっている。古い絵巻物によれば、この群島が芸能や祭りの場だったこともわかった。新潟には今でも浮き島の名残りがある風景はたくさん残っています。戦後は埋め立てが進みましたが、柳が植わった水路がたくさんあって芸妓さんがいる。それが新潟の風景でした。だからランドスケープデザインで群島をつくり、それをパフォーマンスのステージにしようと提案しました。

隣接する敷地には著名な建築家が以前建てた音楽ホールや県民ホールもあります。でもそれぞれが何の関係もなく建てられています。コンペの要件は三つのホールをつくることでしたが、それでは敷地と建築とを結びつけることができません。この場合には、建物そのものの性能を上げることより、敷地をどうやって活かせるかを考えることがテーマではないかと考えました。

敷地の新しいあり方を考えてゆくと、建築のイメージもできてきます。かつて新潟の風景としてここにあった群島のように、この大きな建築を一つの群島と考えたらどうだろう。そしてそれらをブリッジでつなげてゆく。信濃川から街までが一つに結ばれてゆきます。街から公園へ、公園からホールへ、ホールから川へ。すべてがつながって都市的でリズミカルなネットワークが生まれます。

私は敷地の隣にあった市道を埋めて、古い公園をつなげてしまいました。ブリッジを人びとは街の道路と同じように自由に使っています。群島にかけたブリッジ

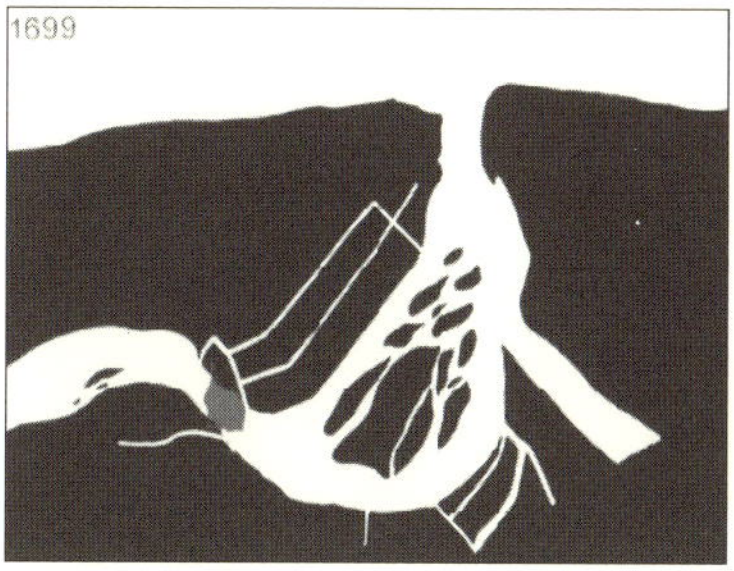

一六九九年の信濃川と浮島

の足は信濃川の河原にも下りました。実はこのことで三つの公共組織との調整が必要になりました。河岸を管轄するのは国土庁、ブリッジでトンネルができることになる県道は県知事から了解をもらわなければなりません。市道を埋める許可は市長さんです。幸いみなさん協力的でしたし、堤の緑化まで実現しました。おかげで河原の砂利から埃が舞って、建物が埃だらけになることもありません。

建物のなかには二千人のコンサートホールと千人の劇場、そして能楽場があります。建物自体が群島として周囲の環境と結ばれているように、建物のなかもそれぞれの活動の場所と、ホールをつなぐロビーの空間があります。ホールはふたつの大きなブロックで耐震性と遮音性を確保し、外周の柱は細くしました。そして朝から夕方まで、ロビーも外部につながった空中庭園のひとつとして解放されます。ソファなどの家具は可動式ですし、開放的な空間でミニコンサートを開くこともできる。

周囲にはアルミパンチングメタルのオーニング（日よけ）と二重のガラスが入っています。センサーで明るさを感知し、自動で光の加減を調整する。昼間はライティングしなくて良いし、断熱性能も高い。運用コスト低減に直結します。こういう機能をハイテクだとよく言われます。でも私はローテクでやりたい。テクノロジーは人を驚かせない優しいものでいいのです。超スピードで上がり下がりするようにしましょうと提案されたのですが、ゆっくりで良かった。このあいだ行ってみたら、手で動くくらいのスピードだから、もう手動で動か

新潟市民芸術文化会館のオーニング

することにしました、と言われました。それでいいと思います。光の加減に応じて建物がゆっくりと変化してゆきます。コンサートが終わって出てくるとガラス面がパンチングメタルで覆われていたりする。子どもから生きている怪物みたいな建築ですねと手紙をもらったこともあります。パッと切り替わるようなハイテクな仕組みだったら、こんな感想は出てこないでしょう。

建物をつくるだけではなく、しっかり使ってもらうためには運営も提案できなければなりません。演出家や劇場運営の専門家にも参加してもらい、市民が自分たちで運営まで手がけられるようにワークショップを何回も開催しました。そこまでする建築家はいません。たいへんなことでしたが、おかげで運営スタッフはもちろん、ボランティアもたくさん育ちました。

「地域に継承されているもの」

最後にご紹介するのは能登半島の先にある珠洲市の多目的ホール▼です。あるとき、東京につくっていた建物のために珪藻土を見にきたら、市長さんからホールというものはどういうものか、話をしてほしいと急に頼まれたのがきっかけです。市長さんは専門ホールをつくりたいと思っているけれど、市民も行政の担当者もホールがどういうものかがわかっていない、山が入り組んだ複雑な地形で、話し声がスピーカーも使わずに伝わる空間というものを体感したことが

▼**珠洲市多目的ホール** 石川県珠洲市の多目的ホール、愛称「ラポルトすず」。大小のホールに加え、竹笛ミュージアムなどを擁する。二〇〇六年竣工。

ない、と。だからワークショップをひらいて欲しいというのです。

　それから一年間、夏祭りのときも雪のときも、車を運転して何度も通いました。ここでも子どもたちを対象にしたワークショップも開催しました。合併してしまいましたが、この地域には村がたくさんありました。お祭りになるとそれぞれの村で違う音色の竹笛を吹く。色彩感覚だっていろいろある。そんなことにびっくりしました。ディスカッションのとき、雲のような建築をつくりたいと私が言うと、雲の建築ができると町中に広まった。皆が立山連峰から吹き下ろし、富山湾に湧き上がる雲のイメージを持っているんですね。

　地域性というものは、目に見えるものばかりとは限りません。市民の人たちの身体のなかにある地域性もある。一年間のワークショップを通して、それが見えてくるのはとても貴重な体験でした。

　公共建築は町の歴史や生活、人びとの振る舞いや身体、自然の営み、そんな地域に残っているさまざまなものを包括して未来に残してゆく「コモンズ」でなければなりません。普段目に見えないものも含めて、古いものを受け継ぎながら、同時に外部や変化に開かれている現代性を持っている、そんな多様な性質を包み込むものなのです。グローバル化した建築は、ときに地域性や特殊性を無視してつくられます。でもそれでは建築と人びとが離れたものになってしまう。人びとに大いに使われる、市民生活のための公共空間をつくってゆきたいといつも思ってきた私にとって、珠洲市での体験はとても大切なものなのです。

珠洲市多目的ホール

写真は『長谷川逸子作品集 1』より

Q&A

――ワークショップでの市民のアイデアはどのくらい建築に反映されますか？

珠洲市のホールでは、設計する前に子どもたちとアイデアを出し合う機会がありました。でもそれは実は異例のこと。コンペが終わってからワークショップや説明会で市民と話ができるのが普通です。だからここは特別でこの風土が私のアイデアに反映されているといえます。いつもはコンペに参加することにしたら、まず敷地を訪れます。町の人たちの話を聞いたりして、帰りの電車で湧いてきたアイデアをスケッチしたりする。そうやって案が練られてゆきます。

わたしの思い出の授業、思い出の先生

Q1：思い出の先生を教えてください

中学１年２年の植物の先生。

Q2：その先生が記憶に残っている理由はなんですか？

一緒に南アルプスなどに植物採集に出かけた。

Q3：その先生は人生を変えましたか？

植物から自然というものを考えるようになっていった。

機械じかけの芸術？

三輪 眞弘

私はコンピュータで音楽を作曲しています。ベートーヴェンやバッハの流れを継ぐヨーロッパ音楽の作曲を勉強し、「コンピュータ音楽」と呼ばれるテクノロジーを使ったさまざまな音楽表現を試みてきました。

コンピュータ音楽の作曲家は大きく二つに分かれます。まず第一に「音波」を作曲するひとたち。ひとつの楽器はひとつの音色を出す。たとえば、バイオリンはバイオリンの音しか出ない。ところが、電子的なテクノロジーまたはデジタルテクノロジーを使うことでいままでに聴いたことのないような音響を作ることができる。電子音楽や「ミュージック・コンクレート▼」と呼ばれるものがそれです。

第二に、楽曲の構造に興味を持って作曲するひとたち。つまり、楽譜の上ででその音符がどのように置かれるかをコンピュータのアルゴリズムなどを使って決めていく。アルゴリズミック・コンポジション▼という領域です。私自身は音響ではなく、こちらの領域に興味を持って活動を続けてきました。

みわ・まさひろ＝作曲家、情報科学芸術大学院大学教授。一九五八年生まれ。コンピュータを用いたアルゴリズミック・コンポジションと呼ばれる手法で数多くの作品を発表。プリ・アルスエレクトロニカでゴールデン・ニカ賞、第十四回芥川作曲賞、芸術選奨文部科学大臣賞ほか受賞歴多数。著書に『コンピュータ・エイジの音楽理論』『三輪眞弘音楽藝術　全思考一九九八-二〇一〇』がある。

ひとが奏でるコンピュータ音楽

具体的にどんな音楽を作曲しているか。ドイツで先週初演されたピアノ作品の作曲原理を説明します。十六個の音があってひとつひとつの音はドやレやミのフラットといった音の高さを持っています。この曲ではその十六個の音符に割り振られた十六の音高が繰り返されます。そのなかで、ある音が弾かれるとき、その音が前の二つの音を見て、ある単純な規則に従って変化する。たとえばドだった音がレに置き換えられる。次の音も同じように、弾かれるときは前の二つの音を見て、自身の音を変えます。この作品は、同様のことがひたすら続けられて生まれた単旋律のピアノ曲です。

コンピュータの画面では音がよく響くとき、それは、十六の音高がある特定の音階音に集中する（「調性的に響く」といいます）ときです。このときその音階の音に十六の音高がどのくらい重なって、どの領域にあるか。その音階がどれぐらいはっきり聞こえるのかをモニターで確認できるようになっています。

ただし、この規則は続けていくと無限ループにはまることがあります。無限ループとは全く同じ音の並びがいつまでも繰り返されたり、同じパターンが無限に上がり続けたり、下がり続けたりする状態です。無限ループになるとそれを抜け出すためにひとつだけ音を変えるようにプログラムしました。すると、ループ状態のパターンのバランスが崩れて音楽が先に進むという仕組みです。

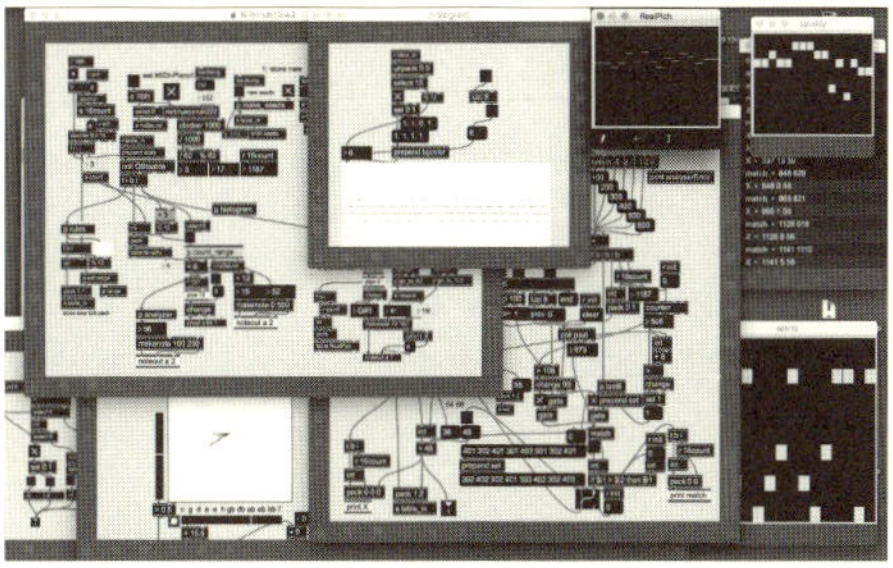

「虹機械　はじまりのうた」のモニター画面

▼ミュージック・コンクレート
楽音のほか、人の声や騒音など自然界の音を電気的な操作などによって加工・構成し、つくり上げる音楽。フランスの現代音楽作曲家ピエール・マリー・シェフェールによってはじめて制作された。

この曲を人間が弾くとどうなると思いますか。単旋律だから弾けないわけはない。とは言え、そんなに簡単なものではない。長い休みは一切ないし、原則として同じものは二度と繰り返しません。少しずつ変わっていきます。

この曲は浜松の国際ピアノコンクールのために書いた作品です。このコンクールでは、毎回二人の現代音楽の作曲家に課題となるピアノ曲を依頼し、それらを課題曲にしています。二回予選があって、二次予選を通過したひとたちが作曲された二曲のうちのどちらかを選んで弾きます。当時約二十人の演奏者のなかで私の曲を選んでくれたひとは五人しかいませんでした。暗譜で弾かなくてはならないという条件もあって五人中完奏したひとはいませんでした。

ところがある日、友人が「あなたの曲を暗譜で弾いているひとの演奏がネットにあがっている」と教えてくれました。見るとその動画に映っているピアニストは本当に暗譜で私の曲を弾いていました。人間が暗譜でこの曲を弾くのは不可能なのかもしれないと思い始めていた私は大変驚きました。自分の作品が演奏家の身体にインストールされ、演奏される。作曲家としてこんなに嬉しいことはありません。自分のアイデアが人間の身体によって現実のものになるという喜びがあります。私の作品はコンピューターによって創られていますが、最終的には必ず人間が演奏します。

▼アルゴリズミック・コンポジション
厳密に手順の決められた方法にもとづいて音楽を作曲する手法のこと。手法は確定的と呼ばれ、手順から一切の偶然性を排除する方法と、不確定的と呼ばれ、手順に偶然性を取り入れる方法に分けられる。近年のアルゴリズミック・コンポジションのほとんどはコンピュータを使用する。

「作曲家になるまで」

小さい頃ピアノを少し習っていたおかげで楽譜は読めましたが、高校は普通の進学校に通っていました。ただ一切勉強をしませんでした。というのは、頭に来ていたんです。たとえば学校で習ったことと実際に社会で大人たちがやっていることを見て矛盾を感じていました。高校時代はバンドの活動ばかりしていました。生きているなかで音楽にしか望みを感じられませんでした。

バンドではロックバンドをコピーから始め、練習するうちにオリジナル曲を作りたいと思うようになりました。ただ、自分が思ったような曲はなかなかできません。そこで、最低限の音楽の理論を勉強しておかなくてはいけないのかなと考えはじめました。音楽理論を学ぼうと、まずは東京藝術大学の学生のところへ通うようになりました。高校卒業後は一年浪人して、東京藝術大学の作曲の先生のクラスにプライベートで通っていました。ただ、習い始めたのが遅かったので、将来東京藝術大学の作曲科に入るというのは、あまり考えられませんでした。

なかなか前に進めず困っていた矢先、あるひとからドイツにイサン・ユン▼という韓国人の素晴らしい作曲家がいると聞きました。しかもユン先生は年代的な背景もあり、日本語ができるらしい。そう聞いて日本語で「先生のところで勉強をしたい」と手紙を書きました。すると、イサン・ユン先生から「君は若いからす

▼**イサン・ユン**　作曲家。一九一七年生まれ。日本統治時代の朝鮮慶尚南道統営出身。東ベルリンからの拉致以降西ドイツに帰化。コミュニストで韓国の民主化運動にも力を貸した。代表作に「光州よ、永遠に」「交響曲第一番」「交響曲第四番《暗黒の中で歌う》」などがある。

ぐにドイツに来なさい」と返事が来た。私は迷わずドイツに行くことにしました。

通常日本人で海外の音大に入るひとは大学を卒業している場合が多いのですが、私は高校を卒業した状態で行ったので、まず一般教養的なすべての科目を取らなくてはなりませんでした。ドイツ語も最初は全くできなかったので日々ドイツ語を勉強しました。

一九八〇年代の西ドイツのベルリンには壁がまだありました。東西冷戦の時代で世界が東側と西側に分断され、特にベルリンは東ドイツのなかにぽっかり浮かんだ島のような場所となり、半分が東ドイツに属していて半分が西ドイツ側に属していました。壁を乗り越えようとして撃ち殺されたひとのお墓などもあって「人間は何の権利があって壁を立てて東西を分けたりするのだろう」と素朴に思いました。その後、ドイツに十八年ぐらい住みました。

ドイツの人は、素朴にわからないことはきく。きいたら何らかの答えは返ってくる。納得いかなければ反論するという文化。日本で建前と現実社会とのギャップに矛盾を感じ、疑問があっても口を噤むような風潮に絶望していたので、当たり前のコミュニケーションが成立する世界は私にとって救いでした。日本はヨーロッパから見ると極東の小さな国です。日本が世界のすべてであるはずはもちろんなく、日本の常識は全く通用しない世界があり、またその逆もあるという当たり前のことに気づかされました。

音楽とは何か。何でコンピューターを使わなくてはいけないのか。ドイツ社会のなかで根本的な疑問に対して考えを深めていくことができたのは自分にとって幸せなことでした。

新しい起源の音楽

イサン・ユン先生が退官し、デュッセルドルフの音楽大学へ転校する前の、一九八六年、作曲で小さな賞をもらいました。少しですが賞金をもらったので、私はそのお金でコンピュータを買いました。当時のコンピュータはいまとは比較にならないほどプリミティブなものでした。私が買ったのは半分ゲーム機でもあるコモドール64▼という機種の中古でした。

シェーンベルク▼という作曲家の十二音技法▼という作曲技法があります。十二平均律にあるオクターヴ内の十二の音高を一回ずつ使った旋律（音列と言います）を組み合わせることにより、調性の束縛を離れた音楽を作ろうとする技法です。

そのなかでも、たとえば十二の音高を一回だけ使って隣り合う音との音程がすべて異なるような音列なんていうのはめったにない。めったにないけれども存在はする。有名な作曲家のシュトックハウゼン▼が一晩で三つこの組み合わせを見つけてきたことが武勇伝になるほど大変な作業です。このような組み合わせを見つけるのにコンピュータが使えるのではないかと考えていたのです。

当時、私は自分の感性に従って音符を選ぶことに疑問を持っていました。つ

▼コモドール64
アメリカのコモドール社が一九八二年に発表した八ビットのホームコンピュータ。二二〇〇万台を出荷し、歴史上もっとも売れたホームコンピュータ。

▼アルノルト・シェーンベルク
オーストリアの作曲家。一八七四年生まれ。後期ロマン派の作曲家として出発したが、無調音楽を経て十二音音楽の技法の創案者。数理的な秩序をもつ作品を数多く作曲し現代音楽の第一人者となった。代表作に交響詩「ペレアスとメリザンド」、弦楽六重奏曲「浄夜」、オペラ「モーゼスとアーロン」など。著書に『和声法』『作曲の技法』などがある。一九五一年没。

まり、楽譜上のある音が選ばれる理由は何なのか、言い換えれば、その起源は本当に私にあるのだろうか、と。そして、十二音技法を始めとする「システマチックな作曲」技法の発展形として、コンピュータを使ったアルゴリズムによって選ばれていく音に私は新しい音楽の可能性を感じたのです。

コモドールのなかには三音を同時に出せる小さな音源チップが入っていて、私はすぐにそれをプログラミングしてみました。これが私のアルゴリズミック・コンポジションの始まりです。そして寝食も忘れるくらいコンピュータを使った作曲に没頭しました。

「音楽を捧げる」

いま思うと、高校生のときにおかしいと考えていたことはとても大事なことでした。だからまずみなさんに言いたいのは、自信を持って、自分の感じたことを大切にしてほしいということです。みなさんが感じている疑問は多くの場合、みなさんが未熟だからではなく、事実おかしいのです。

たとえば、駅のエスカレーターはなぜ片側だけに人が並んで乗るのでしょうか。乗っていないほうはまるで空いていて、その代わりその後ろに長蛇の列ができているという光景を見たことがあるでしょう。輸送能力は二分の一になっているし、エスカレーターはそもそも片側にだけ重みがいくように設計されていません。

▼十二音技法
一オクターブ内の十二音を同等に扱い、これを並べた音列を基本として作曲された音楽。一九二〇年代前半にシェーンベルクによって確立され，ウェーベルン、ベルクらに引き継がれて現代音楽の大きな出発点となった。

▼カールハインツ・シュトックハウゼン
ドイツの作曲家。一九二八年生まれ。ミュージック・セリエルと電子音楽を出発点として、次々とその創作領域を拡大させ、電子音楽とミュージック・コンクレートとの結合、音楽への空間性の導入、偶然性の導入による開かれた形式、ライブ・エレクトロニック・ミュージック、演奏者の精神状態のみを指示する「直観音楽」など実験的な電子音楽や空間音楽理論で現代音楽の新しい地平を拓いた。二〇〇七年没。

そしてエスカレーターは段を登っていくようにも設計はされていない。あんなに段差の大きな階段は普通ありません。法律で決められているわけでもないのに、それがルールであるかのように誰もがその慣習に従う。その抑圧する力というのはどこから来るのでしょうか。不思議な世界に私たちは生きています。そのような世界のなかで私はいつも「人間にとって音楽とは何か」「そもそも必要なのか」と考えています。現代では芸術や文化は大事だと口では言いつつ、その実「何に役立つか」という基準が支配的になってきています。そのような価値観に音楽や芸術をやっているひとは嫌でも向き合わなくてはならない。たとえば、音楽はエンターテインメントと同じものなのでしょうか。私は違うものだと考えています。たとえばピアノリサイタルでベートーヴェンが演奏されるとき、ピアニストがどう思っていたとしても、演奏は観客を喜ばせるために行われているわけではないと、ぼくは思います。

基本的に芸術は神に捧げるものであり、周りでそれを見ているひとはその場に立ち合っているという関係だと思います。観客を喜ばせるからお金になるという一面はありますが人間にはそれだけではないもうひとつの側面があるのです。奉納と言いましょうか、そういう場が社会には必要なのです。つまり、神、または現実世界を超えたものを感じ、体験することこそが芸術なのだと思います。あるひとがある作品を作るのは、もう死んでしまったひとや、これから生まれてくるひとを含めた何者かのもとに作品を差し出すこと。彼らに対して恥ずかしくないようなものを作る。それが芸術の営みなのだと思います。

Q&A

——音楽は一種の感情表現としてひとを感動させると思うのですが、いま、ひとを介さずAIが曲を作ることが可能になってきています。AIにみんなが感動するような曲を作ることはできるのでしょうか。

いまの質問にはポイントが二つあります。ひとつは音楽とはどういうものかに関すること。もうひとつはAIというテクノロジーに関する話です。

私は音楽が人間の感情を表すものだとは思いません。百年前の西洋のロマン派の時代、作曲家の精神性や感性を表現したものが音楽だと思われるようになりました。その発想は後にポップスに引き継がれてアーティストの「熱いもの」や「元気」をもらえるなどコミュニケーション・メディアとして音楽が捉えられるようになりました。

いまほとんどのひとは音楽をコミュニケーション・メディアと考えるかもしれませんし、そう教えられています。けれど、たとえばJ・S・バッハはそのように考えて作曲していたのでしょうか。そもそも音楽は奉納、つまり儀式でした。ひとを超越するものに捧げる儀式だったものが非常に個人的なメッセージを表したものへと捉えられ方が変わっていった。言い換えると、それは人間が神様になったことを意味します。そのような考え方が私たちを不幸にしているように感じます。

次のＡＩがひとを感動させられるのかという話について。現在いよいよＡＩ自身がひとを介さず「作曲」するようなことが現実となっています。心がないからというのではなくて、ＡＩが誰も考えたことのないような様式や音楽のあり方を作り出せるかどうかが問題だと思います。というのは、ＡＩはいまのところすでにある音楽、データのなかからその特徴をつかんで「作曲する」という意味でまず超えられない限界がある。

ＡＩがチェスや将棋で人間に勝ったことが話題になっています。でも、考えてみてください。ＡＩは本当に将棋を指しているのでしょうか。人間にとって将棋とは敵の手を読み、駆け引きをするゲームです。コンピュータがルールに則って次の一手を算出をできるからといって「将棋を指す」といえるのでしょうか。ひとでないものをひとのようにいっているだけ、つまり擬人化に過ぎないと思うのです。その定義においてＡＩに作曲はできないと私は思っています。コンピュータが身体を持ち意識や無意識を持つようになったとき、初めてＡＩによる作曲が実現するかもしれません。

――私は数学が大好きでしょうがないです。目的の云々ではなくて、芸術として、感性として訴えてくる数学に力を入れて勉強してきました。ただ、数学ができると勘違いされ、実用的な方向に自分の数学が制限されているように感じます。どうすれば目的論ではない、感性として訴えてくる営みの素晴らしさを社会に広められるのでしょうか。

自分で乗り越えていくしかないと思います。あなたの周りではいま理系・文系の分け方が当たり前のようになって、専ら実用的に理系が求められていて、文系はいらないという価値観さえあるのかもしれません。しかし、そのような差別、そして文系理系という考え方そのものに異を唱えてほしい。

たとえば「人材」という言葉がこのごろよく使われます。産業のなかや、働き手という文脈で「人材」と使うのであればいい。でも教育の世界でそのような言葉を使っていいのでしょうか。あたかも若者たちを労働力としてしか見ないような愚かな発想です。ですので、感性による営みが軽視されるようないまの状況は私にも想像できます。でも、そこで自分の考えに自信を持って生きてほしい。なぜなら、あなたがいま感じていることは、人間なら誰もがそう感じなくてはおかしいことだからです。

わたしの思い出の授業、思い出の先生

Q1：思い出の授業を教えてください

高校の担任の先生。

Q2：その授業が記憶に残っている理由はなんですか?

ぼくが、社会人のバンドと沖縄の基地に行くので高校を中退するという判断を止めてくれた。

Q3：その授業は人生を変えましたか?

自分のことを本当に考えてくれた他人がいたことに救われた。そして、とにかく高校を卒業できた。

わたしの仕事をもっと知るための3冊

三輪眞弘『三輪眞弘音楽藝術　全思考一九九八 - 二〇一〇』（アルテスパブリッシング）

伊東信宏編『ピアノはいつピアノになったか？』（大阪大学出版会）

グレゴリー・ベイトソン『精神と自然　生きた世界の認識論』（新思索社）

集と個の芸術

やなぎみわ

私は演劇、とくに野外劇を作っています。野外劇とは劇場ではなく自分で舞台を作って、空の下で行う公演です。ここに至るまでの活動は多岐にわたっていて経歴が複雑なので、まずはそのあたりの説明をしておきたいと思います。

大学と大学院では工芸科で伝統工芸を学んでいました。友禅染めの技術を学んで着物を染めたり、屏風を作ったり、着物を縫ったりもしましたね。卒業して数年間会社にお勤めして、それからまた美術制作に復帰しました。このときは現代美術領域で主に写真と映像、その他にもさまざまな手法を使って一九九三年ぐらいから二〇一〇年まで作品を作り続けました。そこから八年間は演劇活動をしています。だから自分は美術作家なのか舞台の人なのかよくわからない。二足のわらじを履いているわけです。

日本では私のような領域横断のアーティストは、理解されにくいかもしれません。日本は現代美術でも超絶工芸や、絵師、伝統芸能などが認められやすい、職人さんが好きな国だと思いますね。

やなぎ・みわ＝演出家・現代美術家。制服を身につけた案内嬢たちが商業施設空間に佇む《エレベーターガール》シリーズで注目を集めた。《マイ・グランドマザーズ》シリーズほか、国内外での個展多数。第五十三回ベネツィア・ビエンナーレ日本館代表。二〇一〇年より演劇公演を手がけ、《ゼロ・アワー》は、二〇一五年に北米五カ所で発表。またヨコハマトリエンナーレ二〇一四では移動舞台車を使っ

日本にひとつしかないステージトレーラー

二〇一六年から上演している『日輪の翼』は中上健次▼の小説を原作にした野外劇です。パフォーマー十五人、スタッフ十五人、全部で三十人くらいの規模の演劇で、熊野、横浜、大阪、四国、京都と旅公演をしました。

この野外劇では台湾から輸入した、日本に一台しかないステージトレーラーを使用しています（**写真1**）。背が持ち上がって開く、一三トンほどのトレーラーです。台湾にこういう形の車があるのは知っていましたが、台湾で製造して日本に輸入をするのがとても大変でした。日本の道路交通法で規制されて、日本では走れないので、トラックをトレーラーにしたけれど、そのトレーラーをコンテナに乗せて、横浜港の埠頭まで輸入するのに何百万円もかかるとか……。そういう数々の苦難の道のりを経て、なんとか使えるようになったのです。

なんでこの人はそんなにトレーラーを使いたかったんだろうって、みんな思っているでしょう。『日輪の翼』は故郷の土地を売ってしまったというおばあちゃん七人が、トレーラーで車上生活をしながら旅をする話。だからどうしても本物のトレーラーで車上の旅公演をやりたかった。

和歌山県熊野市にある新宮という町、そこが中上健次の故郷です。新宮には被差別部落がありました。小説のなかのおばあちゃんたちも部落に住んでいて、差別もあってずっと故郷から出られなかった。旅に出てまず念願だった伊勢参

て、移動演劇《日輪の翼》の上演を行った。

▼中上健次
小説家。一九四六年生まれ。「岬」で芥川賞を受賞。故郷の紀州熊野の風土を背景として複雑な血縁関係に生きる人間を中心に描き、民俗、物語、差別などの問題を追究した。著書に『枯木灘』『千年の愉楽』『奇蹟』など。一九九二年没。

写真1　やなぎみわ移動舞台車『花鳥虹』

©Miwa Yanagi STP.

りをする。そして諏訪大社、京都見物、出羽三山、恐山、そこから一気に南下して皇居まで行く。要するに巡礼物語です。

衝撃のラストシーンでは、おばあちゃん七人全員が行方不明になるんですね。皇居に入って天皇と一体化したのか、それともその辺でホームレスになったのかわからない。このラストシーンをどうしてもやりたかったんですね。

「中上健次を再現する」

野外劇というのは祝祭的なので比較的行事化しやすく、伝統芸能化もしやすい。神社の境内とか、行くところもローテーションで決めてあることが多い。私はできる限り違った場所でやりたいんですね。

だからどこの場所も「演劇を上演するのは初めて」という場所ばかりで、交渉は大変です。近所の人全員にポスティングでご説明の紙をまいたり、町内会と会議を開く。もちろんその前に市や県と交渉する。何回も交渉を重ねてやっと実現した二〇一七年の京都公演でしたが、四日間のうち二日間が台風で無くなりました。

京都公演の場所は、阪神高速道路の下の大きな駐車場。そこは昔、染色工場があった場所で、高速道路の横のあたりには、在日の方々が住んでいるエリアがあります。その染色工場跡地の駐車場で『日輪の翼』をやりました。

西陣織や友禅が有名な京都では、伝統工芸の重労働の部分を在日の方々が担っており、この染色工場も多くの方が働いていました。『日輪の翼』のおばあちゃんたちは故郷から出たことがないといいましたが、当時の熊野の若い女性は他県の紡績工場に働きに行っていたという記録があるんですね。だから熊野からこの工場に働きに出ていてもおかしくない。

京都公演は原作とそうしたつながりのある場所だったので、地元の人に出演をお願いしました。「東九条マダン▼」という二十五年間朝鮮半島の音楽を受け継いできたみなさんと、韓国からもプロの演奏者が来て、混ざり合いながら踊る大団円となりました。最後はおばあちゃんたちを担いで去って行く。

中上健次の小説のラストシーン、おばあちゃんたちが皇居にたどり着く直前に、朝鮮芸能の人たちといきなりプンムル▼を踊る場面があるんですね。たった数行なのですが、たいへん意味深く、印象的な場面です。偶然、異なる者同士が出会い、共に輪舞し、万物照応がおこり、そしてまた別れていく。野外劇のためのような小説ですね。

「ゼロ・アワー」声の幻想

野外劇をやる前は、劇場公演もやったことがあります。二〇一三年には「ゼロ・アワー　東京ローズ最後のテープ」を作・演出しました。主人公は日系アメリ

▼東九条マダン
京都でもっとも多くの在日韓国・朝鮮人が住む地域、東九条で、民族性や国籍、障害の有無といった立場の違いを超えて、人びとが共につどい、力を合わせてひとつのマダン（韓国語で「広場」の意）を創りだすことをめざした祭り。朝鮮半島の伝統楽器の演奏や、演劇なども催される。

▼プンムル
打楽器やラッパを鳴らしながら踊り、練り歩く農楽。朝鮮半島の人びとの生活と深く関わりながら発展してきた伝統芸能。

カ人女性。戦前親戚に会うために日本に来たら、開戦してアメリカに帰れなくなってしまったという女性です。彼女はいまから七十数年前、戦中に放送されていたNHKのラジオ番組「ゼロ・アワー」のアナウンサーとして、当時たいへんな人気があった。ただし日本人ではなく連合軍の兵士たちにです。対外放送といって、太平洋上の連合軍に聞かせるラジオ放送でした。

東京の局から太平洋上の島や戦艦にまで、ラジオの声が届くわけです。娯楽番組としてジャズを流して、色っぽい声の女性アナウンサーが誘惑するように「こんな戦争をしていても何の得にもならないんだから、早くやめたほうがいいわよ」というようなことをいう。士気を落とすための放送でした。

この番組のアナウンサーが「東京ローズ」と呼ばれました。戦後「東京ローズ」は母国アメリカから国家反逆罪で起訴され、禁固十年、そのうえアメリカの国籍を剥奪されて国籍を失うという悲劇が起こってしまうんですね。「東京ローズ」はひとりではなく複数いたといわれています。実際はいろいろな声でさまざまな方言で話す女性アナウンサーたちが何人もいた。「東京ローズ」はリスナーたちがつくり上げた幻想だったわけです。

私の劇の演出では、劇中のすべての声を出演する「東京ローズ」たちが担当しています。昭和天皇の玉音放送の不鮮明な放送も、マッカーサーの戦勝宣言も、アメリカで東京ローズの裁判を伝えるニュースも、日米でラジオに乗った声を、彼女たちが発している。この劇は声にまつわる匿名性と「幻想」、歴史に残った声と、消えていった声の話です。

「現代のデウス・エクス・マキナをつくる」

演劇に機械を使うのは演劇人としての夢でもあります。じつは機械のでてくる演劇は昔からたくさんあるんです。古代の演劇、たとえば二千五百年前のギリシャ悲劇でも機械を使おうとしていた。円形劇場で俳優二、三人が面をつけたり外したりして、さまざまな役を演じている。ラストシーンになると、木製のクレーンでぶらさげられた神像が劇場のうえから登場してくる。この機械仕掛けから登場する神様を「デウス・エクス・マキナ」といいます。エウリピデスという戯曲家が主に好んで用いたといわれています。

物語や人間関係が複雑になり、とっちらかりすぎて話が終わらない。そういうときに切り札のように神様が出てきたら、とりあえずみんながひれ伏して終わる。絶対的な力や超人間的な天啓によって、とにかく終わると。物語の終わらせ方として、当然賛否両論あったようですが。

やがて人間は屋内の劇場を作るようになった。舞台下に奈落があって、舞台が回ったり上下したり、幕が次々に降りてきて背景が変わったり。つまりシアター（劇場）はマシンなんです。私はこれを野外劇でやっています。ステージトレーラーもマシン、デウス・エクス・マキナです。トレーラーが開いたらはじまり、閉じたら終わり。トレーラーヘッドがドッキングして「箱」となった舞台を引いて去る。

いまはもっと小さなマシンを作ろうとしています。トレーラーは大き過ぎるので、もっとポータブルなもので、走行し、光り、奏でる機械です。音・照・映の機能を搭載し、対象物を悲劇的にも喜劇的にも演出できるマシンです。

「神話と桃と女性」

二〇一六年ころから撮影しているのは桃の果樹園の写真（**写真2**）です。高さが一六〇センチ、横幅は三メートル近くでほぼ桃の木の実寸大です。

この桃の作品は日本神話をテーマにしています。古事記▼や日本書紀▼にでてくるイザナミという女神と、その夫であるイザナギという男の神がいます。そのうち妻のイザナミが亡くなって死の国に行くことになり、二人は別れていく。夫はそれを追いかけますが、死の国で腐っている妻を見て、びっくりして夫は逃げるんですね。そのうえ情けないことに追いかけてきた妻に向かって、いろんなものを投げるんです。タケノコとかブドウとか。最後は桃を投げます。桃は霊力が強いといわれていて、桃を投げられた妻はまた死の国に帰っていきます。

日本神話に限らず神話は不思議なものです。いろんな時代によって書き換え

写真2《女神と男神が桃の木の下で別れる：川中島》（部分）

が行われて、ちょっとずつ変わっていく。その読み直しと解釈は常に必要です。女性が穢れているという思想が、一体どこから始まったのか。おそらく平安時代の仏教の影響だと思いますが、どこかで切り替えが起こっているわけです。穢れたものに対して桃を投げるというひとつの排斥行為を取り上げて、桃についてさまざまに考えたことも折り込みながら作っています。人間のために火を生んだ女神が土やバクテリアに戻り、排斥される。もともとひとつだったものが、ふたつに別れ、そこから果てしなく分裂していく悲劇の始まりのような気がします。

▼古事記
八世紀初めに成立した、日本最古の歴史書・文学書。数多い口伝えを、天武天皇が稗田阿礼に命じて覚えさせ、元明天皇が太安万侶に書きとめさせたもの。天地開闢に始まり、伊邪那岐命、伊邪那美命の国生み神話、須佐之男命の大蛇退治など、神代より古代の神話・伝説・歌謡を広範囲に収める。

▼日本書紀
日本最初の勅撰の歴史書。天武天皇の発意により舎人親王のもとで八世紀に成立した。漢文、編年体で書かれた。古事記とあわせて「記紀」と呼ばれる。

Q&A

——僕がいまここにある鉛筆を投げて、それを「芸術だ」といったらそうなるのでしょうか。だとしたら現代美術は自己満足であるようにも思えます。どういう風に現代美術の作品を見たらいいでしょう。

「鉛筆を投げた」という行為が芸術になるかどうかは、その行為を作家がどのくらい必然としてやっているかにかかっています。行為なのか鉛筆が落ちたという痕跡なのか。必然があれば一時間話せたり原稿用紙二十枚くらいのステートメントも書けます。もちろん量だけでなく内容にもよります。たとえば語れる内容に同時代性がある、あるいはその人にしか考えられないコンセプトがあること。鉛筆だと物自体のインパクトが弱いので、作者がたくさん語って印象を残す必要があります。もうひとつは多層性です。見る人の解釈によって世界が広がる。自分が解釈したようにも他の人が解釈したようにもみえることが大事です。現代美術には「常に革新しないといけない」という使命があります。誰も見たことのないものを作る、既成の概念を揺さぶる使命を負っています。

一方で工芸や伝統的なアート作品では、そういうことは評価されません。一作品に超絶な技術があるとか、その人にしか扱えないような素材を使っているといったスペシャルなものがあることが重視されている。素材自体にも価値がありますし、希少な作品になるという意味で作家がすでに亡くなっているとさらに価値が上がる。そういうものが従来の伝統的な芸術です。

美術館に行くのは面白いものですよ。美術作品はずっとヒソヒソと、作家も死んで作品だけが残っても、つぶやき続けることができます。百年後でもその絵の前で立ち止まった人にだけ聞こえる声みたいなものがあるんですよ。そしてそれは立ち止まらないとわからない。ほとんどの人は通り過ぎていくけれど、偶然何か惹かれるものがあって立ち止まったときに、初めて聞こえてくる。だから美術は自分が踏み込まないとわからない。

演劇、舞台は目の前の客に全力で伝えようとしてくる。演劇作品の場合、限られた上映時間のなかでどれだけ玉を投げられるか考えている。どちらも良いものです。ぜひ両方楽しんでください。

――美術館に行って絵を見るときに、絵のタイトルを先に見るとその絵がタイトルの通りにしか見えない。でも先に絵を見ると絵の作者が思っているのと自分の考えとのギャップが生じて楽しくない。先生はどうしていますか。

どっちもオッケーだと思いますが、おすすめするとすればまずはタイトルを見ずに作品だけ見て、そのあとでタイトルを見るのが一番楽しめる方法かなと思います。一粒で二度美味しいみたいなね。

言葉の力は具体的で強いので、美術作品の持つ抽象性を消してしまうことがあります。さっきの桃の作品のタイトルは「女神と男神が桃の木の下で別れる」ですが、ただ「桃」と書いてあったり全然違うタイトルが書いてあったりするとまったく違ってきます。だから美術作家もタイトルはとても気にしています。

美術作品の曖昧で抽象的な部分は文学と相反するところでもあります。しかし、文学の言葉の強さに対して距離を置くのではなく、積極的に携わっていくことが大事だと思っています。異なった表現に大いに鍛えられることがありますから。

わたしの思い出の授業、思い出の先生

Q1：思い出の授業を教えてください

高校の3年間、画塾でデッサン、色彩構成、立体構成を教えてくださった、彫刻家中ハシ克シゲ先生（当時20代後半。現在は京都市立芸術大学教授）。教え方は厳しかった。

Q2：その授業が記憶に残っている理由はなんですか？

デッサンをしている高校生の私たちの背後から、ご自分の制作のことを真摯に相談してこられた。「浮遊感のある最軽量の人体彫刻を作るにはどうすればいいか」「銅線で盆栽を作るのはどうすればいいか」。返答に困ったが、その質問をいまでも鮮明に覚えている。生徒に尋ねるほど、孤独に創作と向き合っておられた時期だったと思う。

Q3：その授業は人生を変えましたか？

中ハシ先生は、何十年も一貫して、制作と生活を喜ぶ謙虚さ、前向きな探究心が変わらない。初めて出会った美術作家が中ハシで良かった。

わたしの仕事をもっと知るための3冊

やなぎみわ『神話機械』（羽鳥書店）
高山宏『テクスト世紀末』（ポーラ文化研究所）
安藤礼二『折口信夫』（講談社）

伝えることの難しさ（と面白さ）

映画と小説を比べてみると

波戸岡景太

はとおか・けいた＝アメリカ文学専攻。明治大学理工学部総合文化教室教授。一九七七年生まれ。現代小説の読解を中心に、表象文化から環境思想に至る幅広い領域で研究を行う。著書に『オープンスペース・アメリカ』『ピンチョンの動物園』『ラノベのなかの現代日本』など。

みなさんが友達と喧嘩してしまったとしましょう。謝りたいと思ったとき、どうやってそのことを伝えますか？

「伝える」ことには「伝えたい内容」と「伝えるための手段」があります。これを表象文化論では「コンテンツ」と「メディア」と呼んで区別しています。

友達に謝るといったシチュエーションでは、「ごめんなさい」という気持ちが「コンテンツ」の核となります。もちろん、許しを乞うというだけであれば、それは「メッセージ」とも呼べますが、そのメッセージに実体を与えているのは、文字や図像や音声といったさまざまな種類の情報です。ですから、ここでは相手に結果的に伝えられてしまう種々の情報をひとまとめにして、「コンテンツ」と呼びましょう。

次に「メディア」はどうでしょうか。たとえばLINEであれば、思いを一番はやく伝えることができるかもしれません。でも、それでは誠意が伝わらないかもしれない。もう少し自分の気持ちを誠実に伝えたいと思ったら、たとえば

Eメールはどうでしょう。それとも、あえて手紙を書くのが良いでしょうか。

同じような「コンテンツ」でも、「メディア」を何にするかによって、相手の反応は変わります。表象文化論のなかでも、こうした「メディア」の違いについて考えるものを、アダプテーション研究と呼びます。今日はモーリス・センダックの『かいじゅうたちのいるところ』▼（原題＝*Where the Wild Things Are*）という絵本をもとに、伝えることの難しさと面白さについて、理解を深めていけたらと思っています。

「モーリス・センダック」

モーリス・センダック▼は一九二八年、ニューヨークに生まれました。彼はポーランド出身のユダヤ系移民で、親戚のほとんどはヨーロッパにいました。ところが、彼が十歳くらいのとき、ヨーロッパにいた彼の親戚はナチス・ドイツによって皆殺しにされてしまいます。こうしたニュースを聞いて、ふつうの人であれば、悲しい、憎い、理不尽だ、おかしい、などと思うはずです。ところが、センダックがそのとき抱いた感情は、少しばかり違ったようです。すなわち、なんでお父さんとお母さんは生き残ったのだろう。なんで僕は生き残ったのだろうか、と彼は感じたというのです。

センダックが、別のユダヤ系作家と共作した絵本『ブルンディバール』▼は、

▼『かいじゅうたちのいるところ』
モーリス・センダックが一九六三年に発表した絵本。いたずらの罰として夕食抜きとなった少年マックスが、想像の世界でかいじゅうたちの王様になる物語。「かいじゅう」と訳されたのは「ワイルド・シング」という表現で、「手のつけられない子ども」という意味も含まれている。

▼モーリス・センダック
アメリカを代表する絵本作家。一九二八年、ユダヤ系アメリカ人の家庭に生まれる。ユーモラスなイラストを得意とするが、その背後には、つねに「人生の不安」を感じさせるようなグロテスクさを潜ませている。『かいじゅうたちのいるところ』をはじめとし、世界中でベストセラーを記録。二〇一二年没。

ユダヤ人の子どもたちが強制収容所のなかで何回も演じていたオペラをもとにした絵本です。その世界観についてセンダックは、「あたりをうろついているのは死だ、他になにが言える」と述べていますが、こうした説明も、やはりふつうの絵本作家らしくありませんね。

いまでこそ学校の推薦図書にもなるようなセンダックの絵本ですが、発表された当時は、いずれも「子どもたちに見せるべきではない」と批判されました。しかし、センダックは何も、子どもたちにあえて過激なものを見せようとしているわけではありませんでした。代表作『かいじゅうたちのいるところ』についても、センダックは、その「メッセージ」を次のように説明しています。

この絵本が伝えたいのは、「人生は不安だらけ」ということじゃない。もっとシンプルに、「人生には不安がつきものだ」と言ってるだけだ。

人生には喜びや希望もあるけれど、同時に不安もあるのだから、不安を描くことのなにが悪いんだ、というわけですね。彼の描く、ユーモラスに見えながらも神経質そうな「かいじゅうたち」は、「人生には不安がつきものだ」というメッセージを背負いながらも、そうしたメッセージ以上の豊かなイメージを私たちに伝える「コンテンツ」なのだといえます。

▼『ブルンディバール』（原題＝*BRUNDIBAR*）劇作家として名高いトニー・クシュナーが文章を、センダックがイラストを担当した、二〇〇三年刊行の作品。ナチスの強制収容所において、実際に子どもたちが上演したといわれる同タイトルのオペラを絵本化したもの。

「アダプテーション」

アダプテーションとは「適応させる」という意味の言葉です。コンテンツとメディアは、通常であればワンセットとして考えられていますが、これらを切り離し、ひとつのコンテンツを複数のメディアに適応させていくことを、アダプテーションといいます。『かいじゅうたちのいるところ』も、絵本だけでなく、オペラや映画や小説になっています。そして、これらはいずれも、センダック本人が積極的に進めた企画です。オペラ版ではデザインもセンダック本人が行っているため、舞台写真を見ても、かなり絵本と似ていることがわかります。映画版はスパイク・ジョーンズという人が監督をしました。また、デイヴ・エガーズという小説家が、彼といっしょに脚本を書いています。さらに、このエガーズは映画の脚本をもとに、一人で小説版も発表しています。たった四〇ページの絵本に対して、小説の方は二七九ページにもふくらみました。このように、ひとつのコンテンツが複数のメディアに適応していくと、当然、それを鑑賞する私たちにもそれぞれに異なった印象が与えられます。ここからは『かいじゅうたちのいるところ』のアダプテーションを比較していくことで、「伝えたい内容」と「伝えるための手段」の組み合わせが、どのように異なった印象をもたらすか見ていきましょう。

比較のもとになるのは、絵本冒頭の、三枚のイラストです。主人公のマックスがいたずらをして、お母さんに怒られ、夕食抜きで自分の部屋に追いやられるシーンですね。映画と小説では、ここにマックスのお姉さんも加わります。お姉さんが自分に構ってくれないことに苛立ったマックスが、お姉さんの部屋を荒らすのです。映画では雪のついた土足で部屋を荒らすのですが、小説ではさらに、バケツいっぱいに入れた水をぶちまけたりします。そこにお母さんが仕事から帰ってきます。マックスのお母さんは母一人で子育てをしていて忙しい。けれどお母さんは、最初はマックスのことを怒らずに、一緒にお姉さんの部屋を片付けてくれる。ところが、お母さんにはボーイフレンドがいて、マックスはそれが気に入らないから、またいたずらをしたくなってキッチンの上に立ち上がる。そしてお母さんに「やめなさい」と注意されるんだけど「お前なんか食べちゃうぞ」と言い返してしまいます。このセリフは、絵本のものをそのまま使っているわけですが、映画と小説では、その意味は単なる「いたずら」を超えて、とても切実な叫びになっています。

映画の伝え方

映画では、マックスとお母さんは一瞬こころを通わせ、そのあとで、二人の対立シーンへと移ります。まず交流シーンを見てみましょう。

図1は、マックスを見下ろすようなアングルで「ハイアングルショット▼」と

▼図1　ハイアングルショット　被写体より高い位置にカメラを設置し、そこから見下ろすように撮影する技法。ここでは、お母さんの視点と観客の視点が重なり、こちらを見上げるマックスの「甘え」を受け止めることになる。

呼ばれるものです。この場合、見下ろしているのはお母さんと観客の私たちです。お母さんと観客はマックスに見上げられています。マックスは上目遣いでこちらを見上げていて、そこには「甘え」が表現されています。これに対して、**図2**では、お母さんがマックスを見下ろす「ローアングルショット▼」になっています。ここで表現されているのは、「慈愛」や「愛情」でしょう。

このように、映画というメディアでは、絵本や小説よりもダイレクトに観客の視線が操作されます。同じ役者を使ったメディアでも、観客との位置関係を変化させづらい演劇では、なかなかできない演出です。映画のショットは、写されている俳優の気持ちを伝えるばかりでなく、それを見る私たち観客の気持ちまでも操ることができるのです。さらに、**図1**と**2**のいずれの画面にも、両端にこちらの視界を遮るような障害物が写り込んでいますね。これは、「肩越しに撮る」という意味の「オーバー・ザ・ショルダーショット▼」の応用例です。映画の教科書では、こういう演出を「画面を汚す」といったりしますが、こうやって視界を限定することで、そこに写されている対象が際立つというわけです。

良い映画を撮るためには、こうしたメディアの特性を最大限に利用する必要があります。なによりも、登場人物たちの気持ちは、それを見る観客の気持ちとセットなので、映画のショットは、これらふたつの気持ちを同時に「操作」するように撮影されなくてはなりません。ここに、今回私たちがテーマにしている、「伝える」ということの本質が隠されています。

▼図2　ローアングルショット
被写体より低い位置にカメラを設置し、そこから見上げるように撮影する技法。

▼オーバー・ザ・ショルダーショット
登場人物の肩越しに被写体を撮影する技法。「画面を汚す」撮影方法のひとつ。

次に図3の、マックスとお母さんが対立しているシーンを見てみましょう。ダイニングテーブルの上に立っているマックスの頭が、画面の上でわずかに切れているのが確認できますね。これも演出のひとつです。画面を汚すのとは別の方法で、私たちの視界はここでもまた、映画の制作者たちによって遮られているのです。

そして図4ですが、これはとても大事なショットだと思います。ここではお母さんが上を見ているので、一見「ハイアングルショット」に見えますが、後ろの作り付けの棚をよく見てください。棚の底面に蛍光灯がついているのですが、その光がこんなふうに見えるということは、カメラはお母さんの目線よりも下にあって、そこからわずかに見上げるようにして撮っているということがわかります。これは「スライトリー・ローアングル▼」といいます。

ローアングルであれば、写された対象の強さを表現できますので、ここではまだ、お母さんの方がわずかに優勢であることが伝わってきます。もちろん、そのお母さんの視線の先には、テーブルの上で仁王立ちするマックスがいるわけですから、「威厳」という点では、両者はとてもバランスの悪い状態にいます。こうしたギリギリの関係というものを、映画は多くのショットを積み重ねることでていねいに描いているのです。

さて、原作の絵本にはない話ですが、この後マックスはお母さんに噛み付いてしまいます。もちろんお母さんは激怒して、マックスはそれを口実に家出を

▼図3 対立シーン
テーブルの上に仁王立ちするマックスの頭部が、わずかに画面から切れている。

します。絵本では部屋のなかに閉じ込められて、そこで不思議な想像の世界が広がっていくのですが、映画では、マックスが実際に家を飛び出してしまう。つまり、メディアの変化に伴って、物語というコンテンツはそれ自体も少しずつ改変されてしまうのですが、そうした内容そのものの書き換えは、小説版の方が大胆になっています。

小説の伝え方

小説ではショットは使えませんが、段落ひとつでいくらでも時間を前後させることができ、上手に書き分ければ、どんなキャラクターの感情も説明可能です。そういう意味では、映画より小説の方が、メディアとしての自由度は高いといえます。

ところで、小説というのは、ふつう会話と地の文からできていますね。簡単にいってしまえば、カギカッコに括られた部分と、そうでない部分です。このカッコに括られていない部分ですが、あれはいったい誰の言葉なのでしょうか。文学研究というのは、まずはそうした「語り手」の存在を考えることが始まります。近代や現代と呼ばれる時代のなかで、小説の語りは、単なる「説明」ではなく、誰かの「意識」なのだと考えられるようになりました。私たちも普段、口には出さなくても自分の頭のなかだけで喋っていることってありますよね。

▼図4　スライトリー・ローアングル
通常のローアングルショットよりも、仰角の小さいショット。

映画ではこうした心の声も、実際の音声にして表現しなくてはなりません。ですが小説では、こういった意識を、意識そのものとして書くことができます。そして、幸か不幸か、小説ではたいていの出来事は意識の問題に変わってしまいます。たとえば誰かに殴られたとしても、そのことを文字にして語ることで、感覚的な痛みよりもむしろ、殴るとはどういうことか、殴られるとはどういうことか、といった抽象的な考えの方が読み手に伝わってしまうのです。

映画の**図1**と**2**にあるマックスとお母さんの交流シーンですが、これは小説版では「ママに足でおなかをさすってもらいながらママの顔を見る」となっています。この描写は、そのコンテンツだけに注目すると、映画よりももっとダイレクトにふたりが触れ合っているように感じますが、読んだ印象は必ずしもそうはなりません。小説の場合、ふたりの体が近づけば近づくほど、そこで表現されるのはふたりの意識の重なりとなるからです。

同じことが、ふたりの対立シーンに見ることができます。

　ママがさけんで手をはなしたから、マックスは床にころがってしまった。ママは腕をおさえたまままうしろにさがった。動物のようにうめき声をあげ、目は恐怖と怒りでらんらんとしていた。
　ママを噛むなんてこれがはじめてだった。マックスはこわくなった。ママはこんなマックスは見たことがなかったし、マックスもこんなママは見たことがなかった。

(デイヴ・エガーズ『かいじゅうたちのいるところ』小田島恒志・小田島則子訳、河出書房新社、二〇〇九年)

ここでは、交流シーンでひとつに重なりあったはずのお母さんとマックスの体が、「噛む」といぅさらに直接的な重なりあいによって、今度はまっぷたつに引き裂かれてしまっています。つまり、「噛む」という行為は、母子の双方に「こわい」という感情を与え、それから相手を、互いの意識のなかで、これまでに「見たことがない」ような新しい存在へと変換してしまうのです。

このように、同じようなコンテンツであっても、小説というメディアでは「意識」が、映画というメディアでは「身体」が、それぞれの関係性の中心とされていきます。だから、たとえ同じタイトルをつけられた作品であっても、映画にするのと小説にするのとでは、結果的に伝わることが大きく違ってしまうのです。

最初の話に戻りましょう。友達に謝りたいと思ったとき、どんな手段を選ぶべきなのか。相手を驚かせたかったらテレビを使ってみるのもいいかもしれない。友達が家に帰ってテレビをつけたら、謝罪VTRが流れる。ちょっと怖いですね。なぜ怖いかというと、ありえないメディアの使い方だからです。でも、相手の予想を良い意味で裏切るような伝え方を思いつけば、自分の過ちを許してもらうばかりか、相手を感動させてしまうことだってできる。これは、アダプテーション研究が教えてくれるひとつの可能性です。つまり、伝えたいことはひとつでも、伝え方で相手の反応がまるで変わってくる。その反応を面白がって作っている人たちが、今回ご紹介した各界で活躍する表現者たちなのです。

Q&A

――どういう風に人を動かしたいか考えてメディアを選ぶことは理解できました。でも受け手の側も人によって印象はそれぞれ違うと思いますし、年齢が上がれば私自身の反応も変化していくと思います。作家が伝えたいメッセージがあって、手段を選んだとしても、同じ形で伝わるとは限らないと思うのですが、どうすればいいと思われますか?

それはすごく大事ですね。モーリス・センダックも子どもたちに伝えたくて絵本を描いたけれど、一番大きな反応は親からの批判でした。つまり、プロだって一〇〇パーセント思いを伝えることはできないのです。現実問題として、ほとんどの作品がほとんど誰にも届かずに消えてしまう。

ですが、そうしたことを回避するために、受け手の側も、メディアによってその評価方法を分けています。たとえば美術の世界ではオークションという制度がありますね。オークションでは、たとえ一人でも大金を支払う受け手が現れれば、作り手側の思いは、ある程度伝わったことになります。映画の場合では、興行収入という量的な評価が重要で、文学作品の場合は、それについての博士論文が何本書かれたかというのも大事な評価です。受け手の側の足並みを揃えたり水準を保ったりするためにも、大学にいる研究者や、独自の判断基準を持つ批評家が、ある一定の時代的かつ文化的な文脈で作品を評価し、その保存と継承の手助けをしているのです。

わたしの思い出の授業、思い出の先生

Q1：思い出の授業を教えてください

私は絵を描くのが好きな学生でしたから、大学1年の英語の授業で、主人公の顔を描いてきてくださいと言われたとき、とてもはりきった思い出があります。そのために原文を細かく読んで、ヒゲの生えた男性のイラストを仕上げました。

Q2：その授業が記憶に残っている理由はなんですか？

ところが、次の授業で正解を聞いてショックを受けました。なんと、小説の男にヒゲはないと言うのです。先生の解説を聞いて、自分が「仮定法」の部分を勘違いしていたことに気づきました。つまり、「もしもヒゲがあったら」という表現を誤読していたわけです。

Q3：その授業は人生を変えましたか？

いまでも、小説を映画にするといったアダプテーションの研究をしていると、あの授業でのことを思い出します。小説というメディアには、そうであったかもしれない仮定のイメージと、そうではなかった現実のイメージとを、ほとんど同時に読者に与えるという技術があります。こうしたことを体感させてくれたあの授業、あの先生のことを、私はこれからも忘れることはないでしょう。

わたしの仕事をもっと知るための3冊

波戸岡景太『映画原作派のためのアダプテーション入門　フィッツジェラルドからピンチョンまで』（彩流社）

リンダ・ハッチオン『アダプテーションの理論』（片渕悦久他訳、晃洋書房）

クリストファー・ケンワーシー『マスターショット100　低予算映画を大作に変える撮影術』（吉田俊太郎訳、フィルムアート社）

動く大地の暮らし

中谷礼仁

「建築史」より長い時間で建築を考えることを、私は「歴史工学」と名付けています。コンクリートがジュラ紀由来の石灰岩を加工してつくられるように、建築を見ると数千万年前のものが重なって私たちの前に現れてきていることがわかる。私たちが見ているものは、ときとして数億年規模の物質のリミックスなんです。ものを介して時間は一気に現前する。そのつながりを想像する力がすごく大事になってきます。

プレート境界と古代文明圏

今日は私が住まいの形を見るためにユーラシアプレートの境界に沿って一年弱旅をしたときに得た知見をお伝えしようと思います。まずプレート境界と古代文明圏の関係についてお話をします。地球はいくつかの地殻で構成されていて、それが繋がったり分かれたりするプレートテクトニクス運動が私たちの暮

なかたに・のりひと＝歴史工学家、建築史家。一九六五年生まれ。早稲田大学教授。二〇一〇〜二〇一一年日本建築学会発行『建築雑誌』編集長。『動く大地　住まいのかたち』で日本建築学会著作賞、『今和次郎「日本の民家」再訪』で日本生活学会今和次郎賞、日本建築学会著作賞を受賞。ほかの著書に『未来のコミューン』など。二〇一三年ユーラシアプレートの境界上の居住文明調査でアジア、地中海、アフリカ各地を巡歴。

らしと文明圏に影響しています。

このことを考え始めたのは東日本大震災で沈んでなくなっている住宅地跡（図1）を見たことがきっかけです。壊れるのなら頑丈にすればいいけれど、沈んでしまうと何もできない。大地がない場所には建築も建築設計士も必要ないわけです。このとき大地の問題を考えないといけないと思った。同時に防災学の研究者、牧紀男さんの言葉を思い出していました。二〇〇四年にインドネシアのバンダ・アチェに甚大な被害をもたらした津波▼のような災害が、いつか日本でもおきる。なぜならプレートテクトニクスを通じてアジアは日本と繋がっているからだと彼は言いました。そしてそれは東日本大震災で本当におきた。それがプレート境界について考えるきっかけでした。

そこでプレート境界図を見てみるとあることに気づいた。日本のあるユーラシアプレートの境界はバンダ・アチェどころではなくて、中国、インド、地中海、ギリシャ、モロッコからジブラルタルまで繋がってるんですね。そしてもうひとつ。古代文明のほとんどがプレート境界で発生していたのです。それまで地震というネガティブな現象でしかみていなかったプレートテクトニクス運動が、人間の住まい、文明を発生させてきたのではないかと直感しました。

図2は文明の配置図です。紀元前一二四〇年時には中国と地中海のあたりに文明があります。その後紀元後四〇年には、ローマがヨーロッパ世界を制覇してペルシャ帝国が展開しています。どちらもプレート境界と古代農耕文明圏の

図1　海に沈んだ住宅地

▼スマトラ沖地震
二〇〇四年、インドネシアスマトラ島北端の西方沖で発生したマグニチュード九・〇の大地震。二つのプレート境界でのプレート間地震により生じた最大三〇メートルを超える高さの津波による死者・行方不明者は三十万人を超えるともいわれ、世界の津波災害のなかでも最悪のものとなった。

場所はバッチリ合っています。古代文明の発祥は気候の問題だと言われていましたが、じつはプレート境界の影響が強いんじゃないかと思ったわけです。

大地の動きなくして文明はありません。なぜなら人が生きるには水が必要です。一番大きな水源は川で、川は高い所から下に流れて来るので山がなければ生まれません。山を造るのは大地の動きですから、風が吹けば桶屋が儲かるじゃないけれども、大地動けば人生きるというわけです。ただ現代都市はプレート境界とは関係なく発達しています。このことはあとでお話します。

こうなったらプレートの境界に行かざるを得ない。大学のサバティカル制度を利用して一年間弱世界旅行を繰り広げたというわけです。

図2　文明配置図

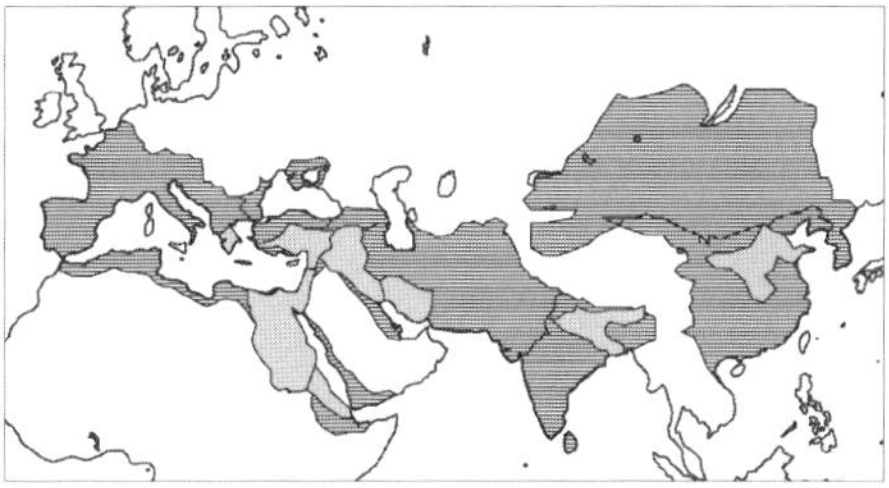

（「*History of the world every year*」より編集部作成）

「人びとの暮らしを支える大地からの構法」

大地が建築の作り方を決めていて、人の生活と関係しているという見方のことを、私は「ビルディングフッド（Buildinghood）」と名付けました。大地と暮らし（livelihood）が重なると、Buildinghoodが生まれる。人びとの暮らしを支える大地からの構法、つまりその場所にあった建て方、暮らし方があるという見方がBuildinghoodです。

この考え方はインドの北部の村を訪れたときに見出したものです。この考え方のもとに実測と分析を重ねて行きました。インド大陸とユーラシアプレートがぶつかって、ヒマラヤ、エベレストができている。そうすると北部インドの山岳地帯は地震多発地域です。山では都市化が進まず伝統的な農耕地区や集落が残っています。北部インドのこうした民家と土地のつながりを調べました。

ウッタラカンド地方の山村住宅（図3）は段々畑の近くにできています。段々畑は同じ高さの地面を階段状にしてつくられますから、同じ段に建った建物の地盤面は同じになるわけです。これが連なると水平に建物が続いていきます。

そもそもなぜ家が段々畑の近くにあるのかというと、固い地層と柔らかい地層があって、固いところにある石を使って住宅を建てて、石を掘り出した場所を畑にする。掘り出した石を持っていくのが面倒くさいから段々畑の近くに家を建ててしまう。それが大地と家の密接な関係を残すというわけです。理にかなっていますよね。

地球環境は四十六億年間活動した地球時間と地球のエネルギーがつくり上げた構築的結果です。その環境をベースにして、人間が各地で大地に適合しうる生存方法を見出したとき、つまり南極には住めないけれどウッタラカンドには住めるということを見出したときに、人間の生活、ひいてはその文明が発生した。人間が生きるためにはBuilding、つまり大地からの構法が大事です。

さらに考え方を展開すると、Buildinghoodは集落形成の方法そのものなんです。集落とは大地を皮一枚浮かせて、そこに人間が住める屋根や空間をつくるものです。すると何をどう浮かせて空間をつくるかが問題になるわけですが、

図3　ウッタラカンドの住居

その方法は大地が生み出す素材によって異なります。そこで石、土、木といった素材でどのような違いが出るかを次に考えてみましょう。

石は建築の父　芸術をも産んだ石灰岩

石は建築の父です。イランには有名な原始的な横穴住居があります（図4）。火山灰や溶岩の硬い堆積層を屋根にして、柔らかい堆積層を人間が掘り進んで横穴にしている。ケーキをくりぬいて家にしてしまうみたいな感じです。往時は数千人住んでいたらしいんですが、私が訪れた二〇一三年当時はもう限界集落で、すでに五十人ぐらいしか住んでいませんでした。岩を掘ってできた住宅は世界各地にあります。有名なのはトルコにある世界遺産のカッパドキアです。カッパドキアは昔は貧しい集落でかつ隠れキリスト教だったので、防御できるよう、穴を掘って暮らしたんです（図5）。

またイランとイラクの国境には、山谷ごと石灰岩でできたところに村がありました（図6）。映画「風の谷のナウシカ」みたいな場所です。あまりにも急斜面のところに人がいて、あの人の家の屋根はこの家のテラスという感じで、大地がつくった高層マンション状態です。山谷のなかでも良質な石灰岩のあるこの場所だけに人がいる。大地を一枚だけ浮かせて集落をつくる原型がよくわかりました。

図4　イランの原始住居

図5　カッパドキア

石のなかでも石灰岩は特別です。石灰岩があったから地中海文明が芸術において秀でたものになったといえるほど、芸術に適した素材でした。石灰岩は白亜紀やジュラ紀の時代に海底にあったプランクトンの死骸が石化して、海底隆起で上がってきて私たちの前に現れてきたものです。

紀元前六世紀頃、石灰岩を使ってできたのがペルシア帝国の古都ペルセポリス。都市の背後にある「ラフマト山」、訳すと慈悲の山が与えてくれた石灰岩でできています。**図7**はペルセポリスの彫刻です。火成岩の玄武岩にこんなことをしようと思ってもぴきんと割れてしまいます。それに対して生物の骨の集合体である石灰岩は柔らかいから、まるで生き物のように丸みを帯びた彫刻ができるんです。これがギリシャ、ローマの彫刻ができた理由です。

ギリシャのアクロポリスに、パルテノンという有史以来もっとも優れた建築があります。そのまわりにあるのが現代アテネの都市です。街が同じ色をしているのはすべて石灰岩でできていて、石灰系の塗料を使うからです。それからパルテノン神殿の下にある階段と基盤（**図8**）を見て、唸らざるを得なかった。階段に共通の筋が入っているでしょう。つまりこれは一枚岩なんです。すごいよね。つまり石を積んで階段をつくるのではなくて地盤を掘っているんです。アクロポリスの丘を掘って整形した上に建築をつくっている。古代文明は本当に洒落にならないぐらいすごいです。

図6　石灰岩でできた村

図7　ペルセポリスの彫刻

土は建築の母　文字をも発明した土・レンガ

土は建築の母です。土は文字を発明しました。地球の表面に露出した多くの岩石が風化して、土がつくられます。氾濫河川から生まれた土が肥沃な場所をつくり、そこに稲や米をつくる低地農業が発達し文明圏がつくられていきます。

イランに大きなバケツという意味の「チョカ・ザンビール」と呼ばれる場所があります（図9）。紀元前二〇〇〇年頃のもので、図10の復元図ではピラミッドのような形をしている。じつはピラミッドはエジプトではなくて、メソポタミアから始まっています。そこは石が取れない平地の場所で、そこに溜まった土を固めてつくったレンガでこの建築ができました。

なぜ土やレンガが文明をもたらしたといえるのか。人類最古の文字、シュメールの楔形文字は粘土板に刻まれています。そのころ人間は粘土で板をつくって、柔らかい状態でそこに記録した。記録が大事だと思ったら焼いて固めてしまえばいい。紙が無い頃に文字記録を大量に生産する術は土しかなかったのですね。つまり粘土板とレンガが文字を生み、残したのです。

木軸組から共同体が生まれた

木からは共同性が生まれました。もっともシンプルな木造の住居は、竪穴

図8　パルテノン神殿の基盤

図9　チョカ・ザンビール

式住居といって、地面に穴を掘って柱を立てる「掘立柱」でつくられています。日本ではその後弥生時代に「高床式倉庫」が輸入されてきて、さらにお寺では柱が石の上に立てられる「石場建」形式になる。穴を掘って木を立てて固めるという掘立式は簡単で一人でできます。しかし掘立柱だと十数年しか柱がもちません。一方、石場建ての場合柱はずいぶん長持ちしますが、石の上に立てた柱をもってもらいつつ、他の人が別の柱をかけないといけないので、友達が要るわけです。その後木造建築では木軸組が発展していき、その建築にはさらに共同性が必要になる。こうして建築組織がうまれました。木軸組は掘立柱という大地に直接繋がっていた環境を断ち切ることで、社会を生み出してきたのです。

図11はインドネシアの小さな島、スンバワ島にある倉庫の群れです。かつてこの島の火山が大爆発を起こしました。そうした災害のせいか、どの倉庫も移動可能なんです。木は解体して持っていけるという意味で、災害に強いともいえます。こうした建築は協働性と、木が持っている方法の簡易性によって可能になっています。

最後に紹介するのは、スンバ島のソダンという場所です。たいへんな高地に村があります。オランダ軍と日本軍がインドネシアを侵略した際に、争いが嫌な人たちはみんな山に逃げたんですね。そこに**図12**のような高床式住居が出来ていました。これ大丈夫なのかな、浮きすぎだろうという感じですね。村の男たちが総出でつくって、女の人が手伝って。家はみんなでつくるというのが木

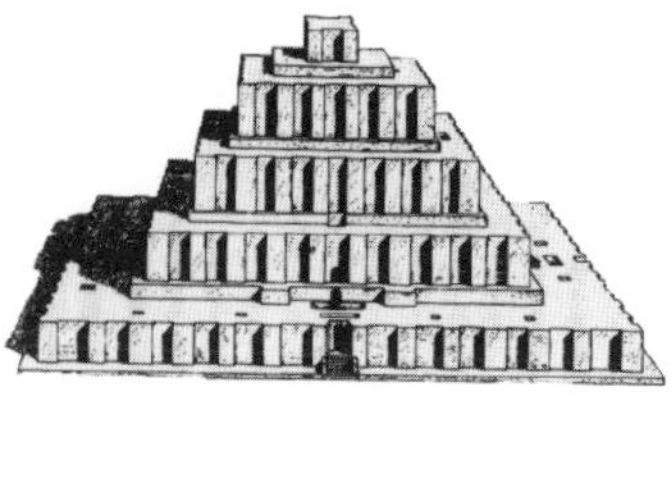
図10　チョカ・ザンビール復元図

図11　スンバワ島の倉庫群

造の文化です。ここまでが古代文明建築における三大素材の特徴です。

「スカイスクレーパー　超高層過密都市の不思議」

最後に現代都市を形作る素材である鉄の話をします。プレート境界を旅していて、いわゆる伝統的な素材を用いたBuildinghoodには、鉄がないということに改めて気がつきました。しかしわれわれの住む空間は全部鉄でできていますよね。コンクリートにみえる建物も、内部には鉄筋や鉄骨があるわけです。それでは鉄はどこから生まれたのでしょうか。

アメリカの製鉄所は東海岸に集中しているのですが、じつはそれは鋼鉄のBuildinghoodをつくり出す大地に関係しています。北アメリカ大陸東海岸は鉄の原料である縞状鉄鉱床を多く含むカレドニア造山帯▼に属しています。ノルウェー、スウェーデン、そして産業革命を担ったイギリス、アメリカの東海岸は大陸移動前はもともとひと続きで、カレドニア造山帯に属していました。鉄は産業勃興期の産地です。

つまり鉄による超高層過密都市は現在のプレート境界に関係なく、より古い大地の関係に人間がアクセスし始めたことによって成立したのです。だからこれまでの伝統的なものとは異なったBuildinghoodが鉄にはあるのです。

私たちはそういう特殊な歴史的時代を生きていると思ったほうがいいと思い

図12　ソダンの高床式住居

▼カレドニア造山帯
古生代の前半に起こった世界的な造山運動によってできた造山帯。アイルランド、スコットランド、ウェールズ、イングランド北西部からスカンジナビア半島西部にかけて北東−南西方向に延びる。

ます。つまり現代都市に奥深い地質との関係が濃厚にあった。「えっ」という発見がある。こういうのが面白い。

三十億年以上前に海中にある鉄分が生物の光合成によって錆びて酸化鉄を作り上げて海中に堆積した。これが鉄鉱床の元です。海水中の鉄イオン全てが十九億年前に酸化結合を終了しているので、それ以降鉄が生まれていないということです。そしていまから二世紀ほど前に、人間がそれを掘削する技術をつくったことで現代都市が生まれたわけです。

アメリカの歴史的な都市はシカゴとニューヨークです。ニューヨークには一八八三年に鋼鉄製のブルックリン・ブリッジができて横の移動手段が大規模化しました。十九世紀までの北アメリカ全体の交通、産業、交易の要衝であったシカゴでは、一八七一年のシカゴ大火後、超高層ビル、つまり縦に建てる技術が発展し、一八八四年には骨組みに鋼鉄製鉄骨を用いた初の高層建築が建設されました。そうすると垂直の生産（建築）と水平の生産（橋・鉄道）が鉄鋼のBuildinghood構築を可能にしていきます。

一九二〇年、三〇年代のマンハッタンにはすでに摩天楼、高層ビル群ができています。現代都市における超高層ビルは海や川の近く、あるいは高速道路の近くの輸送の手段が整っている場所にできます。そうすると鉄を持ってくればいいから、Buildinghoodは関係ない。これが現代都市の融通性です。なぜ鉄で都市ができるかというと、加工しやすいからです。さまざまな場所に持って行って建てることができる。溶ける、形を変える、大規模工業の複製加工が容易。これが伝統的素材と違う、現代的都市の重要な特性です。

しかし、その結果何が起こったか。9・11▼で崩れたワールドトレードセンター・ビルは二重の鉄骨の壁が繋がってできています。そうするとこの鉄骨を繋げている梁が溶けるとビル全体が崩れてしまう。石造のビルだったら、あんな崩れ方はしないんです。

そして宇宙船は鉄でできている。鉄のように加工ができればどこにでもいけるわけです。つまり地球が滅んだら逃げればいいというSFみたいな考え方は、おそらく鉄の生産とかなり関係がある。だからさまざまな材料をどう使うと、生態系が調和して生きていけるのかについても考えないといけない。たとえば鉄は溶かせばまた再利用できるけれど、溶かすためには火力がいる。そうすると他の資源が必要になります。鉄製のものが私たちの世界に登場することでエネルギーの消費量は格段に増えたはずです。こうしたバランスをどうするか。複雑ですがとても大切な問題です。さらに産業史も研究しながら、さまざまな地球物理と建築史とを考えあわせていきたいと思っています。

Q&A

——先生はこれからどういう素材が建築に使われると予測されますか。

「ブレードランナー2049」▼の世界が近いんじゃないですか。中古のプラ

▼9・11アメリカ同時多発テロ
二〇〇一年九月十一日のほぼ同時刻に、アラブ系グループに乗っ取られた四機の米国民間航空機のうち二機が、ニューヨークのワールドトレードセンタービル二棟に、一機が国防総省本庁舎に突っ込み、爆発炎上した事件。ワールドトレードセンタービルは崩壊し、多数の死傷者を出した。死者総数は推定で約三千人。

▼「ブレードランナー2049」
二〇一七年の映画。監督はドゥニ・ヴィルヌーヴ。一九八二年のSF映画「ブレードランナー」の続編として公開され、前作から三十年後、二〇四九年のカリフォルニアが舞台になっている。

スチックのような、ＦＲＰ▼がつかわれる世界ではないかと思います。映画を見ると家も宇宙船も汚い感じで新品ではない。未来住宅が白くてつるつるしているというイメージはＳＦ映画としては古くて、いまはディストピアみたいな暗い未来を描いた映画が多くないですか。「エイリアン」も「シン・ゴジラ」もそう。人びとが何らかの危機感を持っているわけで、そこに一縷の正当性があります。それは何かといったことをもう少し学術的に考えることがすごく重要です。映画のなかにでてくるようなデザインは「よくわからないんだけれどこうだろう」と先取りをしてつくられることが多いので勉強するのに適していると思います。

▼**ＦＲＰ**
Fiberglass Reinforced Plastic（繊維強化プラスチック）の略称。プラスチック（合成樹脂）にガラス繊維などの繊維を加えて強度を高めた複合材料。軽量で、耐熱性・耐候性・耐薬品性・断熱性にすぐれ、さまざまな形に成型できるため、建築材料、椅子、バスタブなどに広く用いる。

わたしの思い出の授業、思い出の先生

Q1：思い出の授業を教えてください
高校時代の世界史の先生。

Q2：その授業が記憶に残っている理由はなんですか？
世界史なのにローマまで。確かゲルマン民族の大移動までで終わりました。
体が弱かったらしく、40分を経過した頃、青息吐息になり、「諸君、申し訳ないが、本日私は力尽きてしまった」と授業を中断することが何回かありました。自分は一切教本にあたることなく授業を全スピードで駆け抜けていきました。その姿がずっと記憶に焼き付いています。後年、その先生のことが気になり、消息を尋ねてみると、私が卒業したのち早い時期に逝去されたと聞いたけれど、確かではありません。

Q3：その授業は人生を変えましたか？
授業とはライブである。これを教えてもらいました。私の授業はこの先生のスタイルです。

わたしの仕事をもっと知るための３冊

サン=テグジュペリ『夜間飛行』『人間の土地』（新潮社）
今和次郎『日本の民家』（岩波書店）
中谷礼仁『実況・近世建築史講義』（LIXIL出版）

第6章

ことばを鍛える

いのちと人間

多和田葉子

十年くらい前の話です。ヨルダンのアマンに招待され講演をしました。レセプションで現地に住む年配の日本人男性が話しかけてきました。私はヨルダンの気候や食べ物のことなどを質問しましたが、その日本人は何か別の話をしたい様子でした。しばらくするとこんなことを言ったのです。

「最近日本の学校では、いのちを大切にしろということばかり教えているが、それはまちがっていますよ。大切なのはいのちではなく人間です。違いますか？」

その人がなぜ急にそんなことを言いだしたのか見当がつかず、私はとまどいました。すると、その人はこんなふうに続けました。

「いのちなら雑草にだってネズミにだってあるでしょう。でも人間は自分で選んだ目的のためにいのちを捨てることができる。だから人間であることは貴いのです。彼らは人間として死んでいったのです」

「彼ら」が神風特攻隊員を指していることがそのうちに分かってきました。

たわだ・ようこ＝小説家、詩人。一九六〇年生まれ。一九八二年よりドイツに在住し、日本語とドイツ語で作品を発表する。九三年『犬婿入り』で芥川賞受賞。主な著書に『ヒナギクのお茶の場合』『容疑者の夜行列車』『尼僧とキューピッドの弓』『雪の練習生』『雲をつかむ話』など。二〇一八年『献灯使』で全米図書賞受賞。芸術選奨文部科学大臣賞ほか受賞多数。

人間といのちの違い

いのちそのものが絶対的な価値を持つとすると、特攻隊も死刑制度も無条件にまちがっていることになります。ゲーテの『ファウスト』に出てくるメフィストフェレス▼のように突然私の前に現れたその男は、「いのちそのものは大切ではない」と主張することで、特攻隊を正当化しようとしたのでしょう。私はこの時、「いのちそのものが絶対的に大切なんです」と反論したかったのですが、黙ってしまいました。というのは、その日の昼食に私は鶏肉料理を食べていたからです。もしもいのちが絶対的に大切ならば菜食主義者になるはずです。いえ、菜食主義者でさえ、ホウレンソウのいのちを殺し、ジャガイモのいのちを殺して生きています。

私はこう答えました。「特攻隊の少年たちは、人間として、自分の意志で死を選ぶことが可能な状況にいたのでしょうか。洗脳されていたのではないでしょうか。あるいは、上司に逆らうのが恐くて命令に従ったのではないでしょうか。人間として自分の行動を選択する余地はなかったと思うのです。これでは人間であることを大切にしているとは言えませんね」。メフィストフェレスは阿修羅のような顔で私を睨みつけ「それは死んでいった者たちへの侮辱です。彼らは自分の意志で死んでいったのです」と反論しました。

あまりにも大きな話題を扱った、あまりにも小さな会話が、その後もずっと

▼メフィストフェレス
ドイツの作家ヨハン・ヴォルフガング・フォン・ゲーテの代表長編戯曲『ファウスト』「天上の序曲」に登場する悪魔の名前。メフィストは、人間は理性をろくなことに使わないと嘲り、反論として神はファウスト博士の存在を挙げる。ファウストの魂を悪の道へと引き摺り込めるか。鮮やかな台詞回しで、メフィストは賭けを神に持ちかける。

私の記憶に残っていました。

それから何年か経ってインターネットを見ていて偶然、特攻隊についてのサイトを見つけました。そこには「若い人たちが国のために自ら命を落としていったのだ」と書いてあり、日本が他国の富を奪うために植民地化政策をとったことや、死んでいった若者たちには世界市民であるために必要な情報や教育を与えられていなかったことなどは書いてありません。世界市民というのは、日本人だからといって日本の経済的利益だけを考えるのではなく、地球全体のことを考えて行動できる市民のことです。今の時代は誰でもインターネットにアクセスできます。でもだからこそ、偏った情報やプロパガンダの流れる溝にはまってしまう危険もあるのではないかと思います。

「家電ナショナリズム」

子どもの頃、「ナショナル」という単語を私に教えてくれたのは、毎日白いご飯を炊いてくれる便利な炊飯器で、側面にこの言葉が書いてあったのです。松下電器は二〇〇八年に「パナソニック」に統一するまで、国内向けの製品には「ナショナル」という名前を使っていました。海外では非常に印象の悪い「ナショナル」という名前が国内では快くみんなに受け入れられるという外と内の差が気になっていました。

どうせなら「ナショナル」でなくて、それと響きの似た「なせばなる」というブランドにすれば、会社の創立者の人生観にもぴったり当てはまったのではないでしょうか。なせばなる、できないことなんかない、がんばれ！　経済高度成長期には、会社のためにいっしょうけんめい働いていれば、それだけで国の政治も経済もがよくなる、と多くの人たちが信じていました。

「稲」の語源は、「いのちの根」だという説があります。米は、いのちと根本的につながっている食品です。私の親の世代の一部にはまだ、天ぷらや焼き肉は残して捨てても、米だけは絶対に一粒も残してはいけない、という米を神聖視するような考え方が浸透しています。実は私も米だけは一度も捨てたことがないので、自分までお米ナショナリストになってしまったみたいで不気味です。

「いのち」は、すでに「万葉集」にも出てくる古い言葉です。「ちはやぶる神の持たせるいのちをば誰がためにかも長く欲《ほ》りせむ」という柿本人麻呂の歌が万葉集の第十一巻にあります。これは、「いのちは神々から与えられたもので自分の意志で長さが決められるものではないが、それでも長く生きたいという願いを私が持つのは、愛するひとがいるからだ」という意味です。

「愛しているから長生きしたい」というメッセージはあまりにも健康すぎて、文学には適していないのではないかと思われる方がいるかもしれません。私たちはみんなロマン主義病にかかっていて『ロミオとジュリエット』や『若きヴェルテルの悩み』のように、登場人物が愛のために死なないと満足しません。でも万葉的恋愛は死など必要としないのです。「いのちをかけて恋をする」という考え方はありません。まして、「いのちは民族や国家のために捧げるものである」という考え方などは、万葉の歌人たちにとっては奇妙なものなのです。

いのちとして生きる戦略

「あん」という樹木希林主演の映画があります。徳江という七十代の女性がある日突然小さなどら焼き屋に現れ、アルバイトさせてほしいと頼みます。初めは断っていた店の主人も、徳江のつくったあんこを味見するととても美味しいので雇うことにします。徳江は実は若い頃に当時「らい病」と呼ばれていたハンセン病▼にかかり、五十年以上もの間、強制的に療養所に入れられていたのです。ハンセン病患者を隔離する「らい予防法」は日本では一九九六年になってやっと廃止されました。

どら焼き屋の主人や店の常連の中学生は、徳江との交流を通して、日本でハンセン病患者のたどった悲惨な運命について少しずつ知ることになります。中学生が図書館でハンセン病関係の本を調べていて、北条民雄▼の小説『いのちの初夜』を手にとる場面があります。私もこの本を久しぶりで読み返してみると、驚いたことに、この小説の中でも「人間」と「いのち」が対比されていたのです。

小説の主人公の尾田は、療養施設に入ったばかりで、まだショックから立ち

▼**ハンセン病**
皮膚と末梢神経を主な病変とする抗酸菌感染症で、二〇一八年国内では毎年数名の新規患者の発生のみの病気になってきている。日本においては、過去にハンセン病、後天性免疫不全症候群等の感染症の患者らに対するいわれのない差別や偏見が存在し、社会との関係を抜きにしてこの疾患の本質を理解することはできない。従来は「らい」「癩」などと呼称されてきたが、偏見・差別を助長するとして現在は「ハンセン病」が正式病名となっている。

直れません。そんな尾田に、何十年も前に入院していて今では患者の世話もしている佐柄木《さえき》という男が療養所の中を案内し、いろいろな患者を紹介し、彼らの置かれた身体と精神の状態を説明してくれます。身体がひどく変形している患者もいます。肉体的苦痛、精神的苦痛からいつか解放されるという希望を完全に奪われた患者もいます。彼らはこれからずっと死ぬまで、職業を持つこともなく、家族を持つこともなく、「ただ生きているだけ」なのです。驚き、恐れ、凍りついてしまった尾田にむかって、佐柄木はこんなことを言います。少し長いのですが引用します。


「尾田さん、あなたは、あの人たちを人間だと思ひますか。」

佐柄木は靜かに、だがひどく重大なものを含めた聲で言つた。尾田は佐柄木の意が解しかねて、默つて考へた。

「ね尾田さん。あの人たちは、もう人間ぢゃあないんですよ。」

尾田は益ゝ佐柄木の心が解らず彼の貌を眺めると、

「人間ぢやありません。尾田さん、決して人間ぢやありません。」

佐柄木は思想の中核に近づいたためか、幾分の興奮すらも浮かべて言ふのだつた。

「人間ではありませんよ。生命です。生命そのもの、いのちそのものなんです。僕の言ふこと、解つてくれますか、尾田さん。あの人達

▼北条民雄
作家。一九一四年生まれ。ハンセン病となり、隔離生活を余儀なくされ、東京府北多摩郡東村山村の全生園に収容される。その時の体験を書いた「いのちの初夜」が文學界賞を受賞。一九三七年没。

の『人間』はもう死んで亡びてしまつたんです。ただ生命だけがぴくぴくと生きてゐるのです。なんといふ根強さでせう。誰でも癩になつた刹那に、その人の人間は亡びるのです。死ぬのです。社會的人間として亡びるだけではありません。そんな淺はかな亡び方では決してないのです。廢兵ではなく、廢人なんです。けれど、尾田さん、僕等は不死鳥です。新しい思想、新しい眼を持つ時、全然癩者の生活を獲得する時、再び人間として生き復《かへ》るのです。復活、さう復活です。ぴくぴくと生きてゐる生命が肉體を獲得するのです。新しい人間生活はそれから始まるのです。尾田さん、あなたは今死んでゐるのです。死んでゐますとも、あなたは人間ぢやあないんです。あなたの苦惱や絶望、それが何處から來るか、考へて見てください。一たび死んだ過去の人間を捜し求めてゐるからではないでせうか。」

この小説を読んでいると、普段軽い気持ちで使っている「人間」という言葉にたくさんの罠や可能性が含まれていることがわかってきます。「人間」の意味を『広辞苑』で調べてみると「人の住むところ。世の中。世間」という古い意味と、「（社会的存在として人格を中心に考えた）ひと」という現在使われている意味が両方載っています。人間は社会的存在であるなら、その時代のその社会の「人間」の定義からはずれてしまうと、もう人間ではないことになってしまいます。人間ではないことにされた人間はどうすればいいのでしょうか。「それなら、私は人間をやめます。これからは人間ではなくて、一個のいのちとして生きていきます」というのは、生き延びるための一つの戦略です。

　ある時代のある文化が人間であることの条件として定めた内容には、百年後にふりかえれば馬鹿馬鹿しいものがたくさんあります。たとえば軍事独裁政権は「国家のために命を捨てるのが人間だ」と言うかもしれません。福祉のない国家は「健康で経済発展の役に立つ者だけが人間だ」と言うかもしれません。そんな時に「人間」であることを捨てて、「いのち」に戻ることで、今ある「人間」の定義を相対化し、新しい定義をつくる道を開くことができます。それが北条民雄の文学だと思うのです。

「これからの人権問題」

　二〇一〇年一月、鳩山総理大臣▼は国会で、「いのち」という言葉を二十四回も使った演説を行いました。その翌年に、福島原発事故が起こりました。この事故こそ、いのちを守ることが見直されるきっかけになってもおかしくなかったのですが、逆にそれ以来、国を守ることの重要性が前面に押し出され、いのちという言葉は政治の世界では誰も口にしなくなりました。安倍総理は鳩山発言を批判して、「私は医者ではないのだから、いのちではなく国を守りたい」

▼鳩山総理大臣　第九十三代内閣総理大臣に任命された衆議院議員・民主党代表の鳩山由紀夫。二〇〇九年九月一六日から二〇一〇年六月八日まで続いた鳩山内閣は予算名を「いのちを守る予算」としたことで話題となった。

と言いました。ここで注目すべきなのは、「いのち」と「国」が、どちらかを選ばなければならない選択肢として同列に並べられていることです。

鳩山首相が当時政治家にしてはめずらしく「いのち」という言葉を使ったことに感動した有権者もいたようです。でも、私は政治家に自分のいのちを管理してほしくはありません。平和な時には、国がいのちを守ってくれて、戦争になったら国を守るためにいのちを使う、という国家生命保険には入りたくないのです。政治にはいのちではなく、人権を守ってほしいですね。

ミシェル・フーコー▼は『言葉と物　人文科学の考古学』の中で、十八世紀末までは生命というものは実在せず、生物がいただけだと書いています。最近は生命科学という言葉がよく聞かれ、一般的な生命のイメージも変わりつつあります。その一方で、文化的な国境を越えて人権を守ろうという運動は広がっていますが、人間という概念をそれぞれの文化がどう理解してきたのかについての研究はあまり進んでいません。

私は医学、化学、農学、心理学などに加えて、生命科学に文学研究も入れた方がいいと思うのです。なぜなら、いのちは文化現象であり、歴史的なものであり、その矛盾に満ちた姿は千年以上も前から詩や小説の中に刻み込まれているからです。これから理系に進もうと考えているみなさんもぜひ、いのちや人間について技術的にだけ考えるのではなく、これまで書かれてきた小説や哲学を参考にしていただきたいと思います。

▼ミシェル・フーコー
フランスの哲学者。構造主義を牽引した二十世紀最大の思想家のひとり。一九二六年生まれ。主な著書に『狂気の歴史』『言葉と物』『監獄の誕生』『性の歴史』。一九八四年没。

――いのちと人間について考えることが大事なことはわかりましたが、考え方の速度が遅いと感じました。つまり、桐光学園の他の講義では、AIやデザイナーベイビーの話題がでます。いまの科学水準から見るとそういう話題も今回の講義には入れるべきではないかと思いました。

そう言われてみると、AIの話題が今日は全く入っていませんでしたね。今年（二〇一八年）三月にアメリカのUCLA大学で私の詩や小説四〇〇〇ページ分をAIに読み込んで学習させて詩を書かせるという実験をしました。実験を行なったのはとても優秀な人たちで、なかなかいい試みだったのですが、文学者にとっては面白いのはどうしてもAIそのものではなくて、効率が悪くて不可解な人間の思考というものなんですね。例えば万葉集に収録されている詩は八世紀くらいに書かれたものですが、今の時代になってもまだまだこれまでになかった新しい読み方ができます。千年以上たってもまだ読めるというのが文学だと思うんです。詩に含まれている多義性があらゆる時代に対応できるんですね。詩を読むというのはとても遅い作業です。でもそうやって読まれることによって、長い年月の間いろいろな人によって思考され経験されたことがそこに書き込まれていく。それに比べると技術は一年経つと古くなってしまう。過去のものには価値がないというのはあまり文明的ではないですね。

先月ビッグサイトのロボット・サミットに行ってアンドロイドと対談してき

ましたが、ＡＩの会話能力があまりにも未熟なので何度も笑ってしまいました。心配なのは、もし人類が詩や文学を理解できなくなる時代がきたら、人類の会話能力も機械的なものになって、そういう人類はＡＩをすごいと感じてしまうかもしれないということです。この間、早稲田の理工学部でロボットの研究をしている教授とお話してきたのですが、囲碁で人間を負かせるロボットは、チェスの駒をつかむことさえできないのだそうです。生卵を壊さないように持って割ってご飯にかけることのできる指を作るのがどれだけ大変かというお話もうかがいました。結局「人間はすごい」という結果になるのですが、それではその「人間」とは何なのかについてＡＩは考えてくれません。私たち自身がゆっくりと考え続けるしかないんです。

わたしの思い出の授業、思い出の先生

これはドイツに移住してからの話です。授業は学生が作るものだということはわかっていたのですが、どうしても人任せになってしまうこともあります。好きな作家を扱う時は準備していって発言するのが楽しみだったですが、この日は苦手な作家の作品を扱うことになっていたので、きっと誰かが面白い意見を言ってくれるだろうと思って準備せずに出席しました。先生はいつも授業の最初に「誰がトップ走者？」と訊くだけです。すると誰かが口火を切り、それに賛成意見や反対意見が出て討論が自然に盛り上がっていきます。先生は、話が無意味な方向に疾走したり、袋小路に入ってしまったりすると助けてくれますが、それ以外は口を挟みません。ところがこの日は誰も発言しません。息苦しい長い沈黙が続きました。先生は動揺せずに「誰も言いたいこと、ないの？」と念を押しました。それからさらに長い沈黙が続きました。すると先生は優しい声で、「それなら、ここに座っていても意味がないのでみんな家に帰りましょう」と言って、さっさと教室を出て行ってしまいました。勉強は学ぶ側からしか始まらないのだということを実感させられた授業でした。

わたしの仕事をもっと知るための3冊

多和田葉子『雪の練習生』（新潮社）
ハンス・ペーター・リヒター『あのころはフリードリヒがいた』（岩波書店）
金城一紀『GO』（講談社）

ことばの不思議

穂村弘

僕はふだん短歌を作っています。短歌のリズムは五七五七七、俳句は五七五です。日本人は千年以上前から五七五七七の歌を作っていて、いまでも昔の文語で短歌を作る人もいますが、我々ぐらいの世代からは普通の話しことばで作ることが多くなってきました。とはいえ、短歌をはじめ俳句や詩を喜んで読む人はいまの時代あまりいないと思います。

小説や漫画は物語があり登場人物もいて、内容がわかるように作られています。一方で短歌や詩は同じ日本語で書かれているにもかかわらず、読みにくいと思われています。何故そう感じるのでしょう。

いろいろな短歌を紹介しながら、この謎を解いていきたいと思います。原作の良さを掴んでもらいやすくするため、その隣に僕がほんの少しことばを置き換えた「改悪例」を並べて示していきます。

指を折りかぞえてさびしいわたくしはあなたにとって何番目の月　鈴木美紀子▼

ほむら・ひろし＝歌人。一九六二年札幌市生まれ。二〇〇八年『短歌の友人』で伊藤整文学賞、「楽しい一日」で短歌研究賞を受賞。二〇一七年『鳥肌が』で講談社エッセイ賞を受賞。二〇一八年『水中翼船炎上中』で若山牧水賞を受賞。歌集に『シンジケート』『ドライ ドライ アイス』『手紙魔まみ、夏の引越し(ウサギ連れ)』『ラインマーカーズ』。その他詩集、エッセイ集、対談集、短歌入門書、評論、絵本、翻訳なども刊行。

指を折りかぞえてさびしいわたくしはあなたにとって何番目の女　改悪例

月は一つしかないのに原作の「何番目の月」とはどういうことでしょうか。これを改悪例の意味から探っていきます。作中の〈私〉には好きな人がいるのですが、その人には他にもたくさん恋人がいるみたいで、「あなた」にとって「わたくし」は何番目の女なの?という意味です。当事者にとってはとても重要なことですが、他人にとっては興味がない話です。それを本人たち以外にも意味のあることばの宝石のようなものにしたいと思ったとき、詩の原理が働きます。

原作は末尾が「女」ではなく「月」であるから詩になっています。たぶん「あなた」が地球で〈私〉が「月」のイメージです。空を見て今日は月が二つあるということはなく、原始時代から現代、さらには我々が消えた後の未来でも必ず「月」は一つです。ですので、地球と「月」の関係は一対一の理想的な恋愛関係といえます。互いを唯一の存在として結ばれた関係性への憧れが、「月」という言葉を作者に選ばせたのだろうと思います。

クリスマスプレゼントには私だけ甘やかしてくれる怪人がほしい　糸川東
クリスマスプレゼントには私だけ甘やかしてくれる恋人がほしい　改悪例

高校生が作った短歌です。改悪例は自分を甘やかしてくれる恋人をサンタさ

▼**鈴木美紀子**
歌人。二〇〇九年の春から新聞歌壇等へ投稿を始め、同年秋に未来短歌会に入会。加藤治郎に師事。二〇一五年に同人誌「まろにゑ」に参加。

んがクリスマスプレゼントに持ってきてくれたらいいな、という意味です。その気持ちはわかりますが、詩としては何かが弱い気がします。恋が続いているうちは恋人は自分を甘やかしてくれるけど、その恋が終わったり関係が悪くなればもう甘やかしてくれないでしょう。

では「怪人」とは何でしょうか、正体がわからない意味不明なプレゼントです。でも恋人との関係が悪くなっても失恋してつらいときも、恋以外の苦しみに打ちひしがれているときでも、「怪人」は常に私を甘やかしてくれます。そんな人は現実にはいないからこそ「怪人」なのです。甘やかしの化け物みたいです。誰もが欲しがる恋人よりもそんな「怪人」が欲しいという女の子の方がキュートだなと思います。

止まりなさいそこのくちびる止まりなさい路上接吻禁止地区です　小坂井大輔▼

やめなさいそこの二人やめなさい路上接吻禁止地区です　改悪例

警察官がパトカーから「そこの自転車ライトをつけなさい」とか「そこの軽自動車止まりなさい」とか呼びかけるお決まりのことばを聞いたことがあると思います。原作はその形式を踏まえているとわかります。実際に路上喫煙禁止地区はあっても、路上接吻禁止地区というキスすることを法律で禁止されている地区はないと思います。この作品はたぶん一種のパロディで、恋人がいない

▼小坂井大輔
一九八〇年名古屋市生まれ。歌人。歌人集団「かばん」所属、「未来」会員。

孤独な人がイチャイチャしている恋人たちを見て、イチャイチャするなといっている歌だと思います。

原作は「くちびる」そのものに呼びかけているところが詩になっています。恋人同士がイチャイチャすることを人間同士の行為ではなくて、唇と唇が意志をもって動いているようにとらえる面白さ。また「止まりなさい」の方が実際のパトカーの呼びかけにも近いです。

砂浜に二人で埋めた飛行機の折れた翼を忘れないでね　俵万智▼

砂浜に二人で埋めた桜色のちいさな貝を忘れないでね　改悪例

砂浜に飛行機の翼を埋めたことがある人は、おそらくいないと思います。改悪例のように砂浜で桜色の貝を拾ったことはあるかもしれませんが、それを短歌にしてもインパクトは弱いです。これはたぶんおもちゃの飛行機だと思いますが、どうして飛行機の折れた翼を忘れてはいけないのでしょうか。

たぶん飛行機は二人の恋の比喩で、片方の翼が自分の心でもう片方が恋人の心なのだと思います。二枚の翼がそろっているとき、二人の恋はどこまでも飛んでいくことができるけれど、どちらか一人の心が折れてしまったらもうそれ以上飛んでいくことはできません。「折れた翼」というのは失ってしまった恋心の比喩で、それを砂浜に埋めるという行為は恋のお墓を作るようなものです。

▼**俵万智**
一九六二年大阪府生まれ。歌人。早稲田大学第一文学部卒業。学生時代に佐佐木幸綱氏の影響を受け、短歌を始める。一九八六年に角川短歌賞、一九八八年に現代歌人協会賞を受賞。著書に『サラダ記念日』『プーさんの鼻』『考える短歌』など。

と思います。

「桜色のちいさな貝」より「飛行機の折れた翼」の方が悲しみが伝わってくると思います。

砂時計のなかを流れているものはすべてこまかい砂時計である　笹井宏之▼

砂時計のなかを流れているものはすべてこまかい砂である　改悪例

原作の意味を見ていきます。砂時計に目を近づけてよく見ると、砂だと思っていたものは実は一つひとつがとても小さい砂時計でした。拡大して見ると小さな砂時計の中の一粒一粒もまた砂時計で、さらに顕微鏡で見てみるとその砂時計の中の一つひとつもすべて砂時計だった、という世界がどこまでも続いているように感じられる歌です。

サンダルの青踏みしめて立つわたし銀河を産んだように涼しい　大滝和子▼

青いサンダル踏みしめて立つわたし銀河を産んだように涼しい　改悪例

「サンダルの青」は「青いサンダル」と表現するのが普通です。でもあえて「サンダルの青」と表現することで小さな非現実のスイッチが入り、それに続く「銀河を産んだように」という大胆な飛躍が可能になるのではと思います。

学ランが制服の中学校や高校では、卒業式に女子が好きな男子から第二ボタ

▼笹井宏之
一九八二年佐賀県生まれ。歌人。二〇〇四年より短歌をはじめ、二〇〇七年に未来短歌会に入会。加藤治郎に師事。同年度、未来賞受賞。歌集に『えーえんとくちから　笹井宏之作品集』『ひとさらい』『てんとろり』。二〇〇九年没。

▼大滝和子
一九五八年神奈川県生まれ。歌人。早稲田大学第一文学部卒業。一九八三年に未来短歌会に入会。その後、岡井隆に師事。一九九二年に短歌研究新人賞、一九九五年に現代歌人協会賞、二〇〇一年に河野愛子賞を受賞。歌集に『銀河を産んだように』『人類のヴァイオリン』『竹とヴィーナス』。

ンをもらうという風習がありました。単なるボタンのやりとりに過ぎませんが、第三ボタンや第四ボタンではダメです。心臓に一番近いところにあった第二ボタンはその人の象徴なのです。これと同じように「青いサンダル」は単なるものに過ぎませんが、「サンダルの青」となるとそうではなくなります。ことばの順番を入れ替えるだけで、もう一つの世界に近づくことができるのです。

大仏の前で並んで写真撮るわたしたちってかわいい大きさ　平岡あみ▼

大仏の前で並んで写真撮るわたしたちってとても小さい　改悪例

▼**平岡あみ**
歌人・詩人。一九九四年生まれ。

これは中学生が作った歌です。普通は原作のようには作れずに、改悪例のようになります。作者は修学旅行やデートとかで奈良あるいは鎌倉の大仏に行ったのでしょう。それで写真を撮ったら大仏はすごく大きくて、それに比べて私たちはとても小さかったという意味です。原作でも改悪例でも意味は同じように思えますが、何かが違います。

「とても小さい」は本当にサイズのことだけをいっていますが、「可愛い大きさ」はサイズのことだけではないように思います。「大仏は硬くて冷たいけれど、私たちは柔らかくて暖かい」「大仏は百年前からそこにいて百年後も座っているけど、私たちは二十年前はいなかったし百年後も多分いない」といったことのすべてが、この表現には入っています。大仏は生きていないけれど私たちは生きている、という作者の実感が感じられます。

細部まで緻密に構成されているように思える世界像が人々の間で共有されればされるほど、社会はスムーズに流れるようになります。とくに日本はそれがハイレベルで、一人ひとりの空気を読む能力が異常に高いわけです。電車が一駅止まるごとに乗客が入れ替わり配置も変わりますが、その都度おのおのは最適なポジションを取ります。指揮者なんていないのに全員が完璧な動きで体の向きを変え、自分が少しでも傷つかない絶妙な位置につきます。一人でも「あれ？」と思う動きをする人がいると、それは外国の観光客だったりします。日本ほど規律のとれた満員電車乗車術は他の世界では必要ないのです。

車両に乗っている人が一人なら、その人はどんな姿勢を取っても良くて、誰が乗ろうと一人として同じ姿勢になることはありません。そのような世界像の見え方が本当はばらばらでぐちゃぐちゃであるということを、短歌は伝えようとしているのではないかと思います。

短歌や詩の言葉はとくに学校の中では理解しにくいと思います。それは学校が空気を読んだり社会と調和するための訓練の場だからです。改悪例のように瞬時にわかりやすい言葉を使うことを求められます。改悪といっていますが、実はこれは一種の必要悪です。事務連絡のメールや新聞記事など社会ではわかりやすい言葉が使われます。その方が効率よく全員が生きていけるからです。しかし、詩のよってたつ場はその真逆です。我々一人ひとりがまったく別の魂を持って生きていることを証明しているのです。

「夫が妻を、妻が夫を詠った歌」

この曲のここ美しと言ひしわれに眼を閉ぢしまま君はうなづく　岩田正▼

二人で音楽を聴いていて、夫の方が好きなところに差し掛かったときに「ここがいいんだよ！」といいました。すると奥さんの方は目を閉じたまま「わかってるよ」という風にウンウンと頷いていた、という歌です。この可愛さが伝わるでしょうか。旦那が「ここ！　ここ！」と興奮するところも、奥さんが曲に熱中したまま頷くところもすごく愛しいと思います。

もちろんこれは新婚の話で、十年くらい経つと状況は一変します。今度は妻が夫を謳った歌です。

ほんとうはあなたは無呼吸症候群おしえないまま隣でねむる　鈴木美紀子

無呼吸症候群は寝ているときにいびきをかいていたかと思うと、ピタっと呼吸が止まる症状の病気です。重症になると本当に呼吸が止まって死んでしまう

▼岩田正
一九二四年東京生まれ。歌人。窪田空穂、窪田章一郎に師事。一九四六年に「まひる野」創刊に参加。一九七八年に妻の馬場あき子と「かりん」を創刊。二〇〇六年に迢空賞、二〇一一年に現代短歌大賞を受賞。著書に『靴音』『抵抗的無抵抗の系譜』『土俗の思想』など。二〇一七年没。

ようです。この作者は隣で眠る旦那さんを「無呼吸症候群なんだな」と思っているけど、それを教えないまま眠っています。朝起きれば一緒にご飯を食べて、テレビを見て笑ったりするかもしれないけど、夜になるたびに旦那の呼吸が止まっています。怖い歌です。

さらに年を重ねるとこのような境地に至ることもあるようです。

馬鹿だから風邪はひかない老夫婦北風のなか沢庵漬けゐる　潮田清

これは九十代の夫婦の歌です。結婚式では二人でケーキに入刀し、司会者が「二人の初めての共同作業です」というようなことをいいます。「北風のなか沢庵漬けゐる」はそれから六十年後くらいの共同作業なんです。沢庵に比べるとケーキの方がおしゃれですが、九十代の夫婦が北風のなかで沢庵を一緒につけることの方がはるかにハイレベルです。ここまでたどり着いたら、すごく幸せなのではないかなと思います。憧れの夫婦像という感じがします。

Q&A

――体験や感情をうまく伝えられる人は素敵だと思うのですが、自分ではなかなかうまく表現できません。先生が普段から気にしていること、心がけていることがあれば教えてください。

僕はメモ魔で、不思議なものや奇妙なものをみると全部メモするようにしています。たとえば、独り言をいっている人の言葉とか。つい最近、電車の中でうつむいてずっと何かつぶやいている人がいました。隣に座って耳をそばだててみると「意外と寒さに強いんだな、意外と寒さに強いんだな」といっていました。これはやっぱり想像を越えているわけです。

このような領域は世のなかに無数にあります。ただ、そんな情報をいくら集めても受験や就職には明らかに役に立たないので、普通はそこをないものとして素通りしてしまいます。現代は無駄と思われることをあまりに削ぎ落としてしまっています。

僕は「この電車は二分遅れています、お急ぎのところ、申し訳ございません」というアナウンスを聞くと怖くなってしまいます。二分くらいの遅延なんかで謝らなくても全然大丈夫だよと。その代わり僕が何か失敗しても、怒らないで欲しいと思います。謝っている人が僕に怒っているわけではないからずれているのですが、電車が二分遅れたら怒られてしまう世界では僕は生きていけないと思っています。

学生のうちはそこまでプレッシャーはないですが、知らず知らずのうちにプレッシャーがかけられるようになります。ですので、いまのうちに少しでもどうでもいいものを貯めておくといいと思います。

この間テレビを見ていたら、「アルプスの少女ハイジ」の再放送をやってい

ました。番組の最後で「次回のアルプスの少女ハイジは「悲しい知らせ」、お楽しみにね」と予告されていました。「次回のアルプスの少女ハイジは〇〇、お楽しみにね」という定形の〇〇にたまたま「悲しい知らせ」という回が入ってきたので、変なことになっていました。

でも僕は良いものを見たと思いました。二分でも遅れたら謝らないといけない世界とは、まったく違うゆるさが保たれた世界があったからです。まだこの頃のアニメはゆるかったのでしょう。そういうものをなるべく集めてみてください。もしそれを使わないのなら僕に教えてください。僕はそれでご飯を食べているから。

わたしの思い出の授業、思い出の先生

Q1：思い出の授業を教えてください

授業ではありませんが、中学校の卒業式で「皆さんにはなむけの言葉を贈ります。『人生は妥協の産物』」と云われたのは覚えています。社会科の先生でした。

Q2：その授業が記憶に残っている理由はなんですか？

他の先生方がみな良い感じの話をしてくれたのに、一人だけあまりにも夢のない言葉だったから。不思議なことに良い話のほうは忘れてしまいました。

Q3：その授業は人生を変えましたか？

そんな気はしませんけど、ときどき思い出して可笑しくなります。

わたしの仕事をもっと知るための3冊

木村敏『時間と自己』（中公新書）
大島弓子『綿の国星』（白泉社文庫）
レイモンド・チャンドラー『長いお別れ』（清水俊二訳、ハヤカワ・ミステリ文庫）

英語の勉強、どこからやる？　どこまでやる？

阿部公彦

みなさん、今日の話を聞くと英語が突然できるようになると思われているかもしれませんが、そういうことはありませんよ（笑）。まず最初にひとつ質問をします。英語の勉強法の正解とはなんでしょう？　どう思いますか？

生徒　人によると思います。

生徒　正解ってあるんでしょうか。

お二人とも賢い答えです。英語の勉強法に正解はありません。逆にいえば、どんな勉強をしても損にはならない。ただし個人差があるので、それぞれの必要・希望・適性に合わせた勉強法を選ぶことが大切です。いま答えてくれたように「人による」わけですから、学校の勉強法では身につかない人もいるかもしれない、だから学校の勉強法を変えなければいけないともいわれてきています。

しかし学校の勉強は、建物でいうなら土台です。土台を作ったからといって

あべ・まさひこ＝英文学者。一九六六年生まれ。東京大学文学部教授。『荒れ野に行く』で早稲田文学新人賞、『文学を〈凝視〉する』でサントリー学芸賞受賞。著書に『善意と悪意の英文学史　語り手は読者をどのように愛してきたか』『史上最悪の英語政策　ウソだらけの「4技能」看板』など。

そこに住めるわけではない。土台の上に家屋を建てて、畳をしいたり窓ガラスをはめたり電気を引いたりしなければ、住める家にはなりません。学校は誰もが必要としていることを教えてくれる場所であって、その先は自分でやらなければいけない。では、英語の場合、どこからやればいいのでしょう。

いま、触れておきたいのは三つのことです。一つは、英語を外国語の一つとして捉えること。グローバル化社会では英語が共通語だなどといわれていますが、外国語は英語だけではありません。あくまで数ある外国語の一つ。そのことを頭にいれると、かえって英語の独特さに敏感になれますし、英語の個性が見えてきて、より深く興味がわくかもしれない。二つ目は英語学習のおおまかな到達目標を知っておくこと。そして三つ目は「英語ができる」「英語がしゃべれる」とはどういうことか、あらためて考えてみることです。日本人は英語ができない、英語教育はダメだと言う人もいますが、果たして本当にそうなのか？　この問題についても今日はお話します。

「英語を一つの外国語として考える」

英語以外の外国語の音を聞いてみましょう。まずは中国語やフランス語。そしてスワヒリ語。そんな言語知らないぞ！という人も多いでしょうが、わからないほうがその言語の持ち味を生々しく感じられるはずです。で、その実感を言葉にしてほしい。
そんなことできない？　なるほど。ちなみに、いまお昼の十二時ですが、みなさん朝食はなにを食べましたか？

生徒　ご飯です。

ご飯の食べ心地はいかがですか。

生徒　毎日の炊き上がりによって変わると思いますが、もちっとしています。

炊飯器にも「もちもちコース」とか「ほっくりコース」とかいろいろモードがありますよね（笑）。私は、言葉の違いは食べ心地の違いのように説明できると考えています。しゃべれなくても、耳で聞いてこんな感じかなと口で反芻《はんすう》してみる。言語によって心地が異なるはずです。リズムや呼吸のせいかもしれない。あるいは、そんな難しいことをいわなくても、ムニュムニュとかザクザクといった表現でも十分です。

いまから複数の外国語を流しますが、どのような食べ心地がするか考えてみてください。（朝鮮語、韓国語、ドイツ語、フランス語、スワヒリ語、中国語の音声が流れる）

一番目に流したのは北朝鮮の言葉で、二番目は韓国でした。同じ言語なのに国によってしゃべり方がちがうようですね。フランス語はいかがでしょうか。

生徒　フランス語は流麗《りゅうれい》に聞こえました。

そうですね、私にはときにフランス語はドボドボドボといっているように聞こえることがあります。ほかの言語にもそれぞれの特徴があっておもしろいですね。

さて、そこで次のステップに進みます。言語によって音の聞こえ方はさまざまですが、実はそれを反映しているのが、言語ごとの詩の作法なのです。なぜなら、詩の形式は、言語の音を効果的に表現するための装置だから。たとえば日本語は七五調のリズムで言葉をつなげると心に残りやすい。朝鮮語の硬い感じや、フランス語の流麗さも、それを生かす形式を持っている。つまり、詩の形式に、言語の持つ固有の呼吸や運動感覚が表れるのです。

みなさんに知っていただきたいのは、日本語と英語では運動感覚が違うということです。とくに英語ならではの運動感覚になじむために大事なのは、何といってもアクセント。英語はアクセントに始まり、アクセントに終わるといってもいい。

たとえば英単語の「interesting」。スペルと意味を学んだところで大半の人はわかった気になってしまいますが、実際にはスペリング三割、意味三割、アクセントは四割の比率でしょう。この単語をアクセントだけで捉えると「ɪntrəstɪŋ」みたいな感じになります。この音に乗ってさえいれば「インタレスティング」が「アンタレスティング」や「エンタレスティング」でもけっこう通じてしまう。事実、英語圏では方言や個人によって母音が変化することはあります。ですからア、イ、ウ、エと母音が変わっても「interesting」の骨格が捉えられるようになりたい。

英単語を覚えるときにはこの骨の部分を忘れずに覚えましょう。そこが捉えられれば、スピーキングやリスニングだけでなくリーディングやライティングも上達します。

人類と言語の発展

個人の言葉の習得と人類の言葉との付き合い方は似通っています。そもそも書き言葉の歴史がそんなに長くはないし、表記法もいまのようになるのは最近です。昔は単語間にスペースもなかった。現在のように書くようになったのは十三~十四世紀のことです。言葉の扱い方は歴史のなかで変化するということです。たとえば英語のピリオドやコンマの使い方も、現代ではかなりきっちり決まっていて、大学でもこうしたパンクチュエーション（punctuation）が正しく使えなければ、学力がない人とみなされます。しかしこれもルールが定まったのは十八世紀頃です。

だから、シェイクスピア▼のソネットでは使い方がいまとだいぶ違ったりします。一七五二年、最初の英語辞書といわれているサミュエル・ジョンソン▼の英語辞典『*A Dictionary of the English Language*』が出版されますが、このころ、英語のさまざまなルールがいまのものに近くなったと言われています。ほんの二、三百年前なのです。ジョンソンの辞書で大事なのは、単語のスペリングを一つに定めたことです。それ以前は音のやり取りが中心だったため文字にする方法が人それぞれに違いました。

「英語学習の最終目標」

では、こんどは「どこまでやるか」の話にいきましょう。

例文としてWhen I visited America, I realized I needed to study English harder. をあげましょう。英語をまったく知らない人には、これがこんなふうに聞こえます。

①WhenIvisitedAmericaIrealizedthatIneededtostudyEnglishharder.

それが語句の知識を得ると、次のように聞こえてくる。

②When I visited America I realized that I needed to study English harder.

でも、単語を認知するだけでは意味がわからない。そこで文法を学ぶと、次のようにもっと大きな区切れがわかるようになります。

▼シェイクスピア
イギリスを代表する劇作家、詩人。一五六四年生まれ。膨大な著作は、初期近代英語の実態を知るうえで貴重な言語学的資料ともされている。一六一六年没。

▼サミュエル・ジョンソン
十八世紀のイギリスで「文壇の大御所」といわれた文学者。著書に『詩人列伝』『シェイクスピア全集』など。一七八四年没。

③ When I visited America,/ I realized/ that I needed to study English harder.

どこで区切れるか理解できれば、全体の構造が見えてくる。そうすると読解やリスニング、ライティングもぐっとできるようになります。大学入試レベルの英語はほぼクリアできるでしょう。

ただ、その次のステップはあります。それはこのように示せます。

④ When I visited America,/

I realized/ that I needed to study English harder.

単純化して言えば、「強調」の度合いです。文章のなかには必ずもっとも伝えたいポイントがある。先程の例文では最後の「harder」が「study」の倍強調されている。文章のメリハリを理解できれば相手の意図が見えてきます。日本語の場合で考えてみましょう。言葉を使って人とやり取りをするとき、ただ文法通り話せば相手に伝わるわけではないですよね。自分の伝えたいポイントをどうやって伝えるか。これが言語活動の最終目標だと考えています。

音、単語、文法、文章のメリハリ。この英語学習の四段階は書き言葉の発展の形態と似ています。まず単語の意味があり、区切り方が決まってくると、強調したいポイントがわかってくる。人間の精神が洗練されていく過程で最も脳に負担がかかるのは、文章を区切って、整理して、なにが重要かを見極めることです。

リスニングの練習をするとき気をつけていただきたいのは、どこで区切れるかです。音読してもらうと、英文を理解できているかどうかがわかります。適切なところで切れていない場合は、構文が取れていない。区切りを理解するためにはアクセントを学ぶことです。単語と語句のアクセントは連動していますし、なにより英語のアクセントは日本語には存在しないものです。日本語がサッカーだとしたら、英語は野球という程に違うものだと考えてアクセントに取り組んでください。

「日英首相答弁聞きくらべ」

これから二つの映像をお見せします。ひとつは日本の総理大臣、安倍首相の答弁です。もうひとつはイギリスのメイ首相、どちらも現職の首相が質問に答えている映像です。イギリスではPrime Minister's Questionと呼ばれる野党からの意地悪な質問に答える時間があります。これをお聞かせするので、気づいたことがあったらいってください。（安倍首相の答弁とメイ首相の答弁の映像が流れる）

さて、どうでしょう。みなさん何か気づいたことはありますか。

生徒　安倍首相は考えながら話していて、メイ首相は考えずにすぐ答えている印象です。

安倍首相のほうが間《ま》が開いていましたね。間で考え考えしながらしゃべっている。一方、メイ首相は間がなく一気にしゃべっていて、あらかじめ考えたことをしゃべっているような印象を与えています。他の方はどうでしょうか。

生徒　日本語がわからない人が安倍首相の答弁を聞いてもわからないかもしれませんが、英語がわからない私でもメイ首相の答弁には、何かいいたいことがあるのだなと思えました。

みなさんが感じた、安倍首相の答弁の間や自信がなさそうな様子の要因のひとつとして、言葉のはしばしに「ですね」など、書き言葉では使わない間投詞を入れていることがあります。メイ首相の答弁はそのまま書き言葉にしても自然です。ところが安倍首相の答弁はそうではない。

では日本語は支離滅裂で、英語は整っているということなのでしょうか。それはちがうと私は思います。これは話し言葉と書き言葉の「文法」の違いなのです。ふつうは文法と聞くと、書き言葉を思い浮かべますね。実際、学校で習う文法は書き言葉用です。メイ首相の答弁は文法通りに聞こえる。一方、安倍首相はあまり文法通りには聞こえない。でも、日本語では話し言葉にもかなり特徴的な文法があって、安倍首相のしゃべり方はこちらにはかなり則しています。

文化の意識を切り替える

英語にも話し言葉の文法はありますが「えっと」など、話し言葉特有の単語などはあまりない。「well」など、いいよどむための単語はありますが、それほど多く入れません。対して日本語ではわりと話し言葉用の語を多く入れがち。なぜそんなことをするのか。これは話し手と聞き手の関わり合いに神経を使うためです。これは専門的な言い方でいうと、Politeness（待遇表現）▼とかかわります。「待遇」という用語は相手との距離のとり方を示します。私たちが言葉を発するとき、いきなり意味だけを伝えるわけではなく、「私」と「あなた」の関係を示すシグナルを互いに出しあいながら会話をしています。たとえば先輩に対して後輩は敬語を使う。でも、同級生なのに丁寧な言葉を使うと相手との距離が開いてしまう。わざと乱暴な言い方をしたほうがむしろ親しみが湧くこともある。

すごくざくっとした言い方をすると、日本語というのは話し言葉になると、間投詞や特有の語尾をいろいろいれたりして、相手との距離感を測りながらしゃべるので、まるでいちいち挨拶しながらしゃべっているように聞こえるわけです。安倍さんの答弁で多用されていた「ですね」は「いっていることとわかりますよね」を意味している。こういうものを入れないと、つっけんどんな印

▼待遇表現
円滑なコミュニケーションを推進するため、上下親疎の人間関係及びその場の状況や雰囲気を認識し、言葉・文章を選択して言語化すること。

象を与えてしまうのです。

では英語で話すと書き言葉に近いのはなぜか。この問いかけは順番が逆です。ヨーロッパでは伝統的に大事なことは口頭で決める伝統がありました。古代ローマではフォーラムといわれる公の場でみんなが話し合って何かを決めたりしました。二千年前から雄弁術が発達し、いかに口頭で物事を伝え、説得力をもって相手をうなずかせるかが極めて重要だったのです。そういった話し言葉の後に、書き言葉ができた。メイ首相の答弁が書き言葉のようだと感じましたが、それは逆で、話し言葉をもとに書き言葉ができているので、両者の違いがあまり感じられないということです。

英語で話そうとすると、文法や単語が気になってうまく話せないという人がいますが、それは日本語のリズムで話しているからです。英語はセンテンス全体の構成をある程度念頭に置いて話す必要がある。そこで、例の運動感覚が大切なはたらきをします。英語の運動感覚は文の最後まで意識して話す練習によって鍛えられていきます。文章を読む時も同じです。声を聞くようにして読みたい。英語は書き言葉も話し言葉と同じような効果とともに書かれていますから、声が聞こえてくるはずなのです。その声を聞くようにして文章を読んでみると、間違いなく英語の学習は変わります。

日本人ができないのは「しゃべること」ではないのです。英語的な文章構成法が身についていない。しゃべるのも、読んだり書いたりすることと、それほど変わらない。ところが、日本語では書き言葉と話し言葉が離れているので、つい日本語の話し言葉の文法を念頭に置きながら英語もしゃべろうとする。そこをなんとかしないといけません。これはたいへんなことです。ということは、ひょっとすると一番大事なのは、日本語でもある程度文章を書くようにしゃべる練習かもしれません。

Q&A

――私の姉がオーストラリアにワーキング・ホリデー▼に行き、日常英語はペラペラしゃべることができるようになりました。私はいま受験生で、姉に負けたくないと思って、自分の単語帳から難しい問題を姉に出題したのですが、姉が「そんな単語はふつう使わないよ」といってきます。これから大学や社会で求められているのは、姉のように学問的な勉強はしていないけど、実際に英語圏で生活をしながら学んだ人なのか、それとも私のように単語や文法などから英語を勉強する人なのか、どちらでしょうか。

確かに仕事や旅行の場面では、状況に応じて必要とされる単語がすぐに出てこないといけません。でもワーキング・ホリデーなのか、証券会社の社員なのか、野球選手になるのかで必要になる単語はまったく違ってくる。すべての状況に対応するには二万語程度は必要でしょう。ただ、それぞれの状況に対応するための初歩的単語はおよそ二、三十語くらいですから一週間もあれば覚えら

▼**ワーキング・ホリデー**
二国間の協定に基づき、青年（十八歳〜二十五歳または三十歳）が異なった文化のなかで休暇を楽しみながら、その間の滞在資金を補うために一定の就労をすることを認める査証及び出入国管理上の特別な制度。

れる。そこからスタートして、あとは状況のなかで身につける、というやり方が合理的だと思います。はじめから特殊な状況の語彙ばかり覚えるのではなく、最初はある程度ニュートラルな単語を勉強する。

学校で勉強する英語は木でいえば幹にあたります。幹がなければ葉は生えてきません。実用英語のみを追いかけようとするのは葉っぱばかりをみることです。葉っぱばかりでは、個別の場面のことしか話せず、少し抽象的な話になるとついていけなくなる。英語を使って自分の人生に可能性を持たせるためには、未知の部分も学びながら、状況に応じた英語を習得することが大事です。

わたしの思い出の授業、思い出の先生

Q1：思い出の授業を教えてください

高三のときに、放課後に英語の先生とシェイクスピアの『マクベス』を読書会形式で読みました。研究社から出ている小英文学叢書というシリーズで、教科書版ですが、しっかり原文が載っているものです。

Q2：その授業が記憶に残っている理由はなんですか?

先生の蘊蓄たっぷりの解説もおもしろかったですが、何より書かれた文章から英語の響きが聞こえてくるようで、とても印象に残っています。こんな英語がありうるのだ、と思った記憶があります。

Q3：その授業は人生を変えましたか?

はい。そう思います。ただ、シェイクスピアをやると決めたわけではなく、言葉全般に興味を持つようになりました。

わたしの仕事をもっと知るための4冊

阿部公彦『英詩のわかり方』（研究社）
阿部公彦『小説的思考のススメ』（東京大学出版会）
阿部公彦『名作をいじる』（立東舎）
阿部公彦『幼さという戦略』（朝日選書）

いま、なぜ、古典を読むのか

『枕草子』と『徒然草』を中心に

島内裕子

みなさんは『枕草子▼』と『徒然草▼』という古典作品の名前をよくご存知だと思います。私も中学から高校にかけて国語の授業で『徒然草』を習いました。『徒然草』は約七百年前に書かれた作品ですが、原文で読んでも理解しやすく、作中にあらわれている兼好▼の深い人生観にも惹かれて「この作品を一生研究したい、この作品に常に触れながら生きていきたい」と思いました。清少納言▼の『枕草子』は『徒然草』よりも昔、いまから一千年前の平安時代に書かれた作品です。『枕草子』と『徒然草』は、作者の立場や時代も異なるため、この二作品を一緒に研究することはほとんどありません。国語の授業でも古典を学ぶときは時代性やジャンルといった枠組みで読みますよね。『枕草子』は平安時代に貴族の女性が書いた随筆であるといったように。しかし本当に新鮮な目で作品と向き合うためにはいったんこの枠組みをはずしてみてください。

しまうち・ゆうこ＝国文学者。一九五三年生まれ。専門は『徒然草』を中心とする批評文学。古典と近代、文学と絵画、文学と音楽、日本と西洋などを響映させる手法で、新たな研究を模索している。放送大学教授。著書に『徒然草をどう読むか』『方丈記と住まいの文学』などのほか、『枕草子』『徒然草』の校訂・訳を手がけている。

▼**『枕草子』**
平安時代中期に清少納言によって書かれた随筆。類集的章段（列挙章段）、日記回想的章段（宮

『枕草子』は伝統的な表現にとらわれず自由闊達に、清少納言が自分の価値観や美意識について書いた多彩な散文集です。このような散文とは異なるものとして、詩歌があります。平安時代の物語や日記文学、中世の時代ですと紀行文学、江戸時代に入ると松尾芭蕉の『おくのほそ道▼』など優れた散文作品はありますが、文章のなかに和歌や俳句も入っています。江戸時代以前は、文学作品として成立するためには文章を書きつづるだけではなく、合間に和歌を入れて支える必要がありました。そのような時代に和歌をほとんど入れず、文章だけで作品を確立させた画期的な文学が『枕草子』です。

そしてそのスタイルを受け継ぎ、より散文のスタイルを確立させた作品が『徒然草』です。『徒然草』にも和歌はほとんど入っていません。それでいて作者である兼好の人生観が文学的に書かれています。

時代区分などの枠組みをはずすと、文章のスタイルや作者の人間性が作品によくあらわれている点で『枕草子』と『徒然草』の繋がりが見えます。またそれだけではなく、この二作品は古典とは思えないほど現代性にあふれています。今日は原文に触れながら、現代に生きる私たちの眼で読んでいきましょう。

時代を先取りした清少納言

『枕草子』の特徴は「自由闊達」という一言に集約できます。文章のつづり方

廷章段)、随想的章段など、性格の違う章段約三百から成る。紫式部の『源氏物語』とともに王朝文化の頂点を形成し、後世に多大の影響を与えた。

▼『徒然草』 鎌倉時代後期に兼好によって書かれた随筆。人生論、仏道論、人間観などを綴った随想、説話や物語的な小文、時間論、政道論など、内容は多岐にわたっている。俳諧その他、後代文学への影響も大きい。

▼兼好 鎌倉後期から南北朝時代の歌人、随筆家。一二八三年頃の生まれ。後二条天皇に仕えていたが、のち出家。和歌・文章にすぐれ、頓阿・浄弁・慶運とともに二条派の和歌四天王とよばれた。『徒然草』のほかに私家集『兼好法師集』がある。一三五二年頃没。

もそうですが、自分のものの見方、素敵だと思うものや許せないと思うものを誰にも遠慮せず書いている。いまを生きる私たちでさえ、こんなことを書いたら恥ずかしい、言い過ぎた、と思うことはありますよね。ましてそんなことは誰も書かなかった時代ですから、清少納言は自己中心的で自慢ばかりするといわれ、作品として評価されるまでに時間がかかりました。明治時代に入って、樋口一葉▼をはじめ若い女性の小説家たちが登場するようになってようやく「清少納言は自立した精神をもった素晴らしい女性だ」と評価されるようになります。清少納言は近現代を先取りしていたわけです。

第一段「春は曙」

春《はる》は曙《あけぼの》。……夏《なつ》は、夜《よる》。月《つき》の頃《ころ》は、更《さら》なり。闇《やみ》も猶《なほ》。……秋《あき》は、夕暮《ゆふぐれ》。……烏《からす》の寝所《ねどころ》へ行くとて、三《み》つ、四《よ》つ、二《ふた》つなど、飛《と》び行くさへ、哀《あは》れなり。……冬《ふゆ》は、雪《ゆき》の降《ふ》りたるは言《い》ふべきに有《あ》らず。……昼《ひる》に成《な》りて、温《ぬる》く、緩《ゆる》び持《も》て行《ゆ》けば、炭櫃《すびつ》、火桶《ひをけ》の火《ひ》も、白《しろ》き灰《はひ》勝《が》ちに成《な》りぬるは、悪《わ》ろし。

（島内裕子校訂・訳『枕草子』ちくま学芸文庫より）

『枕草子』のなかでも、もっとも有名な冒頭です。ここでは和歌の伝統から離れて、自分にとって四季折々の最高だと思う場面を書いています。たとえば

▼清少納言
平安時代中期の歌人、随筆家。生没年不詳（九六六年頃〜一〇二五年頃）。中古三十六歌仙の一人。橘則光と結婚したが別れ、正暦四年（九九三）頃から一条天皇の中宮定子に仕えて和漢にわたるその才を愛された。『枕草子』は平安文学の代表作のひとつといわれている。

▼松尾芭蕉『おくのほそ道』
元禄文化を代表する俳人松尾芭蕉の紀行文。一六八九年三月末、門人曾良を伴い、江戸深川から関東・奥羽・北陸の諸地を巡って美濃の大垣に至り、さらに伊勢の遷宮を拝もうと、九月六日に大垣を発つまでの紀行。一七〇二年刊。日本の古典における紀行作品の代表的存在。

▼樋口一葉
明治時代の小説家。一八七二年生まれ。半井桃水に小説を学ぶ。生活に苦しみながらも『た

「春は曙」とありますが、和歌の伝統で春といえば「桜」と決まっていますし、夏に「月」とありますが、伝統的には秋の季語です。その秋では「烏」が空を飛んでいく情景が描かれている。古典文学で烏を取り上げることはまずありません。季節感を非常に鋭く描写しているけれども、和歌の定型にはとらわれず自分の感覚を大切にしている。この冒頭から清少納言らしさがでています。

次に引用する「貴《あて》なる物」は、上品なものということです。清少納言らしい美意識や感覚、優れた色彩感があらわれています。

第四九段「貴なる物」

貴《あて》なる物《もの》。薄色《うすいろ》に白襲《しらがさね》の汗衫《かざみ》。雁《かり》の子《こ》。削《けづ》り氷《ひ》の、甘葛《あまづら》に入《い》りて、新《あたら》しき鋺《かなまり》に入《い》りたる。水晶《すいさう》の数珠《ずず》。藤《ふぢ》の花《はな》。梅の花《はな》に、雪《ゆき》の降《ふ》りたる。いみじう愛《うつく》しき児《ちご》の、覆盆子《いちご》、食《く》ひたる。

最初の「薄色」▼というのはこの場合は薄紫色で「白襲」は表も裏も白い着物を重ねて着たときの色の取り合わせが上品で素晴らしいといっています。「雁の子」はカルガモの卵で薄黄色。「甘葛」はつる性植物からしたたる甘いシロップみたいなものですが、これを新しい器に入れて氷を浮かべている。透明感があって美しいですし、美味しそうですよね。そして梅の花に雪が降っている。梅には白と赤がありますが、ここはおそらく赤い梅の花に白い雪が降っている

けくらべ』『にごりえ』『十三夜』などを発表し文壇に絶賛される。一八九六年没。

▼薄色
紫根に椿灰汁またはミョウバンで染めた薄い紫色。平安時代、紫色は高貴なものの代表的な色とされていた。

場面だと思います。与謝野晶子▼の歌に「貴なる物」の梅の花が登場します。

明け方の光に我のながむるはロオランサンの貴なる梅花

ローランサン▼はフランスの女性画家で、紫やピンク、ブルーなど美しい色彩で女性や子供、小動物などを描きました。与謝野晶子がローランサンの絵の美しさを歌に詠んだとき、自然と『枕草子』が重なりあって、ひとつの日本文学の古典がローランサンという近代のフランスの画家と結び合わされたのでしょう。実はローランサンは『枕草子』のフランス語訳を読んでいて、エッセイ『夜の手帖』で、日本語から訳された『枕草子』という本がとてもおもしろかったと書いています。ローランサンの好みと合ったのかもしれませんね。

第一五五段「愛《うつく》しき物」
瓜《ふり》に描《か》きたる、児《ちご》の顔《かほ》。雀《すずめ》の子《こ》の、鼠鳴《ねずな》きするに、躍《をど》り来《く》る。……雛《ひひな》の調度《てうど》。蓮《はちす》の浮《う》き葉《ば》の、いと小《ちひ》さきを、池《いけ》より、取《と》り上《あ》げて、見《み》る。葵《あふひ》の小《ちひ》さきも、いと愛《うつく》し。何《なに》も、何《なに》も、小《ちひ》さき物《もの》は、いと愛《うつく》し。

この「愛しき」は現代語では「かわいい」を意味します。現在、日本の「かわいい」文化は広く共感をもたれ、世界の共通語になっています。かわいいも

▼与謝野晶子
近代を代表する女性歌人。一八七八年生まれ。『みだれ髪』や、『源氏物語』の現代語訳などでも知られる。夫の与謝野鉄幹と共に、ロマン派の『明星』で活躍した。一九四二年没。

▼マリー・ローランサン
画家。一八八三年生まれ。二十世紀初頭のパリで活躍し、舞台装置や衣裳デザイン、詩作なども手がけた。淡いパステルカラーを愛した。一九五六年没。

のに価値を認め、それを発信するという原点が、『枕草子』にあったのです。『枕草子』は近代になってようやく評価されたといいましたが、現代はもっと価値観が近づいているように思います。千年のときを経て、時代がやっと『枕草子』に追いついたのでしょう。

『徒然草』の人生観

『徒然草』の画期性は、テーマを決めず、自由に文章を書きつづる散文のスタイルを確立させたことです。清少納言の『枕草子』が『徒然草』の出発点にはありますが、兼好は書くことによって思索を深めていきました。そのことがとても大切だと思います。序段を読みましょう。

序段

徒然なるままに、日暮らし、硯に向かひて、心にうつりゆく由無《よしな》し事《ごと》を、そこはかとなく書き付くれば、あやしうこそ物狂ほしけれ。

（島内裕子校訂・訳『徒然草』ちくま学芸文庫より）

文章を書いていると興に乗ってきて、書こうと思っていたわけではないけれど、書きたいことが湧き出てくる。書いているうちに、自分でも気づかなかった自分の内面と出会える、といっています。『徒然草』の特徴は時間認識と自己認識の深さです。格言のように短く凝縮した表現で自分の気持ちをあらわしています。

第一九段
折節《をりふし》の移り変はるこそ、物毎《ものごと》に哀れなれ。

季節は春夏秋冬と変化するけれども、また春が巡ってくる。季節には変化と持続の双方があるとしたうえで、第三〇段では人間の人生は巡ることなく、最後にはお墓さえも消滅してしまうと書いています。

第三〇段
人の亡《な》き後《あと》ばかり、悲しきは無《な》し。……その形《かた》だに無くなりぬるぞ悲しき。

人が亡くなったあと年月が過ぎるとお墓参りにくる人もいなくなり、お墓が小さい塚のようになって、誰のものかもわからなくなってしまう。季節は巡ってくるけれども人はいつか消滅する。動かしがたい現実です。『徒然草』を仏教文学という枠組みで読んでしまうと、ここにあらわれているような無常、つまり、人の世の儚《はかな》さに力点を置いてしまいがちですが、兼好は人生は一度しかないのだから、いまを精一杯生きることが大切だと主張します。

第九三段

人、死を憎まば生《しやう》を愛すべし。存命《ぞんめい》の喜び、日々に楽しまざらむや。

いまを生きていること自体が素晴らしいのだから、充実感をもって楽しみながら生きるべきだといっています。『徒然草』のなかでも、屈指の名言です。

第一三四段

己を知るを、物知れる人と言ふべし。

『徒然草』は序段から第二四三段までありますが、中盤に当たる第一三四段には自分を知ることが大事だと書いています。自分を知るということは現実と真剣に向き合うということです。『徒然草』の後半の段では日常生活から人生の真実を認識し、どのように毎日を生きていくべきかを書いています。

第一八九段は教科書に掲載されることは少ないですが、原文のまま読んでも理解できる簡潔で明晰な文章です。これこそ日本の散文が生んだ理想の文章だと思います。きっとみなさんにも共感していただけるのではないでしょうか。

第一八九段

今日《けふ》は、その事を成《な》さむと思へど、有《あ》らぬ急ぎ、まづ出《い》で来《き》て、紛《まぎ》れ暮らし、待つ人は、障《さは》り有《あ》りて、頼めぬ人は、来《きた》り、頼《たの》みたる方《かた》の事《こと》は違《たが》ひて、思ひ寄らぬ道ばかりは叶《かな》ひぬ。煩《わづら》はしかりつる事は、事無《な》くて、易《やす》かるべき事は、いと心苦し。日々に、過ぎ行く様《さま》、予《かね》て思ひつるには似ず。一年《ひととせ》の中《うち》も、かくの如《ごと》し。一生《いつしやう》の間《あひだ》も、また然《しか》なり。

予《かね》てのあらまし、皆違《たが》ひゆくかと思ふに、自《おの》づから違《たが》はぬ事もあれば、いよいよ、物は定め難《がた》し。不定《ふぢやう》と心得《こころえ》ぬるのみ、真《まこと》にて、違《たが》はず。

今日はこれをしようと決めていたのに、急に別の用事が入ってできなくなる。会う予定だった人が来られなくなって残念がっていると、思いがけない人がやって来て、それはそれで楽しかったりもする。また、これは大変な仕事だ、うまくいくかなと心配していたことが意外と簡単にできて、簡単だと思っていたことが思い通りにはいかなくなる。

毎日が自分の予想通りにはならないことばかりだ、といっています。毎日がそうであるなら一年の間もそうだし、人生も予定通りにはいかない。けれども、人生には決まった法則や出来事はないのだと認識していれば、予想通りに進んだときは素直に喜べるし、違ったときも柔軟に受け止めることができる。

私も日常生活でおおいに思い当たる節があるので、この段がとても好きです。『徒然草』には人生に広い視野を持てるような教えがたくさん書かれています。

「なぜ古典を読むのか」

みなさんは、変化の激しい現代社会ではあらゆる分野を学ばなければいけないのに、「どうして日本の古典文学を学校で習わなければいけないのか、書いてあるのは昔のことなのに」と疑問に思われるかもしれません。

今日ご紹介した『枕草子』と『徒然草』は、自分らしさの基盤となる批評精神に満ちた作品です。自分らしい美意識や価値観を持つことで、物事の良し悪しを判断できるようになります。そのためには清少納言や兼好のように、自分らしい考え方や好みを育んでいくことが大切です。そこから自分の考えを書きあらわす文章表現もできるようになるでしょう。

みなさんもこれから、自分がどう生きていけばいいのか、世のなかにはどういう生き方があるのか悩むこともあるかと思いますが、文学はその問いに答えてくれます。本を読んでいるとき、自分の心にどう響くか、自分と対話してみてください。文学のなかでは自分自身の体験や知識を背景にしながら、他者や外の世界と向き合うことができますから、自分なりに新しい価値観を把握してみてください。

『枕草子』も『徒然草』も昔の作品ですが、現代に生きる私たちにも響く作品です。私たちが古典作品を読み継ぐことで、昔といまの人間の心が途切れることなく続いていきます。今回のお話で、古典作品の魅力と自分らしい批評精神の大切さをお伝えすることができていたら幸いです。

Q&A

——僕は『枕草子』を中学生のときに読みました。大好きなので、今日のお話はとても楽しかったです。『枕草子』は触れやすいので、好きな話はすごく読めます。でも、漢文のような硬い文章で教養的な話になるとつまらないな、と思ってしまいます。とっつきにくい作品に対して、どうしたらもっと興味を持てるようになるのでしょうか。興味を持てるような読み方ですとか、面白さについて教えていただきたいと思います。

『枕草子』が大好きで親御さんから古典をすすめられたというのは、とても心強いお話ですね。子どものころは絵本を読んでいても純粋に物語の展開を楽しむものだと思います。でも年齢が上がっていくと、ただ話の筋を楽しむだけではなくて、人生はこうなんだ、こういうものの見方が素晴らしいんだ、と自然にわかってくると思います。そういう評論的な部分にも自然と目が向いてくるかと思います。文学は文芸的なものと評論的なもの、その両輪で成り立っています。むずかしく感じる古典も、現代の評論家や作家が書いた解説などと合わせて読むと読みやすくなるかもしれません。『源氏物語』にも「雨夜《あまよ》の品定め」のような批評的な部分があります。それを突きつめたのが『枕草子』や『徒然草』のような散文の批評文学なのです。

それから読み方は音読してみるといいと思います。漢文でも同じでしょう。音読していると、なんとなく意味がわかってきます。わたしが高校生の頃、漢文の授業が大好きで、家でしょっちゅう音読していました。小学生の弟も漢文の一節を耳から聞いただけで覚えてしまいました。そういう風に音読をしたり耳で聞いたりすると、文章のリズムを面白く感じて理解しやすいと思います。

わたしの思い出の授業、思い出の先生

Q1：思い出の授業を教えてください

高校の古文の授業です。

Q2：その授業が記憶に残っている理由はなんですか？

古文の先生は、少し小さめの声で、丁寧にお話しなさるので、みんなも遠い昔の文学に気持ちを集中して授業を受けていたことが、懐かしいです。あるとき私は、『更級日記』の原文に「等身の薬師仏をつくりて」とあったので、「作ったのは菅原孝標女自身ですか、それとも仏師ですか」と質問しました。先生はしばらくじっと教科書を見詰めて、「そうですね。僕も、決めかねますね」と静かにおっしゃったのが、忘れられないです。

Q3：その授業は人生を変えましたか？

古典文学の研究者となって、原文の意味を考えあぐねるとき、いまも、ふと思い出します。

わたしの仕事をもっと知るための3冊

島内裕子校訂・訳『徒然草』（ちくま学芸文庫）

島内裕子校訂・訳『枕草子』（上下巻、ちくま学芸文庫）

島内裕子『方丈記と住まいの文学』（左右社）

本を読めと大人たちは言うけれど

大澤聡

おおさわ・さとし＝批評家、メディア史研究者。近畿大学文芸学部准教授。一九七八年生まれ。思想やメディアの歴史的調査をベースに、現代のデジタル環境や社会情勢などの批評を行っている。著書に『批評メディア論　戦前期日本の論壇と文壇』『教養主義のリハビリテーション』など。

さきほど栗平駅まで教頭先生に迎えに来ていただいてこの場所に立っているわけですが、情けないことに待ち合わせ時間に十分ほど遅刻してしまいました。乗り換えの新百合ヶ丘駅で逆方向の電車に乗ったらしく、気づいたときには町田駅まで戻っていて……。なんでそんなことになったのかといえば、答えは簡単。僕がスマートフォンの路線検索だけを頼りに移動していたからです。しかも別のことを考えながら。意識が「ここ」にないんですね。

画面には乗り換え駅と発車時刻だけが文字でシンプルに表示されます。僕たちはそのナビゲーションにすっかり判断をゆだねて、ただただ身体を運んでいれば目的地に到着してしまえる。こうした行動はいまや常識的です。スマホは僕たちの身体や頭脳の一部と化しつつある。ずいぶん便利になったものですが、ここにこそ罠が潜んでいるんじゃないでしょうか。

デジタルツールは必要とする情報を瞬時にピンポイントで提示してくれます。地図を広げて、現在地と目的地を探して、乗り換え駅を見つけて、時刻表を見て……なんて手間をばっさりカットしてくれる。だけど、それは空間的に認識するプロセスが奪われることをも同時に意味している。きみたちは新百合ヶ丘と町田を往復するなんてミスはしないでしょう。このへんの地図が頭に入っているからですよね。けれど、スマホに頼りっきりの僕はそんな馬鹿なミスを犯してしまう。別の土地に行けば、きみたちも僕みたいになるかもしれない。

これからお話しすることも、じつはこれと同じ。学校の先生たちはネットやスマホばかりイジってないで紙の本を読めと言うけれど、それはどうしてなんだろう。もちろん、そこにはちゃんと理由があるはずです。アナログとデジタルの関係をめぐる基礎の基礎をいっしょに考えてみましょう。

僕たちは文字を捨てたのか?

マーシャル・マクルーハン▼という人がいます。僕が専門の一つにしている「メディア研究」の創始者のような人物です。一九六二年に『グーテンベルクの銀河系　活字人間の形成』という本を出しました。グーテンベルクは十五世紀半ばに活版印刷術、つまり本を大量生産する技術を発明した人です。それまでは写本といって、手でせっせと複製するしかなかったわけで、知識の伝播の

▼マーシャル・マクルーハン
文明批評家・英文学者。一九一一年生まれ。英文学者としてアメリカで教鞭をとった後、出身地のカナダで教えた。媒介であるメディアにすでにメッセージが込められていると主張するなど現在のメディア研究の基礎を築く。『機械の花嫁』『グーテンベルクの銀河系』『メディア論』など。一九八〇年没。

範囲や速度がめちゃくちゃ限定されていたわけですね。それが活版印刷によって根底からがらりと変わった。その結果、世界史や倫理の時間にきみたちも教わるはずの「ルネサンス」や「宗教改革」、「科学革命」などがもたらされます。そう、僕たちは「グーテンベルク以後」の世界を生きている。

それをマクルーハンは「文字の文化」、その世界を生きる人間を「活字人間」と表現しました。口承文化から文字文化へ。聴覚的文化から視覚的文化へ。そう整理している。そして本の最後では、それがさらに電子的文化へと移行しつつあるんだと予告します。当時のニューメディアであるテレビが急速に普及していたことがその背景にあった。続編にあたる『メディア論　人間の拡張の諸相』という一九六四年の本ではそこを展開しています。マクルーハンの予言どおり世界は電子的文化へと移行して、インターネットの時代がやってきた。

ちなみに、さきほど僕は「スマホが身体の一部と化しつつある」と言いました。『メディア論』のなかでマクルーハンは、「メディア」とは人間の身体能力を拡張させる装置なんだと定義しています。たとえば、電話は遠くの声も聴くことを可能にするから「耳の拡張」といったぐあいに。となると、使用するメディアが変わればそれにともなって行動も変化するのは当然。実際、僕の電車の乗り換えの動作はスマホ以前のそれとはまったくちがったものです。手元の板ばかり見て前をほとんど向かず、通行人の肩にぶつかろうと知らんぷりの僕たちの姿を五十年前の人間がもし見たなら、とてつもなく異様な光景に感じるでしょうね。近代人が活字人間だったとして、現代の僕たちはもはやそれではないのかもしれない。行動だけではなく、思考のパターンも確実に変わったはずです。こうやって、人間や人類の概念そのものが組み替わりつつある。

活字（印刷された文字）や書物を土台とした近代人の時代は終わりを迎えるのでしょう。けれども、文字自体が見捨てられたわけではありません。それどころか、哲学者のマウリツィオ・フェラーリス▼も言うように、僕たちは人類史上かつてなく大量の文字をやりとりしている。遠方と話をする手段だった携帯電話は文字の入力や閲覧の機能に特化し、文字を読みやすいよう大型化していますす。ある時期まで小型化に突き進んでいたのとは逆行しているわけです。それを使って、常時、記事を読んだりメッセージを送り合ったりしている。

だとすれば、書物の時代から人間はそんなに変わっていないんじゃないか、きみたちはそう思うかもしれない。ここを考えてみましょう。

「得意なこと、苦手なこと」

知りたいトピックに関連する単語をネットの検索窓に放り込めば、自動販売機のようにぽんっと情報が飛び出してきます。では、そのピンポイント（点）の情報をどう扱うのか。問題はそこです。情報と情報のつながり、言い換えれば「論理」や「文脈」の部分はユーザーにゆだねられています。そして、人は

▼**マウリツィオ・フェラーリス**
イタリアの哲学者。一九五六年生まれ。最新の哲学思潮である新実在論の哲学者の一人。

しばしばその部分を空想や妄想で埋めてしまう。もちろん想像力は大切ですよ。けれども、乏しい知識から湧き出た勝手な想像力はややもすると他人に対する暴力へと転化します。情報と情報のあいだの因果関係や対立構図といった文脈を見出していくのは、本来かなりのリテラシーと知識を要するんです。

学校でリテラシーの重要性を教わるものだから、個々の情報の真偽に関しては「騙されたくない！」とみんな敏感になっているけれど、文脈の部分は軽く見ている。むしろ文脈を掴まえる能力は全体的に衰退している。この数年さんざん指摘されてきた「ポスト・トゥルース▼」状況はその表われでしょう。広大な情報の海から自分に都合のよい情報だけをいくつかピックアップしてきては思い思いの文脈をひねり出す。点と点の間に距離があって目が粗いんだけれど、強引につないで短絡的な物語を作り上げてしまう。それで、私の真実はあなたの真実とはちがう、だから干渉しあわずにいきましょう、となる。人によって「真実」がちがうなんてはずがないのに。これは活字の時代とはずいぶん異なった思考のあり方です。

では、本はどうだろう。ほしい情報をすぐに出してはくれないかもしれない。どの本を読めばよいのか、どのページに載っているのか、アナログで判断していく必要があります。だけど、本というメディアは一ページ目から最終ページまで、つまりスタートとゴールが物理的に存在して、ライン（線）を形成しています。書き手はそのラインを何かしらの論理で埋めているはず。断片的でラ

▼ポスト・トゥルース
客観的な事実や提唱される政策の詳細よりも、私がどう思ったのか、個人的な信条や感情的な反応によって、世論が形成されてしまうこと。アメリカ大統領選で根拠のない偽ニュースが多数閲覧されて特定の候補の印象が悪化させられたり、イギリスのEU離脱に関する国民投票では、離脱派がイギリスの負担している金額について虚偽を主張した。

ンダムな書き方をした本もありますが、それは例外。基本的には書き手の論理に付きそって読めば、順に理解していける構成になっています。手順を踏んで説明してくれている。

それなのに、「ネットは簡単、本は難しい」と思っていないでしょうか。だとしたら、それはぱっと情報が出てくるか出てこないかという一点に引きずられすぎている。じつは、読者やユーザーに大きな能力を要求してくるのはネットのほう。まずそこを理解してください。ネットの得意なことと苦手なこと。本の得意なことと苦手なこと。「メディア特性」といいますが、自分が使用するメディアの特性をちゃんと知っておく。メディア同士を比較する。ネットは使ってはいけないのかといえば、もちろんそうではありません。利用できるところは利用すればいい。ただし、文脈を押さえることを忘れないこと。では、どうすれば文脈を読めるようになるのか。そのためにも本は大事なんですよ。

アルベール・ティボーデ▼という文芸批評家が読者を二タイプに分類しています。小説作品を読むときに物語内容（ストーリー）にとらわれて、「面白かった、面白くなかった」で終わってしまうような人を「消費的読者」と呼んでいる。消費的読者の場合、あらすじさえ押さえたら、その本を読んだことになると思っている。しかし、小説を構成するのはストーリーだけじゃないですよね。語彙の選択やレトリック、語り口や全体の構造など、あれやこれやが組み合わさって小説はできている。そうした側面にも目を向けられる人のことをティボーデ

▼アルベール・ティボーデ
フランスの文芸批評家。一八七四年生まれ。コレージュ・ドゥ・フランスで哲学者のアンリ・ベルクソンに師事。スタンダールやフローベール、同時代作家のヴァレリーらを論じた。『批評の生理学』『フランス文学史』『小説の読者』など。一九三六年没。

は「精読者」と呼びます。英文読解の授業で文構造を解析しながらじっくり丹念に読み進める作業を「精読」と言いますよね。あれです。あれが文脈を把握するうえで効果をもつ。

オリジナルのマップを作る

息抜きに読書をするときは消費的読者であってもいいんです。けれど、みなさんにはいまのうちに精読者的な態度もきっちり鍛えておいてもらいたい。世界はストーリー同士によるバトルロイヤルの舞台と化しています。どのストーリーがどれだけ人を惹き付けられるかで物事が進んでいて、真実が蚊帳の外になっています。きみたちにはそんなストーリーから降りる勇気をもってもらいたい。ストーリー以外も見きわめて、精読者として世界と対峙する。そのトレーニングのためにも、哲学者の西田幾多郎も言うように、ちょっと難しいと感じるくらいの本を読むことをおすすめします。読んですべて理解できる本は成長をもたらさないし、反対にちんぷんかんぷんの本は手にするのがまだ早いということ。理解にちょっと苦労する程度の本だと精読せざるをえませんよね。日本語の文章も英文読解するように構造を押さえる。

本を読んだら、自分のマップに配置する。マップと言っても実際に描く必要はなくて、頭のなかでこれまで読んできた本と関連づけるわけです。地図のかたちは何をテーマや軸にするかでどんどん組み変わっていくし、新しく追加された本によっても変化します。流動的で固定されない地図。とにかく他の本との距離や関連を意識する。さらに、本の世界の外側との関係も考える。これは世界と自分との距離を測定する作業でもあります。森鷗外の『舞姫』は僕たちの生きる「いま」から何年前に書かれたのか。舞台は「ここ」栗平とどんな地理的な位置関係にあるのか。鷗外は何年に生まれて何年に死んだのか。きみが十六歳だとして、鷗外は十六歳のときに何をしていたのか。自分の立つ「いま・ここ」を基準に本を位置づける。そのためにはネットで調べてもいい。地図制作のための判断材料は多いほうがいいですから。

いま「本の世界の外側」といいました。外側。僕はふだん大学できみたちより少し年上の大学生たちに授業をしていますが、課題を出した翌週に確認すると「調べたけど載っていませんでした」なんて言う。どうやって調べたのか訊くと「ネットで」と答える。「他は?」と訊けば「ネットでめーっちゃ調べました」としか返ってこない。みなさん笑ってますね。ネットだけが情報源ではないとわかっているからでしょう。そう、ネットは世界のごくごく一部分を記録しているにすぎない。そもそもネットは普及しはじめて二十五年ほどしか経っていないし。なのに、大学生でも油断すると、ネットが全部だと錯覚してしまう。小さな部分集合を全体集合と勘違いする。これを僕は「ニセの全体性の罠」と呼んでいます。

じゃあ、図書館の本を調べれば問題ないのか。たしかに本にはネットに載っていない情報がたくさん載っているし、精度も高い。グーテンベルクの時代から数えると六百年近い蓄積もあります。けれど、本に書かれていることもやっぱり世界の一部分にすぎないんですよ。ようするに、たえず対象範囲の外側を意識すること。数学で習う「補集合」に目を向けること。ニセの全体性の罠を回避するにはそれしかありません。そうやって自分の地図もどんどん相対化していく。

この発想をいろいろな場面に応用してもらえればと思います。たとえば、ツイッターのタイムラインをうっかり全体と錯覚しないこと。ツイッターはあくまで自己申告ですから、書かれていないことは現実にいくらでもあるわけでしょう。毎日「勉強なう」とツイートしていた友だちが、今日は何もつぶやかない。だからといって勉強していないと即断するのはおかしいですよね。むしろ勉強に集中するあまりスマホの存在を忘れているのかもしれない。そもそも、いままでの「勉強なう」も事実を伝えるものかどうかわからない。頭では理解しているはずなのに、僕たちはいつのまにかタイムラインが世界のすべてを反映しているとつい錯覚してしまう。ある事件についてこの人は何もつぶやいていない、何かやましいことがあるにちがいないと勘ぐってしまう。点と点を安易に空想でつないでしまうわけですね。

ニセの全体性の罠に陥らないよう、たえず外側を意識し続けること。精読的な読書を重ねるなかで自分なりのマップを制作すること。そのときに、デジタルもアナログも両方利用すればいいけれど、メディア特性をしっかり押さえておくこと。これらはあくまでも一例ですが、みなさんにはそうしたことを生活に組み込んで、この世界史的な転換期をサバイブしてもらえたらと思います。

Q&A

――私は現代文が苦手です。何をいっているかわからないし、あまり興味も持てません。いつも要約や大事な箇所だけを知りたくなってしまいます。先生のお話にあった消費的読者なんだと思います。興味がない、難しい文章にどう向き合っていけばいいでしょうか。

入試問題を解くうえでは、主張部分の迅速な発見はむしろ大事です。だけど、一般的に読書をするときには、すべて隈なく理解しなきゃいけないと思いすぎないこと。四〇%、五〇%の理解でもいいんです。ときには二〇%だっていい。「ここはちょっとわかるかな」「なんか面白い」と思うくだりがあったらそこを絶対に逃さない。読書をしながらマーカーを引くときもそうです。「あまり理解できていないけど一般的に重要そうだから」と線を引きがちですが、自分がぴんときたところにだけ線を引けばいいんです。そこを大切にしながら、前後左右へとつないで理解を広げていく。夏目漱石の『草枕』の主人公の画工は、おみくじを引くように、適当にぱっと開いたページを読む行為を楽しんでいま

す。ストーリー以外を読んでいるわけですね。僕たちは頭から最後まで順に読まなければならないと思い込みすぎなのかもしれません。画工のようにもっと自由でもいいんじゃないでしょうか。もちろん、入試問題を解くという目的がはっきりしている場合は別ですが。

——最近の小説はストーリーに偏りすぎているように感じます。ネットの記事も見出しにばかり凝りすぎていて、実際に読むと内容とは関係ない。本当にいいかげんにしてほしい。内容のないものばかりになってしまうんじゃないかと、私は危惧を抱いています。先生はどうお考えでしょうか。

近代文学の最大のミッションは「描写」でした。それまで表現のテンプレートを上手く使いこなすことこそがすべてだったのが、近代に入って以降はリアルに人間、つまりその「内面」を描くことへとミッションがシフトしていく。ところが、この描写をまどろっこしくて邪魔くさいものとして邪険に扱うようになってきています。可能なかぎり表現の細部を削ぎ落として、あらすじだけで成立するような、読んでいてどんどんストーリーが展開するような小説が増えていることはたしかです。小説がたんなる情報と化しているし、読者もそういうものを求めている。ネットユーザーもＬＩＮＥではスタンプ、インスタグラムでは写真で表現する。言語で伝達することを放棄しているわけですね。論理ではなく「見せかけの共感」に訴える。近代が重視してきた内面を失いつつあるのかもしれません。さきほどいった「人間の概念が組み替わりつつある」はこういう話にもつながります。もちろん、みなさんには言語や論理を手放してほしくない。そして、他人の文章をたんなる情報としてではないかたちで受け取るようにしてみてほしいなと思います。

わたしの思い出の授業、思い出の先生

なにをするにしても10年やり続けられればその道でいっぱしの人間になっていますよ。一流ではないかもしれないけど。10年ですよ、10年。一瞬ですって。——前後の文脈は記憶にありません。何の講義だったのか、誰だったのかすら覚えていない。もっとも、空き時間に潜り込んだ大教室の講義だったので知りようもありませんでした。ネット検索すればわさわさ出てきそうな手合いの話だし、とくに教え諭す雰囲気もなかった。なにより、その教員のネクタイはディズニー柄でおそろしく説得力に欠けていた。けれど、そのくだりだけは僕の頭にひっかかり続け、ふとした拍子に回帰してくるのです。「10年ですよ、10年」。その当否を判別しうる側に現在の僕が立っているとは思いません。ですが、誰とも分からぬその教員の言葉がどこかで僕を拘束していることは事実です。みなさんも10年を目安にしてみてはどうでしょう。10年続ける覚悟をもてる場所で闘う。希望する完璧な条件や環境はすぐには手に入らないと思います。ですが、とにかく当面のミッションをこなし続け、好機に備えてみてください。気長に。一瞬ですって。

わたしの仕事をもっと知るための3冊

大澤聡『教養主義のリハビリテーション』（筑摩選書）
大澤聡編『1990年代論』（河出ブックス）
大澤聡編『三木清教養論集』（講談社文芸文庫）

読むと書く

見えない「おもい」をめぐって

若松英輔

今日は「読むと書く」をめぐってみなさんと一緒に考えてみたいと思います。何を読むか、どう読むかではなく、「何を」読むか、「何を」書くかを考えてみたいのです。「相手の表情を読む」「先を読む」「行動を読む」。「読む」の裏には、何らかの意味があります。しかしそれは、必ずしも言語の姿をしていません。

言語ではない言葉を、今日はカタカナで「コトバ」と記します。言語の言葉は、漢字の「言葉」としましょう。私たちは言葉を、この世界のなかだけで考えすぎてはいないでしょうか。

みなさんも、絵をみて感動するでしょう。言語を越えたコトバがそこにあるからです。形もない音楽にもとても豊かな意味を感じます。

辛くて自分のおもいを表現することが出来なかった経験はありますか。そうした時に、もし私が「何も言えないってことは何も感じていないってことですね」と言ったとしたらどうでしょう。とても嫌な感じがします。そのひとは「違います。言葉にならないのです」ときっと言うでしょう。ひとはあまりに

わかまつ・えいすけ＝批評家、随筆家。東京工業大学リベラルアーツ研究教育院教授。一九六八年生まれ。『叡知の詩学　小林秀雄と井筒俊彦』で西脇順三郎学術賞、『見えない涙』で詩歌文学館賞、『小林秀雄　美しい花』で角川財団学芸賞を受賞。著書に『常世の花　石牟礼道子』『詩集　幸福論』『イエス伝』『悲しみの秘義』『井筒俊彦』など。

おもいが大きいと、言葉としては表現できないのです。言葉は、実は不自由なものだといえるかもしれません。

書いていないことばを読む

「書く」ことについて考えてみます。「書く」と、「メモする」は同じことでしょうか。「メモする」は、内容が決まっています。例えば「この数字をメモしてください」と言われれば、全員同じ数字をメモします。

ところが「書く」は違います。「書く」は、自分のおもいを遥かに超える行為です。

手紙を書いて出せなかったことはありますか？　もしみなさんが、書くことが決まっていてその通りに書いたとすれば、出せない手紙などないはずです。あるひとのことを好きだという手紙を書いた。しかし、好きな気持ちがつのりすぎているような手紙を書いてしまった。前置きなくこんな手紙を送ったら、驚かれ嫌われてしまうかもしれないと思い、出せなくなる。

逆もあるでしょう。誰かのことを怒っている。「おまえなんかとは絶交だ」と手紙を書いた。けれど、書いたら「悪いのは相手ではなく、私だ」とわかる。だから出さない。ひとは、書くことで初めて自分の思っていることを知ります。「読む」とはどういうことか。「読む」とは書いてあることを理解することです。

文字にされたことを、文字で理解するのは簡単です。しかし、一番大事なのは書き手が「何が書けなかったのか」あるいは「書かなかったのか」を読むことです。「読む」行為とは、見えない文字を感じることでもあるのです。

すべてのみえるものは、みえないものにさわっている。
きこえるものは、きこえないものにさわっている。
感じられるものは感じられないものにさわっている。
おそらく、考えられるものは、考えられないものにさわっているだろう。

志村ふくみ▼の『一色一生』に収められたノヴァーリス▼の一説です。これから言葉について考えるときに、この四行のことを忘れないでほしいのです。目に見えている文字の中には、見えない意味があります。見えないものと見えるものを感じ取る同時的な行為が「読む」ことなのです。

ひとの声を聞くとき、聞こえないものにふれているのです。聞こえることだけを聞いていては不十分なのです。隣りに友人がいて、苦しくて黙っているとします。そうしたときに、そのひとの沈黙の声を聞けなければ友だちにはなれません。

▼志村ふくみ
染織家、随筆家。一九二四年生まれ。重要無形文化財保持者（人間国宝）。文化功労者で、京都賞、文化勲章受章。著書に『一色一生』『語りかける花』『ちよう、はたり』、作品集に『織と文』『篝火』『つむぎおり』など。その他受賞歴多数。二〇一三年芸術学校アルスシムラを開校。

▼ノヴァーリス
十八世紀末ドイツ・ロマン派を代表する小説家、詩人。思想家。鉱山技師でもある。一七七二年生まれ。邦訳がある代表作に『青い花』『夜の讃歌・サイスの弟子たち他一篇』など。一八〇一年没。

「平凡なことば」

茨木のり子▼という詩人がいます。もう亡くなっていますが、現代日本を代表する書き手です。彼女の詩に「言いたくない言葉」という詩があります。

言いたくない言葉

心の底に 強い圧力をかけて
蔵《しま》ってある言葉
声に出せば
文字に記せば
たちまちに色褪せるだろう

それによって
私が立つところのもの
それによって
私が生かしめられているところの思念

人に伝えようとすれば

▼**茨木のり子**
詩人、エッセイスト。一九二六年生まれ。清冽で凛とした言葉を紡ぐ作品が広く愛され、教科書にも多数掲載される。著書に『茨木のり子詩集』『自分の感受性くらい』『詩のこころを読む』『一本の茎の上に』『倚りかからず』『谷川俊太郎選　茨木のり子詩集』ほか。二〇〇六年没。

あまりに平凡すぎて
けっして伝わってはゆかないだろう
その人の気圧のなかでしか
生きられぬ言葉もある

一本の蠟燭のように
熾烈に燃えろ　燃えつきろ
自分勝手に
誰の眼にもふれずに

もしかしたら、ひとは生きたいように生きられると感じているかもしれません。でも、そう簡単にいかないのです。東日本大震災が起こったのは、二〇一一年の三月十一日の十四時四十六分です。私が見た被災地にある時計は止まっていました。だいたいどの時計も十五時四十分から五十分くらいを指していました。これは、津波が起こるまでにおよそ一時間あったことを示しています。しかし、自分が一時間後に死ぬかもしれないと思ったひとは少なかった。これが現実です。

みなさんに見つけてほしいのは、綺麗な言葉でも、心を震わせる言葉でもなく、みなさんの人生の同伴者となるような一語です。

先の詩のなかで、平凡すぎて伝わってゆかない言葉という表現がありました。つまり、すごく凡庸だけど、自分にとって大事な言葉だというのです。それが人生の言葉なのです。

若いうちはどうしてもかっこいい言葉を探します。私もそうでした。けれど、私たちに必要で、危機から救ってくれる言葉は、耳障りのいい言葉ではありません。「おはよう」とか「さようなら」とか「またね」とか「おやすみ」とか、凡庸な言葉です。凡庸な言葉とは、いつも聞いている言葉のことです。

みなさんは本を朗読することはありますか。「よむ」は漢字で書くとどのようなものがあるでしょう。「歌を詠む」、「本を読む」。

「読む」ことを仮に、目で文字を追うこととしましょう。では「歌を詠む」とはどのようなことでしょうか。歌を書くことです。そして「誦む」という言葉もあります。これは声にだして文字を読むことです。私たちが、目で文字を追い、自分で歌を書く、そして、それを声にだして読む。この三つを行うと、言葉と自分との関係は変わります。目で言葉を読んでいるだけでは、食堂にいるのにウィンドウの中にある蝋細工でできた食べものを見て喜んでいるのと同じです。

全部声に出して誦まねばならないとはいいません。けれど、本当に感動した言葉があったら言葉を書き写す。本に付箋をつけるだけでなく、自分のノートに書き写してみてください。

書いて、声にだして読んでみるのです。そうするとみなさんにとって言葉が立体的に、現実的に感じられます。頭をはたらかせるだけではだめです。頭以外の何かも一緒に鍛えていかないと大変に豊かなものを見失うのです。

「五行歌の可能性」

岩崎航▼の詩を紹介します。彼は筋ジストロフィーです。私は彼に詩人として畏敬の念を抱いています。さきほど私は「ひとは生きたいように生きられない。人生は、自分の思う通りにはいかない」といいました。岩崎航は大きな試練を生き、今日生き抜くことに全身全霊で向き合わなくてはならないところで詩を編んでいます。彼の詩を紹介します。

誰もがある
いのちの奥底の
熾火《おきび》は吹き消せない
消えたと思うのは
こころの　錯覚

「熾火」は、炭の火のように目には映らないところで燃える火のことです。あ

▼**岩崎航**
詩人。一九七六年生まれ。三歳のころに進行性筋ジストロフィーを発症。人工呼吸器を使い二十四時間ヘルパーを必要としながら生活する。二〇〇四年から五行歌をはじめ、講演会、シンポジウムへの登壇、トークイベントなど、表現の幅を広げ活動する。著作に『五行歌集　青の航』『点滴ポール　生き抜くという旗印』など。

まり聞いたことのない言葉でしょう。炭は目には消えたように見えても、ふーっと息を吹きかけると静かに燃えているのがわかります。

心の炎というのは、いつも燃え上がっているとは限らない。炭の火のように、ほとんど火が消えたかのように見えることもある。そうするとひとは、「私の心の火は消えてしまった」と思うかもしれない。それは錯覚だ。人間の心の火は決して消えることはないと岩崎航はいうのです。

このような言葉がどこからでてくるのかを考えてみてほしいのです。この言葉が何を意味するかではなく、どんな人間の生き様からでてきたかが重要です。限りない絶望の果てに出てきているのです。この詩人は限りない絶望の果てに、人間の心の炎は消えないことを私たちに教えてくれます。

日の当たらないところで生きているように見えるかもしれません。けれど、彼は本当のことを体現しています。

詩に書いてある言葉自体は簡単です。中学生でもわかります。けれど、意味はわからない。文字が読めることと、意味がわかることは違います。それが文学です。本当に感じることが出来なければ、それはわかってはいないのです。

同様に、書く意味は、書いてみないとわかりません。「書くことなんて意味がない」とは、相当書いたひとがいう言葉です。書いて書いて書いて言葉の壁にぶつかった人間だけがそういえるのです。何もしていないのに、意味がないというのは、もったいない。

私たちは答えをあたえられるのに慣れています。しかし、私たちが生きていくとき、本当に重要なのは「答え」でしょうか。それとも「応え」でしょうか。英語で書くとわかりやすいかもしれません。「答え」は「answer」で「応え」は「response」です。解答なのか、手応えなのか。人生に解答はありません。「これこそ人生の答えだ」というひとがいたら、最大限のちからをもって疑わなければいけません。

みなさんに書くことを勧めたいのは、書くことがみなさんの人生の手応えを確かなものにしてくれるからです。どんなに書いても、みなさんの人生に解答は出ません。あるけれど、感じられない。ただ「ない」こともあるのです。ソクラテスは、無知の知と言った。真の叡智とは、人間の究極の答えを知りえないことを自覚することなのです。次の詩を見ましょう。

ぼく自身も
誰かの伴走者となって
はじめて
完走できると
思うのだ

自分が誰かよりも早く走り抜けたいと思う人生と少し違います。こういう人生もあるのです。

みなさんはもしかしたら、どう生きるのかということを考えることがあるかもしれません。それはとても大事です。けれど、同時にどう生かされているのかということも考えてみて下さい。ひとは誰も自分の力だけで生きていません。この詩は「自分は誰かとともに生きることによって、私はより私になる」といっています。誰かを支えることによって、私になっていく、人間とはそういうものなのです。この詩人は「私が私になる」とはいっていません。「誰かを支えることによって、私は本当の私を発見していく」のです。

忘れないでいてほしいのは、言葉にならないおもいが、世の中には存在しているという事実です。

私たちは、言葉にしたひとのことを誉め讃えてしまいがちです。ただ、今まで大きな試練を背負って亡くなっていったひとのなかにも語られざるおもいがあったのです。文章を手にするとき、見えないおもいを感じながら読んでいただけるとよいのではないかと思います。

Q&A

——ひとを上下で考えてしまうことがあります。例えば自分より成績のわるいひとは、自分より劣っているだとか。成績のよいひとは、自分より優れているだとか。よくないとはわかっていても、思ってしまいます。結局、世界の中の

争いはひとと自分を比べるような小さなことから起きて、大きくなってしまうのかもしれないと思いました。世界平和を考える上で、何とか解決しなければならないと思っています。どうすればいいのでしょうか。

もしかしたら、これからお話しすることをお願いするのは、とても酷なことかもしれません。

例えば、あなたの目の前にあなたよりも学力の劣っているひとがいる。そうしたら、そのひとの中にある最高のものを見つけてほしいのです。そのひとが何であるかを自分の視座で決めるのではなく、そのひとのいいところを見出すことに大きなエネルギーを注ぐのです。

頭のいいひとは沢山います。けれど、自分が不要だと思う存在がもし世の中に存在するなら、そのひとこそが自分を支えている事実に気付くことが、知性のはたらきです。社会の生産性からいえば、あまり高いとはいえない。けれど、彼らがつかみ取ってくれる苦しみや嘆きが光となって、私たちの人生の深みを照らし出しているかも知れないのです。自分より劣っている、そう思う人間と出会ったら、このひとから何を学べるかというスイッチを入れてみる。「劣っている」、「劣っていない」、を思わないようにするのは、難しい。私にとっても難しいことです。いまいったことは私が心がけていることです。これはある種の自らとの闘いです。秀でているひとに学ぶのはとても簡単なのです。

わたしの思い出の授業、思い出の先生

いまは、文章を書き、それらが教科書にも掲載されているのですが、私は「国語」が本当に苦手でした。大学も「国語」の科目があるところはすべて落ちたくらいです。しかし、思い出の授業となると、ほとんど無条件に高校時代の「国語」の時間がよみがえってきます。そのときの先生は、文学を愛していたことがいまは、はっきりとわかります。文学だけでなく、言葉は信頼に足る何かであることを教えてくれたようにも思います。

しかし、成績はあまりよくなかった。だからといって「国語」がきらいだったのはないのです。すごく苦手だけど、とても好きだった、というのが正直なおもいです。

得意なものだから好きになる、苦手だから嫌いになる、という常識を、若いときに打ち砕いてくれたという点で、この先生の影響は甚大でした。　先生の名前もうろ覚えですが、黒板にチョークを走らせるその姿は、ひとに何かを伝えることの意味を強く物語っていました。

わたしの仕事をもっと知るための3冊

越知保夫『小林秀雄　越知保夫全作品』（慶應義塾大学出版会）

『新約聖書』（フランシスコ会聖書研究所訳注・サンパウロ）

若松英輔『詩集　見えない涙』（亜紀書房）

高校生と考える21世紀の論点

桐光学園大学訪問授業

二〇一九年四月三十日　第一刷発行

編者　桐光学園中学校・高等学校
〒二一五—八五五五　神奈川県川崎市麻生区栗木三—十二—一
TEL：〇四四—九八七—〇五一九（代表）
http://www.toko.ed.jp

発行所　株式会社左右社
〒一五〇—〇〇〇二　東京都渋谷区渋谷二—七—六—五〇二
TEL：〇三—三四八六—六五八三　FAX：〇三—三四八六—六五八四
http://www.sayusha.com

装幀　松田行正＋杉本聖士
カバー装画　「リバーズ・エッジ」© 岡崎京子／宝島社
印刷　創栄図書印刷株式会社

ISBN978-4-86528-229-0

本書の引用文中などに今日では差別的ととられかねない表現がありますが、引用者の意図に鑑み、原文どおりとしています。

左右社の本

高校生と考える 日本の問題点

伊東豊雄、内田樹、宇野重規、金森修、金子勝、姜尚中、小林富雄、斎藤環、椹木野衣、白井聡、田中優子、長谷部恭男、蜂飼耳、平田竹男、福嶋亮大、藤嶋昭、美馬達哉、森山大道、吉田直紀、湯浅誠。

桐光学園大学訪問授業 本体1500円

高校生と考える 世界とつながる生き方

石川九楊、川俣正、木村草太、隈研吾、黒崎政男、香山壽夫、近藤譲、酒井啓子、桜井進、佐々木敦、杉田敦、千住博、千田有紀、千葉雅也、月尾嘉男、西崎文子、長谷正人、原武史、平田オリザ。

桐光学園大学訪問授業 本体1600円

高校生と考える 人生のすてきな大問題

五十嵐太郎、内山節、荻野アンナ、小野正嗣、加藤典洋、苅部直、合田正人、佐伯啓思、鈴木貞美、竹宮惠子、田原総一朗、張競、内藤千珠子、浜矩子、細見和之、本田由紀、松井孝典、松田行正、丸川哲史、森田真生。

桐光学園大学訪問授業 本体1700円

高校生と考える 希望のための教科書

飯尾潤、磯﨑憲一郎、一柳慧、井上章一、臼杵陽、大島まり、小平麻衣子、門脇厚司、金井景子、玄田有史、坂本龍一、島薗進、高橋悠治、谷川俊太郎、中沢けい、成田龍一、沼野充義、根岸英一、東直子、水野和夫、吉増剛造、李禹煥。

桐光学園大学訪問授業 本体1600円